W0033288

BASTEI
LÜBBE

Über den Autor:

Dr. Dirk Blothner ist apl. Professor für Psychologie an der Universität zu Köln, praktizierender Psychoanalytiker und seit 1997 als Drehbuchanalytiker und -berater sowie als Stoffentwickler tätig. Er hat zahlreiche empirische Untersuchungen zu Film- und Fernsehentwicklung durchgeführt und ca. 80 Arbeiten veröffentlicht. An verschiedenen Institutionen führt er seit 1994 Seminare für Drehbuchautoren und Producer durch.

In der Reihe Buch & Medien erschien von Dirk Blothner 1999 das Buch *Erlebniswelt Kino*.

Dirk Blothner

Das geheime Drehbuch des Lebens

Kino als Spiegel der menschlichen Seele

BASTEI LÜBBE TASCHENBUCH
Band 94019

1. Auflage: Oktober 2003

Die Reihe Buch & Medien
wird herausgegeben von
Béatrice Ottersbach

Bastei Lübbe Taschenbücher ist ein Imprint
der Verlagsgruppe Lübbe

© für die deutsche Ausgabe 2003 by
Verlagsgruppe Lübbe GmbH & Co. KG,
Bergisch Gladbach
Umschlaggestaltung: Beate Stefer
Titelillustration: Thomas Schweizer / Corbis
Satz: Kremerdruck GmbH, Lindlar
Druck und Verarbeitung: Clausen & Bosse, Leck
Printed in Germany
ISBN 3-404-94019-9

Sie finden uns im Internet unter
http://www.luebbe.de

Der Preis dieses Bandes versteht sich einschließlich
der gesetzlichen Mehrwertsteuer.

Inhaltsverzeichnis

Zur Einführung

Das Leben ist so witzig wie eine Komödie und so erschütternd wie ein Drama. Es ist so spannend wie ein Thriller, so ungeheuerlich wie ein Horrorfilm und so wunderbar wie ein Liebesfilm mit Happy End. Aber es gibt sein Geheimnis nicht gerne preis. Es ist vielleicht das einzige »Unternehmen«, das wir auch dann über Jahrzehnte führen können, wenn wir seine Regeln nicht kennen.

Die Menschen haben das Kino geschaffen, um sich in einem von Konsequenzen befreiten Rahmen ein Bild von diesem schwer fassbaren Unternehmen namens Leben zu machen. Der Film ist ein Spiegel der menschlichen Seele. Mal führt er – wie auch die bildende Kunst – Zusammenhänge anschaulich vor Augen, von denen wir uns üblicherweise keine Vorstellung machen. Mal setzt er die Grundthemen des Lebens in Wirkungsfolgen um, an denen die Zuschauer dessen unbewusstes Getriebe unmittelbar erfahren. Beide Seiten sind Gegenstand dieses Buches, sie werden in 31 Wirkungsanalysen herausgestellt.

Dieses Buch basiert auf einer Morphologie des seelischen Geschehens. Damit ist ein Wirkungszusammenhang gemeint, der das Leben von Anfang bis Ende bestimmt und seinen tiefsten Sinn in der Verwandlung von Gestalten in andere Gestalten findet. Dieser Wirkungszusammenhang ist – in meiner Auffassung – das unbewusste Drehbuch unseres Lebens. An der Kölner Universität wird dieser Ansatz seit den 1960er-Jahren vertreten. Nicht nur zahlreiche Filmanalysen, sondern auch die Psychologie des Alltags, der Kunst, der Märchen und der Träume stellen sein gewachsenes Fundament dar. Das Ziel dieser von Goethe, Nietzsche und Freud herkommenden Psychologie ist es, das Seelenleben zu beschreiben und zu zergliedern, ohne es mit aus den Naturwissenschaften entlehnten Formalisierungen stillzulegen und unkenntlich zu machen.

Der Film bietet sich als ein anschauliches Zwischenstück für die Analyse des Seelischen an. Er ist ein für jeden zugängliches Medium und kann den Sinn für die unbewusste Morphologie des Lebens schärfen. Seine Montagen und Metamorphosen führen vor Augen, dass in jedem Augenblick ein fantastisch-realer Betrieb am Werk ist.

Aber nur, wenn wir den Film methodisch anhalten, können wir ihn als einen Spiegel der menschlichen Seele nutzen. Denn im Dunkel des Kinos fesselt er uns mit packenden Erlebnisfolgen, die den Einblick in deren Zusammenhänge verstellen. Jeder kennt die eigentümliche Sprachlosigkeit, die einen nur zu oft nach dem Kinobesuch befällt. Es ist schwierig in Worte zu fassen, was für eine Entwicklung einen in den vergangenen zwei Stunden im Griff hatte. Über methodische Interviews und Beschreibungen lassen sich diese Wirkungsfolgen jedoch festhalten, zergliedern und zu ganzheitlichen Erlebensverläufen zusammensetzen. Wie schon das 1999 im selben Verlag erschienene Buch *Erlebniswelt Kino – Über die unbewusste Wirkung des Films* wäre daher auch dieses ohne die Mitwirkung meiner Studenten nicht möglich gewesen. Sie haben einen großen Teil der Tiefeninterviews und Erlebensbeschreibungen zu den behandelten Filmen durchgeführt und in Diplom- und Doktorarbeiten bearbeitet. Die an Filmanalysen beteiligten Mitarbeiter der vergangenen Jahre waren Dr. Gloria Dahl, Kristina Frasseck, Cristina Hajmann, Volker Hessing, Maic Thomas Marten, Christine Liebers, Matthias Kirsch, Gabi Korn, Tünde Patkó, Claudia Pütz, Jennifer Richards, Cemile Tamboga, Katja Tille, Elmar Weidenbrück und Albert Wegner.

Eine große Hilfe waren mir die regelmäßigen Diskussionen mit Kollegen aus der Markt- und Medienforschung. Es sind die Geschäftsführer von *rheingold – Institut für qualitative Markt- und Medienanalysen* in Köln und *ifm Wirkungen + Strategien* in Freiburg und Köln. Dieser Kreis trifft sich seit vielen Jahren und hat sich zum Ziel gesetzt, die Entwicklungen der zeitgenössischen Kultur im Status Nascendi zu beobachten.

Diese Gespräche haben mir dabei geholfen, die Wirkung manch zeitgenössischen Films aus den Grundproblemen der gegebenen Alltagskultur abzuleiten. Meinen Kollegen Heinz Grüne, Stephan Grünewald, Dr. Christoph Melchers, Jens Lönneker und Dirk Ziems möchte ich hiermit für die Anregungen danken. Mein besonderer Dank gilt jedoch Prof. Dr. Wilhelm Salber, der diese Diskussionen mit konsequenter Methodik, unkonventionellem Denken und großem Sachverstand begleitete.

Herausgekommen ist ein Buch über Kernprobleme des Lebens, das einen entschieden psychologischen Standpunkt vertritt. Es eröffnet dem Leser die Möglichkeit, sich im Spiegel von Kinofilmen über typische Situationen des Lebens eine vertiefte Vorstellung zu bilden. Er vermag nicht nur nachzuvollziehen, warum und womit ein Film ihn womöglich bewegt, er kann sich in persönlichen Krisen auch einzelne Kapitel vornehmen.

Da es heute fast jedem möglich ist, sich Filme zu Hause mittels VHS-Recorder oder DVD-Player anzusehen, empfehle ich, die behandelten Beispiele anzuschauen. Aber die ausführlichen Inhaltsangaben und Beschreibungen machen es nicht zur Bedingung. Wer auf das Miterleben überraschender Wendungen und Pointen beim Filmgenuss nicht verzichten möchte, sollte die Filme allerdings sehen, bevor er das dazugehörige Kapitel liest. Denn der wirkungspsychologische Ansatz des Buches verlangt, dass sie im Ganzen dargestellt werden.

Filmschaffende finden in dem Buch eine Fülle von Anregungen, den inhaltlichen Fokus ihrer eigenen Produktionen scharf zu stellen, denn es legt in seinen Analysen dar, wie Filmisches und seelische Grundprobleme in den Wirkungseinheiten des zeitgenössischen Kinos ineinander greifen. Die Morphologie solcher Wirkungseinheiten ist die Grundlage jeder gut gemachten Unterhaltung.

Um den Lesern das Eintauchen in die Wirkungswelten der Filme zu erleichtern, habe ich darauf verzichtet, die wissenschaftlichen Arbeiten zur Film-, Medien-, Kunst- und Kulturpsychologie, die meine Sichtweise beeinflusst haben, zu dis-

11

kutieren. Wer sich zu diesem Thema weitergehend informieren möchte, dem sei das Literaturverzeichnis im Anhang empfohlen.

Das Buch konzentriert sich auf Beispiele, die das Kino an der Jahrtausendwende hervorgebracht hat. Im ersten Kapitel wird dargelegt, inwieweit Filme wie *The Truman Show* und *Was Frauen wollen* den Übergang zwischen dem kleinen und dem großen Kreis des Lebens erfahrbar machen. Dann wird am Beispiel von *Eyes Wide Shut* herausgestellt, wie in unseren alltäglichen Unternehmungen Tag und Traum ineinander greifen. Hierauf veranschaulichen die Filme *Gottes Werk und Teufels Beitrag* und *One Hour Photo*, dass sich die Lebenswirklichkeit nur in Drehungen erhalten kann. Inwieweit uns das Drehbuch des Lebens immer auch mit schmerzhaften Verkehrungen überrascht und wie wir sie handhaben können, veranschaulichen *Das Experiment* und *Gladiator*.

Die darauf folgenden Kapitel analysieren im Spiegel zeitgenössischer Filme typische Grundsituationen des Lebens. Jeder Mensch ist von ihnen betroffen und muss für ihre Probleme eine Lösung finden. Was es heißt, vor einer wichtigen Entscheidung zu stehen, machen *8 Mile* und *Wonderboys* erfahrbar. In welche Paradoxien wir uns verwickeln, wenn wir der- oder diejenige werden wollen, die wir tatsächlich sind, zeigen *Billy Elliot* und *Spider-Man*. In *Schatten der Wahrheit* wird die Rolle der Täuschung im Alltag verdeutlicht, und keine romantische Komödie der vergangenen Jahre kann wie *Notting Hill* die Verletzbarkeit der Menschen spürbar machen, wenn sie sich verlieben und nichts sehnlicher wünschen, als von dem anderen so gesehen zu werden, wie sie sind. Demgegenüber vermitteln Thriller wie *The Sixth Sense* und *The Others* eine Ahnung von der Unfassbarkeit des Todes, während Dramen wie *Iris*, *Dead Man Walking* oder *Ein wahres Verbrechen* zeigen, wie wir uns mit seiner Unausweichlichkeit anfreunden können. Wenn wir zugespitzt erleben wollen, in welch komplizierte Situationen uns das Drehbuch des Lebens versetzen kann und wie schwierig es ist, diese auszuhalten, können wir uns *Traffic – Macht des Kartells* oder *The Green Mile* ansehen.

Der letzte Teil behandelt das Leben in unserer Zeit. *Verschollen* macht darauf aufmerksam, dass wir in den Abstraktionen und Automatisierungen des modernen Lebens den Bezug zum banalen Alltag verloren haben, und *American Beauty* zeigt, dass wir im Rahmen der oft beklagten »Wertediffusion« Zwängen mit heißen Obsessionen begegnen und uns paradoxerweise damit aus ihnen befreien können. Aufstörende Thriller wie *Fight Club* und *Vanilla Sky* machen darauf aufmerksam, in welchem Maße sich gerade unser flimmernder Alltag für unverrückbare Konsequenzen interessiert. Den Abschluss bildet *Catch Me If You Can*. In ihm wird der psychische Wirkungsraum eingekreist, in dem sich das Leben an der Jahrtausendwende eingerichtet hat.

Köln, im Mai 2003

Dirk Blothner

Das Rad des Lebens

Der große Kreis des Lebens

Die Welt bietet ein unerschöpfliches Spektrum an Lebensformen, aber wir können nicht alle aufgreifen. Würden wir uns nicht auf einen kleinen Kreis festlegen, wüssten wir nicht, wer wir sind. Aber wir bleiben neugierig auf das Nichtgelebte und riskieren manchmal unseren ganzen Halt, nur um die Vielfalt des Lebens zu spüren. Ob wir zufrieden sind, hängt im Wesentlichen davon ab, wie geschickt wir uns zwischen dem kleinen und dem großen Kreis des Lebens bewegen. Ziehen wir die Grenzen zu eng, werden wir unbeweglich und schließlich neurotisch. Halten wir uns alles offen, drohen wir in der Vielfalt der Welt verloren zu gehen. Aus dieser Situation erwächst ein großer Teil unseres Leidens, aber auch unseres Glücks.

Stellen Sie sich vor, Sie leben seit 30 Jahren in einer freundlichen, kleinen Stadt am Meer. Dort sind Sie aufgewachsen, zur Schule gegangen, haben geheiratet und ein Haus gekauft. Tagsüber arbeiten Sie als Versicherungsmakler und an den Abenden treffen Sie sich mit Freunden oder bleiben einfach zu Hause bei Ihrer hübschen Frau. Fast jeder in der kleinen Stadt kennt Sie und hat auf der Straße oder am Kiosk ein freundliches Wort für Sie. Hier fühlen Sie sich aufgehoben und sicher. Trotzdem stimmt etwas nicht. Sie können zwar nicht genau angeben, was es ist, aber irgendwie spüren Sie, dass das noch nicht alles ist. Vielleicht ist es auf der anderen Hälfte der Erdkugel, zum Beispiel auf den Fidschi-Inseln, sehr viel schöner! In ihnen wächst der Wunsch, mehr von der Welt kennen zu lernen. Warum gerade die Fidschi-Inseln?

Weil Sie vor Jahren, während ihres Studiums, in eine Frau verliebt waren. Sie haben sich nur einmal mit ihr getroffen, denn ihre Eltern stellten sich gegen die Verbindung und zogen mit ihrer Tochter nach Fidschi. Ihr heutiges Leben, Ihre Ehe sind in Ordnung – und doch nagt in Ihnen die Sehnsucht nach dieser Frau aus den Studentenjahren. Wie Sie heißen? Ihr Name ist Truman Burbank. Richtig, der Truman aus

Die Truman Show (USA 1998)
Buch: Andrew Niccol
Regie: Peter Weir

Mehr oder weniger richtet es sich jeder Mensch in dieser Welt wie Truman Burbank (Jim Carrey) ein. Es bleibt ihm nichts anderes übrig, als sein Leben an einem bestimmten Ort, mit bestimmten Festlegungen und Ausgrenzungen zu führen. Viele sind damit im Großen und Ganzen zufrieden. Aber manchmal beschleicht sie das Gefühl, dass sie ihre Möglichkeiten nicht nutzen. Sie spüren, es steckt noch mehr in ihnen. Noch einmal neu beginnen? Alles hinter sich lassen? Aber warum? Ist man nicht zu gierig, zu unbeherrscht? Sollte man nicht endlich »erwachsen« werden und die Dinge so akzeptieren, wie sie sind? Viele wälzen diese Gedanken ein Leben lang hin und her und es ändert sich nichts. Doch manchmal schaltet sich der Zufall ein. Etwas Unerwartetes passiert, und aus diesem Moment erwachsen Folgen, die alles umkehren und völlig neue Seiten der Wirklichkeit offenbaren. Die Welt steht Kopf, das Kartenspiel des Lebens wird neu gemischt.

Anstoß zur Veränderung

Im Spielfilm ist der Augenblick, in dem sich der kleine Kreis des Lebens öffnet, eine obligatorische Szene. Kaum eine Story kann auf sie verzichten. Sie entfaltet eine umso stärkere Wirkung, je mehr der Film vorher ein konturiertes Gefühl für den Lebenskreis des Protagonisten vermittelt hat. Wenn das Publikum Bild für Bild mitvollziehen kann, wie er es sich in der Welt eingerichtet hat, und wenn es die damit verbundenen Grenzen spürt, wird es das Einbrechen des großen Kreises als einen spannenden Wendepunkt erleben.

Trumans kleine Welt erfährt ihren ersten Riss, als eines Morgens ein rätselhafter Flugkörper, zischend wie ein Komet, auf die Vorortstraße fällt. Truman betrachtet das seltsame Ding und blickt fragend in den Himmel. Es sieht aus wie ein Scheinwerfer, aber können Scheinwerfer fliegen? Das seltsame Ereignis klärt sich auf, als kurze Zeit später in den Rundfunknachrichten mitgeteilt wird, ein Spaceshuttle habe ein Teil seiner Verkleidung verloren. Damit sind Trumans Fragen erst einmal beantwortet.

Doch nur einen Tag später passiert schon wieder etwas Rätselhaftes. Hierzu muss man wissen, dass Trumans Vater vor 20 Jahren bei einem Segeltörn ertrank. Der zehnjährige Truman hatte ihn damals dazu überredet, trotz aufziehenden schlechten Wetters aufs Meer hinauszufahren. Im Sturm ging der Vater über Bord, Truman selbst wurde gerettet. Heute wirft er sich vor, seinen Tod verursacht zu haben. Er kann seitdem kein Schiff mehr betreten, ohne von Panik erfasst zu werden. Da sein Heimatort auf einer Insel liegt, hat er ihn aus diesem Grunde nie verlassen. Truman trifft es wie der Schlag, als er auf der Straße in dem ungepflegten Gesicht eines Obdachlosen seinen Vater wieder erkennt. Er will mit dem Mann sprechen, doch ehe er dazu ansetzen kann, entsteht ein unerklärlicher Tumult. Der Obdachlose wird im Gemenge abgedrängt und Truman verliert ihn aus den Augen. Es ist, als wolle jemand verhindern, dass er mit dem Mann spricht.

Das ist ein Ereignis, das Trumans Leben zutiefst erschüttert. Alles ändert seine Bedeutung. Er hatte bisher keinen Grund, misstrauisch zu sein. Alle Bewohner der Stadt waren freundlich zu ihm und unterstützten ihn, wo immer sie konnten. Nun muss er erkennen, dass diese Menschen ihm nicht die Wahrheit sagen. Immer häufiger passieren Dinge, die darauf verweisen, dass Truman der Einzige in der Stadt ist, der in deren wahre Geschicke nicht eingeweiht ist. Selbst seine Frau Meryl (Laura Linney) und sein bester Freund Marlon (Noah Emmerich) scheinen ihm etwas vorzumachen.

Truman verstellt sich. Nach außen hin bleibt er der stets freundliche und entgegenkommende Sohn der Stadt. Tatsächlich aber quälen ihn Angst, Verdächtigungen und Zorn über seine Behandlung. Mit Hartnäckigkeit und List sucht er seinen verstörenden Beobachtungen auf den Grund zu gehen. Das Bild, das er auf diese Weise ans Tageslicht zieht, ist ein Albtraum. Denn er findet heraus, dass er die Hauptrolle in einer 24 Stunden am Tag live ausgestrahlten Fernsehserie spielt. Mit einem Male präsentiert sich sein Leben als eine unglaubliche Farce. Die kleine, immer sonnige Stadt, in der er lebt, ist ein Filmset. Alle um ihn herum sind eingeweiht. Truman ist der Star dieser Serie, aber auch der Einzige, der nicht weiß, dass sie seine Entwicklung seit seiner Geburt dokumentiert und Millionen von Menschen auf der ganzen Welt tagtäglich zusehen. Sein ganzes Leben ist bis ins kleinste Detail hinein konstruiert. Seine kleine Stadt liegt unter einem künstlichen Himmel. Der Scheinwerfer, der auf die Straße fiel, hatte sich hieraus gelöst. Der Mann, den er auf der Straße traf, war nicht sein Vater, wohl aber der Schauspieler, der 20 Jahre zuvor seinen Vater gespielt hatte. Offensichtlich hatte niemand daran gedacht, dass er einmal eine tragende Rolle in der Serie innehatte. So konnte es zu der Panne kommen, die Trumans vertrautes Weltbild zerstörte. 30 Jahre lang lebte er ein zufriedenes und abgesichertes Leben und muss nun feststellen, dass er sich in einer Situation befindet, die George Orwells Roman *1984* an Ungeheuerlichkeit in nichts nachsteht. Selbst Trumans Angst vor dem Wasser steht im Drehbuch, denn ohne diese Phobie hätte er längst den Wunsch gehabt, die Insel, und sei es nur für eine Reise, zu verlassen.

Die Öffnung wagen

In gewisser Weise sind wir alle in Trumans Lage. Wir müssen damit rechnen, dass auch uns der große Kreis des Lebens mit einem ganz anderen Bild überrascht. Denn kein Mensch kann die Wirklichkeit in ihrer Totalität erfassen. Wenn wir uns bewusst machten, was die Welt im Ganzen ausmacht, würden wir vermutlich verrückt. Wir sind gezwungen, sie nach einem Muster zu behandeln. Ausblenden, Verleugnen und Täuschen gehören zum Leben ebenso dazu wie die Suche nach Wahrheit. Und doch müssen wir den großen Kreis mit dem kleinen immer wieder in Einklang bringen. Lebenskrisen entstehen, wenn sich das Muster unseres Lebens gegenüber den Forderungen des Ganzen verschließt. Nur wenn wir immer wieder die Öffnung wagen, bleiben wir in Entwicklung.

In den Zuschauern berührt die Geschichte einen Komplex, der sie bis zum Ende des Films nicht mehr loslassen wird. Sie teilen Trumans Verdacht, sie verstehen seine Vermutungen und können seine Befürchtungen nachvollziehen. Eine Zeit lang sind sie seinem Wissen voraus und erleben ihn als Getäuschten. Sie haben Mitleid mit ihm und wollen, dass er sich aus der falschen Welt befreit. Es ist interessant zu verfolgen, wie er mit dieser Situation umgeht. Wird er die Herausforderung annehmen, die Enthüllung seines falschen Lebens als Chance begreifen und über sich hinauswachsen?

Zwar ist Truman Burbank 30 Jahre alt, aber es ist, als würde er erst jetzt aufwachen, als erführe er erst jetzt, was das Leben wirklich ist. Seine Sehnsucht nach der anderen Seite der Erdkugel war nicht falsch. Aber die Sicherheit, die er erfuhr, die Freundlichkeit der Menschen, die Gleichförmigkeit der Tage waren gespielt. Truman bemerkt, dass er nicht in der realen Welt lebt. Er hat überhaupt keine Vorstellung davon, was das reale Leben ist. Hunderte von Schauspielern, Statisten und Mitarbeitern der Serie tun alles, um seine Täuschung aufrechtzuerhalten. Alle leben von der Lüge und wollen, dass er seine Rolle weiterspielt. Aber Truman überwindet seine Angst vor dem Wasser und segelt in einem kleinen Boot hinaus auf das Meer. Nach einiger Zeit stößt er an den gemalten Horizont der Halbkugel, die die Welt der Serie umschließt. Er findet eine Treppe, die zu einer Tür führt, und als er diese öffnet, blickt er ins Dunkel. Es ist nicht auszumachen, was ihn jenseits der vertrauten Grenzen erwartet. Alles, was Truman weiß, befindet sich innerhalb dieser bemalten Halbkugel. Soll er nicht doch lieber umkehren?

In diesem Moment spricht Christof (Ed Harris), der Erfinder und Regisseur der Serie, seinen Star über die Lautsprecheranlage an. Er versucht ihn davon zu überzeugen, dass er nur hier, im überschaubaren Kreis der Serie, glücklich sein kann. Er solle bleiben und seine Rolle weiterspielen. Besser werde sein Leben woanders niemals verlaufen. Es entsteht eine Pause, in der die Zuschauer vor den Fernsehgeräten gezeigt werden. Sie halten den Atem an. Wie wird sich Truman entscheiden?

Dieser bedankt sich für das Angebot des Regisseurs, verbeugt sich vor dem werten Publikum und tritt durch die enge Tür ins Dunkel hinaus. Der Film endet hier, aber Truman beginnt erst mit diesem Schritt, der ihn über die Grenze seines vertrauten Lebenskreises hinausführt, wirklich zu leben. Wer die Öffnung in Richtung auf den großen Kreis niemals wagt, bezahlt schließlich mit dem Gefühl, das Leben selbst zu verpassen.

Die Truman Show erzählt von einem Mann, der sich mit der Beschränkung auf einen kleinen Kreis lange Zeit vor ungeheuerlichen Einblicken und einer gewaltigen Krise geschützt hat. Die nächste Story macht deutlich, dass man ein eingeschränktes Leben auch dann führen kann, wenn man Erfolg hat und sich großartig fühlt. Der Film, um den es sich handelt, ist die Komödie

Was Frauen wollen (USA 2000)
Buch: Josh Goldsmith, Cathy Yuspa
Regie: Nancy Meyers

Nick Marshals (Mel Gibson) Mutter war Tänzerin in einer Revue. Der kleine Junge wuchs mit Dutzenden von schönen und meist leicht bekleideten Frauen auf, die ihn mit Aufmerksamkeiten überschütteten, aber eigentlich kaum Muße hatten, sich wirklich mit ihm zu befassen. Trotzdem fühlte Nick sich wie der Hahn im Korb und gab diese Position nie wieder preis. Er entwickelte sich zu einem begnadeten Verführer, der alle Frauen, deren er habhaft werden kann, in sein Bett komplimentiert. Wie ein Krieger legt er sich auf die

Lauer, überrumpelt sie mit seinem Charme, nimmt sie mit in seine Wohnung, eignet sich ihren Körper an und achtet darauf, dass sie seine Seele niemals zu sehen bekommen. Dann lässt er sie fallen und wendet sich der nächsten Beute zu. Nick beweist sich mit diesem Ritual, dass er »das Weibliche« dieser Welt zu beherrschen weiß, ohne sich die Frage stellen zu müssen, was Frauen wirklich wollen. Nick ist von sich überzeugt, denn in seinem beruflichen Leben ist er ein erfolgreicher Werbemanager. Er hat es raus, die Menschen zum Konsum von Dingen zu verführen, die sie vielleicht gar nicht haben wollen. Nick war einmal verheiratet, aber man kann verstehen, warum weder seine Exfrau noch seine Tochter gut auf ihn zu sprechen sind. Mit seinen zahlreichen Affären und seinem Drang, sich in den Mittelpunkt zu rücken, ohne wirklich einen Austausch zuzulassen, geht er Mutter und Tochter auf die Nerven. Das ist der kleine Kreis, auf den der Film die Zuschauer mit vielen rasanten Slapstickszenen einstimmt.

Ungeliebtes als Chance

Der große Kreis des Lebens ruft sich oft mit etwas in Erinnerung, das man um nichts in der Welt leiden kann. Sein ganzes Leben lang hat man eine bestimmte Grenze nicht überschritten, hat Himmel und Hölle in Bewegung gesetzt, um sich und andere von der Berechtigung dieser Grenze zu überzeugen. Und dann, eines Tages, verliert man die Zügel für einen Moment aus der Hand und alles kehrt sich um. Das Ungeliebte erobert den eng gezogenen Kreis. Entweder man zieht die Grenze nach und droht darüber verrückt zu werden, oder aber man lässt sich auf die Herausforderung ein.

Nick bekommt den großen Kreis zu spüren, als ihm eines Tages die Art-Direktorin Darcy Maguire (Helen Hunt) vor die Nase gesetzt wird. Das ist für ihn eine empfindliche Kränkung, denn er war fest davon überzeugt, dass er die Stelle bekommen würde. Aber die Agentur muss sich, um nicht aus dem Markt gedrängt zu werden, der weiblichen Produktwelt zuwenden, und Nicks Chef hat erkannt, dass es seinem besten Mitarbeiter nicht gegeben ist, sich in die Gefühlswelt der Frauen hineinzuversetzen. Also muss eine Frau diesen Job machen. Die verlangt als Erstes von allen Mitarbeitern der Agentur, sich ausgiebig in die Gefühlswelt der Frauen hineinzuversetzen. Sie überreicht ihnen ein Set mit Strumpfhosen, Kosmetikartikeln und Haarentfernungsmitteln und fordert sie auf, sich intensiv damit zu beschäftigen. Jeder muss einen Bericht abliefern und Ideen für eine mögliche Werbekampagne erarbeiten.

Keine leichte Aufgabe für einen Mann wie Nick, der das Weibliche derart fürchtet, dass er es sich in ständiger Wiederholung unterwerfen muss. Und als wäre er mit dem Auftrag nicht schon genug gestraft, erleidet er beim Ausprobieren der Frauenprodukte einen elektrischen Schlag, der in seinem Gehirn gehörig etwas durcheinander bringt: Als er am nächsten Morgen aufwacht, kann er alle Gedanken der Frauen hören. Wildfremde Passantinnen auf der Straße weihen ihn unfreiwillig in ihre geheimsten Überlegungen und Tagträume ein. Nick hätte sich gar nicht ausmalen können, was Frauen alles durch den Sinn geht. Aber wirklich schlimm wird es erst, als er in seinem Büro mitbekommt, was die langjährigen Mitarbeiterinnen über ihn denken. Die einen reduzieren ihn auf seinen »knackigen Hintern« und die anderen machen bei seinen Macho-Witzen gute Miene zum bösen Spiel. Dass sie eine so schlechte Meinung von ihm haben, hat Nick nicht geahnt.

Der Einbruch des großen Wirkungskreises in den kleinen kann verstörend sein, bedeutet aber auch eine Chance für die persönliche Entwicklung. Nick findet durch dieses Ereignis zu einem kompletteren Leben. Er lernt, die Gedanken der Frauen nicht als Bedrohung zu sehen, sondern als ein Angebot, mit ihnen in Austausch zu treten. So wird er darauf aufmerksam, dass eine Mitarbeiterin, die in der Agentur als Botin arbeitet, ungewöhnlich witzige und frische Gedanken hat. Als sie eines Tages nicht zur Arbeit erscheint, sucht Nick sie zu Hause auf. Er hat ihre depressiven Gedanken mitbekommen und vermutet, dass sie sich das Leben nehmen will. Glücklicherweise kommt er der Ausführung ihres Planes zuvor und bietet ihr eine Stelle als Texterin an. Auch seiner Tochter, die sich von ihrem narzisstischen Vater enttäuscht zurückgezogen hat, kann er nun Verständnis entgegenbringen. Als sie von ihrem Freund schäbig behandelt wird, weicht Nick der Verantwortung nicht aus. Es gelingt ihm, das verletzte Mädchen zu trösten und ihr Selbstwertgefühl wiederherzustellen. Und schließlich schafft er es, hinter die kühle Fassade seiner Rivalin Darcy zu blicken und ihre heimliche Liebe zu ihm zu entdecken. Zuerst erschreckt ihn diese Zuneigung, doch dann fasst er sich ein Herz und nimmt die Herausforderung an. Nick Marshall wagt es zum ersten Mal in seinem Leben, sich ohne Schutz auf eine Frau einzulassen. Der Film, der als laute Slapstickkomödie begann, zieht die Zuschauer mit Nicks Veränderung in eine eher nachdenkliche und anrührende Stimmung hinein und macht erfahrbar, dass die Welt des Verführers eine Umordnung erfährt und sich ein Austausch zwischen Mann und Frau entwickelt, der vorher wie abgeschnitten war.

Banales als Herausforderung

Der große Kreis hat nichts mit der Anzahl der Reisen zu tun, die einen durch die Welt führen. Das zeigt die Situation von Chuck Noland (Tom Hanks) in

Verschollen (USA 2000)
Buch: William Broyles Jr.
Regie: Robert Zemeckis

Noland ist seit Jahren im Auftrag eines Pakettransportunternehmens in allen Ländern der Erde unterwegs. Am Anfang sehen wir ihn in Moskau. Dann kommt er nach Hause in die USA, um mit seiner Freundin Kelly (Helen Hunt) Weihnachten zu feiern. Doch schon vor der Bescherung muss er wieder aufbrechen. Jetzt sind sein Ziel die Philippinen. Wenn man sein Flugmeilenkonto betrachtet, ist Chuck ein Weltenbürger. Kaum ein Land ist ihm fremd. Aber wenn man seinen psychischen Wirkungskreis in den Blick nimmt, wird deutlich, dass er ein äußerst zwanghaftes Leben führt. Er ist besessen von der Idee, Zeit zu sparen. Sein Motto ist »Crunch time!«, und er versucht, es in allen Ländern dieser Welt seinen Mitarbeitern beizubringen. Wären davon nur seine beruflichen Beziehungen betroffen, ergäbe sich vielleicht gar kein Problem. Aber Chuck geht so weit, sein gesamtes Leben nach dieser Vorgabe auszurichten. Er nimmt sich noch nicht einmal die Zeit für ein Gespräch mit seinem Freund, dessen Frau an Krebs erkrankt ist. Sogar die Begegnungen mit seiner Freundin Kelly gestaltet er mit der Stoppuhr. Es ist, als suche er alle Bereiche des Lebens, die sich seiner Kontrolle entziehen könnten, aus seinem Wirkungskreis zu verbannen.

Chuck wird mit dem großen Kreis des Lebens bezeichnenderweise in dem Moment konfrontiert, wo er sich nicht mehr frei bewegen kann. Das Flugzeug auf die Philippinen gerät in ein Unwetter, stürzt ab und Chuck findet sich als einziger Überlebender am Strand eines unbewohnten Eilands wieder. Zunächst versucht er den Ort mit einem Schlauchboot zu verlassen. Doch die Brandung wirft ihn wieder zurück und er muss sich seinem Schicksal stellen. Wie einst Robinson Crusoe kann er zwar einige Pakete aus dem Wrack des Frachtflugzeuges retten, doch anders als im Roman von Daniel Defoe sind die Dinge für das Leben in der Natur nicht zu verwenden. Also muss Chuck lernen, wie man eine Kokosnuss öffnet, wie man Feuer macht und sich ein schützendes Dach bereitet. Er bringt sich das Fischen bei und lernt die Früchte des Meeres zuzubereiten. Über diese banalen Tätigkeiten klinkt er sich in die einfachen Abläufe des Lebens ein und erkennt, wie viel Zeit sie benötigen. Der Alltag auf engstem Raum ist für diesen weit gereisten Mann das Nadelöhr, durch das er den kleinen Kreis erweitert. Mit seinen Zeit- und Reiseplänen und mit seinen Berechnungen hat er das Leben auf wenige Formeln reduziert. Jetzt muss er sich dem widerständigen Material der Dinge stellen und sich Zeit nehmen für komplette Unternehmungen. Und erstaunlicherweise wird er erst jetzt auf den Reichtum der Welt aufmerksam.

Als Chuck nach vier Jahren in die Zivilisation zurückkehrt, ist er ein anderer geworden. Das rastlose und vom Willen zur Effektivität getriebene Leben, das er einst führte, macht jetzt keinen Sinn mehr. Er überlässt sich der Dynamik des Augenblicks und versucht nicht, ihn mit Formeln und Berechnungen zu beherrschen. Er nimmt sich Zeit und achtet auf Zwischentöne, für die er früher keinen Blick hatte. Das betrifft vor allem sein Verhältnis zu Kelly. Auf der Insel war sie der feste Orientierungspunkt, der sein Überleben ermöglichte. Jetzt muss er feststellen, dass sie eine neue Bindung eingegangen ist. Lange hatte sie um ihn getrauert, sich dann aber mit seinem Verlust abgefunden. Chucks unerwartete Rückkehr stellt ihre Entscheidung infrage und ihre Gefühle geraten durcheinander. Chuck ist nun in der Lage, sich auf die Freundin einzustellen. Taktvoll legt er ihr nahe, bei ihrem Mann zu bleiben, und zieht sich aus ihrem Leben zurück. Er kann darauf vertrauen, dass sein Leben trotz des Verlustes weitergeht. Im engen Raum der Insel ist er durch die Grundschule des Lebens gegangen und hat sich ein sicheres Gefühl für dessen Wandlungen erschlossen.

Hollywood versteht die Sehnsüchte der Menschen. Daher weiß es auch, dass jeder mit den Versprechungen eines großen Wirkungskreises liebäugelt. Auch wenn sie vielleicht selbst die Unwägbarkeiten und Mühen des großen Kreises fürchten, sind die Menschen im Kino dennoch bereit, sich auf seine Abenteuer einzulassen. Daher erzählen 90 Prozent aller Hollywoodproduktionen Geschichten, in denen die Protagonisten einen Anstoß erfahren, der bei ihnen eine expansive Entwicklung in Gang setzt. Die Helden der meisten Filme sprengen die Grenzen des kleinen Kreises und wachsen über sich hinaus. Auch wenn sie am Ende – wie Chuck Noland in *Verschollen* – an den Ausgangsort zurückkehren, sind sie doch andere geworden und haben sich neue Bereiche des Lebens erobert. Ein solcher Zugewinn an Spielraum ist die entscheidende Bedingung für einen breitenwirksamen Film. Produktionen, in denen die Protagonisten an der Herausforderung des großen Kreises scheitern, sprechen in der Regel nur ein kleines Publikum an. In Hollywood werden nicht viele solcher Geschichten entwickelt. Sie sind die Domäne des europäischen Kinos. Hierzu gehört

Ein Herz im Winter (F 1992)
Buch: Claude Sautet, Jacques Fieschi
Regie: Claude Sautet

Die Ausgangslage beschreibt den Wirkungskreis des Geigenbauers Stephane (Daniel Auteuil). Er ist ein etwa vierzigjähriger, zurückgezogen lebender Mann, der sein Gleichgewicht in der Zusammenarbeit mit seinem Partner und Freund Maxime (André Dussollier) gefunden hat. Maxime stellt im gemeinsamen Unternehmen die Kontakte zu den Kunden her – meist arrivierte Konzertgeiger und Solisten – und Stephane steuert sein exzellentes musikalisches Gehör bei und führt die Reparaturen an den kostbaren Instrumenten mit großer Sorgfalt aus. Während Maxime sich immer wieder auf Beziehungen mit Frauen einlässt, hat sich Stephane schon vor Jahren aus dieser Art von Leben zurückgezogen. Seine ganze Liebe gilt den Geigen und dem virtuosen Spiel seiner Kunden, deren Proben und Konzerte er häufig besucht. Stephanes kleiner Kreis zeigt, wie flexibel die menschliche Psyche in ihren Ausdrucksformen ist. Er führt ein Leben ohne geschlechtliche Liebe, aber entfaltet dafür im Umgang mit den Geigen eine erstaunliche »Erotik«. Obwohl Stephane ein im Grunde autistisches Leben führt, wirkt er auf diese Weise lebendig und differenziert. Auch wenn er sich im sozialen Umgang einschränkt und ein kleines, schmuckloses Zimmer in der Werkstatt bewohnt, kann man ihn nicht unglücklich nennen.

Stephanes kleiner Kreis wird erschüttert, als sich Maxime in die attraktive Violinistin Camille (Emmanuelle Béart) verliebt und mit ihr zusammenleben möchte. Diese Liebe stellt nicht nur die Symbiose zwischen den beiden Männern infrage, sondern belebt in dem verschlossenen Geigenbauer eine erotische Sehnsucht, wie er sie schon lange nicht mehr gespürt hat. Es ist schwierig anzugeben, was letztlich den Ausschlag dafür gibt. Ist es wirklich Leidenschaft? Ist es der

Zorn über Maximes »Verrat« an der Gemeinsamkeit? Oder ist es gar der Wunsch, über die Liebe zu der Frau seines Freundes diesem nahe zu sein? Der Film teilt die Motive seines Protagonisten nicht mit. Er zeigt nur, wie es Stephane mit seinem ambivalenten Verhalten gegenüber Camille gelingt, sie emotional von Maxime zu lösen und in ihr eine heftige Leidenschaft für den Geigenbauer zu entfachen.

In einer Szene bringt der Film die Erotik zwischen dem nach wie vor zurückhaltenden Stephane und der schönen Camille in temperamentvollen Passagen eines Trios von Maurice Ravel zum Ausdruck. Die Zuschauer beobachten, wie er Camilles Geigenspiel zuhört, und haben das Gefühl, das über die Musik ein intensiver erotischer Austausch zwischen ihnen stattfindet. Die Musik führt in der Vorstellung der Zuschauer weiter, was die Protagonisten auf der Handlungsebene nicht ausführen. Sie wird zum Ausdrucksfeld für den nicht gelebten sexuellen Austausch.

In der Folge will Camille immer mehr von Stephane. Immer direkter und fordernder versucht sie ihn zu verführen. Schließlich fährt sie mit ihm zu einem Hotel und erwartet, dass er ein Zimmer mietet. Doch der Geigenbauer weist dieses Angebot zurück und behauptet, es sei nie etwas zwischen ihnen gewesen. Das ist ein spürbarer Dämpfer für die Erwartungen und Gefühle, die der Film belebte. Camille und Stephane gehen auseinander. Die Violinistin durchlebt eine schwere Krise, Stephane hingegen setzt sein Leben scheinbar unbeeindruckt in gewohnter Weise fort. Seine Geschichte macht deutlich, dass man das Angebot des großen Kreises nicht notwendig aufgreifen muss. Was Stephane im kleinen Kreis an Liebe zu geben vermag, nehmen Arbeit und Musik für sich in Anspruch. Eine lebendige Liebe zu einer Frau würde ihn überfordern.

In *Ein Herz im Winter* wird der große Kreis – vermittelt durch die bewegende Musik Ravels – in der Vorstellung der Zuschauer wirksam, findet aber im Verhalten des Protagonisten keine Entsprechung. Eine solche Konstruktion kann ein bewegendes Kinoerlebnis bedeuten, aber nur wenige Kinogänger sind bereit, sich darauf einzulassen. In Deutschland waren es kaum mehr als 150 000. Das breite Publikum erwartet, dass die Versprechungen des großen Wirkungskreises eine spürbare Realisierung erfahren. Es möchte die komplette Wandlung einer Ausgangslage mitvollziehen, weil es das Kino als den traumähnlichen Ort liebt, in dem die Verwandlungen weiter führen als im Kreis des gelebten Alltags.

2

Traum – Realität

Viele Menschen haben ein nüchternes Bild vom Alltag. Er sei geprägt von Eintönigkeit, Wiederholung und Arbeit. Er verlange von ihnen, vernünftig zu handeln, Äpfel nicht mit Birnen zu verrechnen und die »Realität« nicht aus dem Auge zu verlieren. Zum Ausgleich gebe es den Rausch, die Feiern und den Karneval. Ist die Party dann vorbei, rückt man die Krawatte zurecht und wendet sich wieder seinen Pflichten zu. Aber das Bild vom grauen Alltag ist nur ein Versuch, die schwer fassbaren Aspekte des Lebens in den Griff zu bekommen. Ohne Paradox, Fantastisches und Krauses kommt der Alltag nicht aus. Wenn man ihn genau beschreibt, steht er der Dramaturgie der alten Volksmärchen näher als den Regeln der formalen Vernunft. Traum und Realität greifen im Alltag ineinander. Und das ist notwendig, damit das Leben weitergeht.

Man kommt dem Paradox der Traum-Realität näher, wenn man den Wachzustand des Tages mit den Träumen der Nacht vergleicht. Am Tage sind wir unter die Bedingungen der gegenständlichen Welt gestellt. Sie geben einen Rahmen vor, der unsere Möglichkeiten einschränkt. Sie verlangen Abfolgen, die man nicht einfach verkürzen kann, und stellen Wünschen Widerstände entgegen. Im Autoverkehr zum Beispiel wird sich jeder an die Straßenverkehrsordnung halten und damit nicht nur sein eigenes Überleben sicherstellen. Doch im Schlaf sind wir von den Zwängen und Konsequenzen der Realität befreit. Im Traum tragen wir Siebenmeilenstiefel und sind schneller als ein Düsenjet. Hier ist die Straßenverkehrsordnung außer Kraft gesetzt und wir können jedes Ziel sofort erreichen. Das Seelenleben der Nacht zieht uns in eine fantastische Bildlogik hinein, in der gewohnte Wertungen verschoben und vertraute Eindeutigkeiten aufgehoben sind. In den Träumen geht es sehr viel einfacher und primitiver zu. Wenn sie träumen, werden Erwachsene zu Kindern und Hochgebildete zu Wilden. Diese andere Logik kann Lösungen den Weg bereiten, auf die man bei kühlem Verstand nicht kommen würde. Die Menschen brauchen die Welt der Träume, um sich aus den Festlegungen des Tages und seinen Einseitigkeiten zu befreien. In ihnen führen sie Unternehmungen weiter, mit denen sie am Tage nicht zurechtgekommen sind. Mit seiner Traumlogik bleibt das Seelenleben in Bewegung.

Die Grenze zwischen Traum und Realität ist im Alltag nicht sauber gezogen. Vieles von der Beweglichkeit des nächtlichen Seelenlebens schiebt sich auch am Tage in die Beziehungen und den Umgang mit den Dingen. Deutlich bemerken wir das an der unfreiwilligen Komik mancher Situation, an den Witzen, die wir einander erzählen, und in Momenten, in denen sich die Dinge plötzlich in neuen Zusammenhängen offenbaren. Wir bemerken es aber auch an Täuschungen oder wenn wir uns nicht konzentrieren können und für Sekunden von Tagträumen mitgerissen werden. Ein solches kurzzeitiges Eintauchen in die Traumwelt ist nicht mit allen Alltagstätigkeiten vereinbar. Wenn höchste Aufmerksamkeit gefordert ist, kann es sogar Unfälle auslösen. Auch das ist ein Grund dafür, dass wir zwischen Realität und Traum eine klare Grenze ziehen wollen, denn wenn der Alltag nach vernünftigen Regeln funktionierte, wären wir wenigstens vor schlimmen Überraschungen gefeit. Doch tatsächlich können wir Traum und Realität nicht voneinander isolieren. Sie stehen in enger Beziehung zueinander und ergänzen sich. Wir leben in einer Welt, in der Traum und Realität ineinander übergehen.

Das Kino ist ein Ort, an dem die Menschen die Realitätsprüfung freiwillig preisgeben. Das ist nicht verwunderlich, denn ihre Motorik ist, ähnlich wie im nächtlichen Schlaf, stillgelegt. Sie können sich von fantastischen Verwandlungen ergreifen lassen, ohne mit Konsequenzen für ihr eigenes Leben rechnen zu müssen. Manche Filme heben den Übergang zwischen der Traumwelt und der Realität eigens heraus. Ein interessantes Beispiel ist der letzte Film von Stanley Kubrick, eine freie Adaption von Arthur Schnitzlers *Traumnovelle*:

Eyes Wide Shut (USA 1999)
Buch: Stanley Kubrick, Frederic Raphael
Regie: Stanley Kubrick

Der Film beginnt mit dem realistischen Bild einer Familie. Es ist Abend. Der Arzt Dr. William Harford (Tom Cruise) und seine Frau Alice (Nicole Kidman) bereiten sich zum Ausgehen vor. Sie sind zu einer Party eingeladen, die Victor Ziegler (Sydney Pollack), ein Patient Dr. Harfords, zusammen mit seiner Gattin in deren Haus ausrichtet. Tochter Helena sitzt im Pyjama zusammen mit dem Babysitter vor dem Fernseher. Der Austausch zwischen den Eheleuten wirkt routiniert. Man kann sehen, dass sie ein eingespieltes Gespann bilden.

Auf der Party schiebt sich innerhalb kurzer Zeit eine ganz andere Ordnung zwischen die Menschen. Alice wird von dem Ungarn Sandor Szavost (Sky Dumont) angesprochen, der auf suggestive Weise mit ihr flirtet. Mit einem Male ändert sich die Stimmung. Die tranceähnliche Art, in der Alice mit dem fremden Mann spricht, die langsamen Bewegungen ihres Tanzes haben etwas von der Stimmung eines Traums. Gleichzeitig wird William von zwei attraktiven Frauen in die Mitte genommen. Sie wollen ihn auf der Stelle gemeinsam verführen. William, der eigentlich einen ganz verlässlichen Eindruck macht, ist drauf und dran, ihnen zu folgen. Ehe man sich's versieht, gerät man in *Eyes Wide Shut* in den Übergang zu einer faszinierenden, aber auch fremdartigen Ordnung. Man spürt eine Erregung, die nach Fortsetzung verlangt. Man fragt sich, was in diesem Haus los ist. Steckt hinter den Verführungsversuchen ein geheimer Plan? Wird sich das Ganze zu einer Orgie entwickeln?

32

Doch dann findet diese traumartige Entwicklung ein jähes Ende und die Atmosphäre wird wieder realistisch. William ist als Arzt gefordert. Professionell rettet er der Geliebten Victor Zieglers, die eine Überdosis Rauschgift genommen hat, das Leben und Alice schlägt das Angebot Sandors, sich mit ihm in ein stilles Zimmer zurückzuziehen, mit dem Hinweis auf ihren Ehering aus. Die Harfords kehren in ihre Wohnung zurück. Und doch bleibt mindestens eine Frage offen: Ist es in diesem Haus selbstverständlich, dass der Gastgeber nur einige Minuten, nachdem er zusammen mit seiner Gattin die Gäste begrüßt hat, im Badezimmer Sex mit einer drogenabhängigen Prostituierten hat?

Zwischen zwei Ordnungen

Welche Ordnung bestimmt das Leben? Da ist einmal das vertraute Bild der Familie. Die Eltern haben mit Kind, Eigentumswohnung und Beruf Verantwortung auf sich genommen. Es macht Sinn, den einmal begonnenen Weg fortzusetzen, das Kind großzuziehen und den Lebensstandard auszubauen. Das ist die Realität. So stellen wir uns das Leben von erwachsenen Menschen vor. Doch wir bekommen zu spüren, dass noch eine andere Ordnung im Spiel ist. Sie macht sich in aufflammenden Erregungen, im Blick auf die heimlichen Obsessionen der Menschen, in einem eigenartigen Drängen und dem Gefühl bemerkbar, dass in jedem Augenblick auch alles ganz anders kommen kann. Der Film von Stanley Kubrick, der erst nach seinem Tod in die Kinos kam und vielen als das Vermächtnis des legendären Meisterregisseurs gilt, behandelt den Übergangsbereich zwischen einem vertrauten Bild, das wir als Realität bezeichnen, und einer Strömung, die uns wie ein Traum vorkommt, die deswegen aber nicht weniger wirklich ist. *Eyes Wide Shut* macht erfahrbar, dass unser Alltag dem Traum sehr viel näher steht, als wir es wahrhaben wollen.

Nachdem Alice und William von Zieglers Party heimgekehrt sind, rückt ihr Leben wieder in die realistische Ordnung. Doch dann rauchen sie gemeinsam Haschisch und geraten in Streit über eheliche Treue und die Grenze zwischen erotischen Vorstellungen und sexuellen Handlungen. Ein Wort gibt das andere, und es entsteht eine Dynamik, die eigentlich keiner von ihnen wollte. Alice macht sich über Williams naiven Glauben an ihre Treue lustig und erzählt von einer Fantasie, die sie vor nicht langer Zeit während eines Familienurlaubs am Meer beherrschte. Sie hatte sich in einen Marineoffizier verliebt, der im selben Hotel wohnte. Hätte dieser Mann ein Wort an sie gerichtet, wäre sie ihm gefolgt und hätte für nur eine Nacht mit ihm ihre Ehe, ihre Tochter und ihr ganzes bisheriges Leben aufs Spiel gesetzt. William ist von dieser Beichte seiner Frau zutiefst verletzt. So fragil hat er sich sein eheliches Glück nicht vorgestellt. Mit diesem Geständnis zieht mit einem Male die Traumordnung auch in seine Ehe ein. Die ungeheure Drehung dieser Szene macht spürbar, wie wenig vernünftig es zugeht in der Welt.

William hat keine Zeit, das Gespräch weiterzuführen, denn er wird zu einem Todesfall gerufen. Die souveräne Art, in der er Maryanne (Marie Richardson), die Tochter des Verstorbenen, tröstet, zeigt, wie umsichtig er seinen Beruf ausübt. Das erinnert an die Szene, in der er die Geliebte Zieglers mit ein paar routinierten Griffen ins Leben zurückholte. Obwohl er aufgewühlt ist, beherrscht William die Rolle des Arztes perfekt. Und doch spürt man, dass auch in diese Szene eine andere Ordnung hineindrängt und die Beziehung der Figuren zu beherrschen beginnt. Irgendwie erscheint die Trauer Maryannes aufgesetzt. Zwar spricht sie über den Verlust ihres Vaters, aber es ist, als sei noch etwas anderes mit am Werk. Und tatsächlich kippt das Gespräch einen Augenblick später in eine Liebeserklärung an den Arzt um. Schon seit langem sei er der Mittelpunkt ihrer Gedanken und sie könne sich ein Leben ohne ihn nicht mehr vorstellen. Maryanne rückt nahe an William heran, küsst ihn und er lässt es geschehen. Auch die Anwesenheit des Toten kann diese Wendung nicht verhindern.

Ist es die sexuelle Erregung, die das Verhalten der beiden bestimmt? Sexualität für sich reicht als Erklärung nicht aus.

Sie ist keine Ursache, sondern die Qualität einer Wirkungseinheit, die Maryanne ebenso wie William erfasst und zusammenführt. Kein Mensch setzt seine Ehe und sein bisheriges Leben aufs Spiel, weil er einen erotischen Kitzel verspürt. Das Aufregende liegt in der schnellen Wendung eines vertrauten Bildes und im Ahnen der damit verknüpften Versprechungen und Konsequenzen. Es kommt ein Verwandlungsrausch auf, der zwar an den erregbaren Zonen des Körpers zum Ausdruck drängt, aber nicht von ihnen erzeugt wird.

Im Tagesablauf der Menschen drehen sich zwei Ordnungen ineinander. Die eine nennen wir »Realität«, weil sie die Bedingungen der gegenständlichen und zivilisierten Welt berücksichtigt. Die andere steht dem Traum nahe, weil sie Dinge und Menschen nach unvertrauten Regeln zueinander in Beziehung rückt. Hier sind die Gesetze von Kausalität und Schwerkraft außer Kraft gesetzt; hier geht es um das Versprechen direkter Aneignung, totaler Hingabe und Verschmelzung. William steht unter dem Eindruck von Alices erotischer Fantasie und hätte nicht übel Lust, auf Maryannes Angebot einzugehen. Sei es aus Rache an seiner Frau, sei es, um sein verletztes Selbstbewusstsein zu reparieren. Sei es auch nur, weil er verwirrt ist und ein sexuelles Abenteuer seine Gefühle ordnen könnte. Der Arztbesuch steht auf der Kippe und könnte sich in ein Abenteuer wenden. In diesem Moment taucht der Verlobte Maryannes auf. Seine Gegenwart unterbricht die explosive Spannung. William und Maryanne finden in die vertraute Ordnung zurück und der Arzt verabschiedet sich.

Kurze Zeit später spaziert William durch die Straßen Manhattans. Eine Gruppe von laut redenden, jungen Männern kommt ihm entgegen. Ehe er sich's versieht, versetzen sie ihm einen heftigen Schlag, sodass er stürzt. Die Rowdys beschimpfen ihn als Homosexuellen. Er solle sich vor ihnen in Acht nehmen, denn mit Schwulen wollten sie heute Nacht aufräumen. Und schon ist die Gruppe um die nächste Straßenecke verschwunden. William steht auf und schaut sich verwundert um. Auch diese kleine Szene macht darauf aufmerksam, in welchem Maße suggestive Bilder die Handlungen und die Gefühle der Menschen bestimmen und schmerzhafte Folgen für andere nach sich ziehen. Unsere bewusste Vorstellung vom menschlichen Zusammenleben ist geprägt vom Gedanken an den Austausch von Subjekten untereinander. Doch Kubrick zeigt, dass im Alltag der Menschen Bilder unvermittelt aufeinander prallen und sich gegenseitig zu vernichten suchen. Seine schonungslose Analyse stellt in jedem Augenblick den Übergang zwischen Realität und Traumwelt heraus.

Zunächst scheint der Alltag wieder zu seiner realistischen Ordnung zurückzufinden. William setzt seinen Heimweg fort. Doch dann wird er von einer Frau angesprochen (Vinessa Shaw) und lässt sich überreden, mit in ihre Wohnung zu gehen. William ist Arzt, Vater und Ehemann und hat sein Leben im Griff. Er weiß Beruf und Privates zu trennen, eine kleine Familie zusammenzuhalten und zu beschützen. Was ist das für eine Macht, gegen die er sich nicht verwahren kann? Warum lässt er sich von dem Versprechen einer Zufallsbegegnung mitreißen und ist nun im Begriff, mit einer wildfremden Frau zu schlafen? Wie kann er sich von dem Versprechen eines Augenblickes derart blenden lassen? *Eyes Wide Shut* stellt uns auf schonungslose Weise das Gewoge einer Wirklichkeit vor Augen, in der die vernünftigen Absichten der Menschen immer wieder in eine traum- oder wahnähnliche Logik hineingerissen werden.

Traumwelt als Bild

Bis hierhin kam die Macht der Traumwelt in den Alltagshandlungen der Figuren zum Ausdruck. Sie wurden in Wendungen hineingezogen, die sie sich bei kühlem Verstand nicht hätten ausdenken können. Der nächste Abschnitt von Kubricks Film stellt diese andere Ordnung als ein eigenes Bild heraus. Um deutlich zu machen, dass die Zuschauer damit einen Bereich betreten, der dem Bewusstsein verschlossen ist, müssen sie durch ein Ritual hindurchgehen.

William hat von einer geheimen Gesellschaft erfahren, die in einem großen Haus außerhalb der Stadt unglaubliche Orgien inszeniert. Um dort hineinzukommen, muss sich der Arzt verkleiden, eine lange Fahrt durch die Nacht auf sich nehmen und am Eingang ein Passwort nennen.

Als er schließlich durch die Gänge und Säle des riesigen Hauses schreitet, ist er mitten drin in einer zugleich fremdartigen und faszinierenden Ordnung: Hunderte von elegant verkleideten und maskierten Menschen gehen teils rituellen, teils sexuellen Tätigkeiten nach, ihre Gesichtsmasken zu grotesken Äußerungen von Leidenschaft, Angst und Erstaunen erstarrt. Nackte Frauen gehen auf Männer zu, nehmen sie bei der Hand und führen sie in die Zimmer des Hauses. Was im ersten Teil des Films nur Impuls war, wird hier ausgeführt. Das wirkt wie ein unheimliches Ritual zwischen Liebe und Tod, wie eine schwarze Messe der Sexualität. Eine nackte Frau kommt auf William zu. Er solle augenblicklich das Haus verlassen. Sein Bleiben werde furchtbare Konsequenzen nach sich ziehen. Auch für sie selbst, da sie mit ihm gesprochen habe.

William aber ist von dem ungeheuerlichen Szenario fasziniert und lässt sich von der Warnung nicht beeindrucken. Er schreitet durch Räume, in denen nackte Paare, ja ganze Gruppen von Menschen Sex haben, während andere regungslos zuschauen. Kaum ein Laut ist zu hören. Die Gegensätze von Nacktheit und Verkleidung, Leidenschaft und Stummheit erzeugen eine ungeheuerliche Spannung. William erreicht einen Raum, in dem ein Mann im Kardinalskostüm von einem Kreis schrecklicher Masken umringt ist. Sie lassen den Arzt in ihre Mitte treten und schließen ihn ein. Nun ist er gefangen. Hierin findet das Thema des Films eine symbolische Zuspitzung: William ist im Zentrum eines fremdartigen Bildes, das ihn zugleich anzieht und ihm Angst macht. Er wird von ihm bedrängt und gezwungen. Und schließlich wird deutlich, dass es ihn in Konsequenzen hineinführt, die er niemals im Blick hatte. Denn die Versammelten wollen an ihm ein Ritual durchführen. William bekommt Angst und protestiert. Doch sein Widerstand wird überhört. In diesem Moment tritt die Frau, die ihn warnte, dazwischen und bietet sich an seiner statt als Opfer an. William weiß, was das heißt. Sie hatte es ihm gesagt: Es kann ihren Tod bedeuten. Er zögert angesichts dieser Aussicht. Schließlich aber nimmt er das Angebot an. Er darf den unheimlichen Kreis wieder verlassen. Vorher jedoch wird ihm eindringlich abverlangt, gegenüber niemandem ein Wort über das zu verlieren, was er in dieser Nacht zu sehen bekam. In dieser bestürzenden Sequenz hat der Film das Verhältnis von Realität und Traum zugunsten des Letzteren gewendet. Was sich in den Anfangsszenen zwischen den Menschen drängend zum Ausdruck brachte, stellt sich dem Blick wie eine Traumszene dar.

Als William am frühen Morgen nach Hause kommt und Alice anspricht, schreckt sie aus einem Traum auf. Er ist zutiefst verstört, als er dessen Inhalt erfährt, denn er gleicht dem Bild der Massenorgie, deren Zeuge er ein paar Stunden vorher war. William kommt am folgenden Tag nicht zur Ruhe. Immer wieder gehen ihm das Erlebnis der Nacht, aber auch der Traum seiner Frau durch den Kopf. Auch deren Fantasie mit dem Marineoffizier kann er nicht vergessen. Wieder gerät er in den Sog der direkten Bilder. Seine Erregung drängt darauf, sich in Handlungen umzusetzen. Er ruft Maryanne an, die Tochter seines verstorbenen Patienten, die ihm am Todesbett ihre Liebe gestand. Er ist bereit, ihr Angebot anzunehmen. Doch es ist ihr Verlobter Carl, der das Telefon abnimmt.

Der nächste Ansatzpunkt ist Domino, die Prostituierte, die William mit in ihre Wohnung genommen hat. Noch einmal geht er auf das Haus mit der leuchtend roten Tür zu. Er ist ein Getriebener, der nicht zur Ruhe kommt. Eine sich zunehmend verengende Spirale hat das Leben des angesehenen Arztes fest im Griff. In der Wohnung trifft William Dominos Mitbewohnerin Sally (Fay Masterson) an. Sie sagt, Domino sei fortgegangen und komme nicht wieder, aber sie, Sally, sei bereit, mit William zu schlafen. Ohne zu zögern, geht er auf ihr Angebot ein. Der Sog der sich verengenden Spirale hat eine Intensität erreicht, bei der die Menschen austauschbar sind. William muss diesen Schritt tun. Die ergebnislosen Anläufe in den vergangenen Tagen verlangen danach. Aus der Distanz gesehen wirkt er jedoch verloren. Er manövriert sich immer tiefer in eine Situation, aus der es bald kein Zurück mehr gibt.

Schwere Konsequenzen

Jetzt zögert Sally, sie hat etwas auf dem Herzen. Sie ringt sich dazu durch, William den Grund für Dominos Abwesenheit mitzuteilen. Das sei sie ihm schuldig. Domino habe am Tag nach ihrer Begegnung mit William von ihrem Arzt erfahren, dass sie HIV-positiv sei. William muss sich setzen. Ihm wird deutlich, dass er um Haaresbreite einer Infektion mit dem tödlichen Virus entgangen ist. Hätte er damals den Anruf seiner Frau nicht entgegengenommen, wäre er bei der Prostituierten geblieben. Die Wahrscheinlichkeit einer Ansteckung wäre hoch gewesen. William ist von einer Obsession getrieben, die schwere Konsequenzen haben kann.

Dazu gehört auch seine nächste Entdeckung. In einem Café liest er in einer Zeitung, dass eine drogenabhängige Prostituierte namens Amanda Curson in ihrer Wohnung tot aufgefunden wurde. Sofort fällt ihm die Frau aus dem geheimen Haus ein, die sich für ihn geopfert hat. Wurde sie von dem Geheimbund ermordet und versucht man, mit dem Zeitungsartikel das Verbrechen zu vertuschen? William geht ins Krankenhaus. Sein Arztausweis öffnet ihm die Tür zur Leichenhalle. Von Gewissensbissen geplagt, steht er vor dem nackten Körper der Toten. Er glaubt, dass sie für seine Freiheit ihr Leben geben musste. William muss erkennen, dass seine Abenteuer tödliche Spuren hinterlassen.

Eine letzte Wendung nimmt der Film, wenn er William zurück zu Victor Ziegler führt, auf dessen Party ein paar Tage zuvor die ganze Entwicklung in Gang kam. Der reiche und mächtige Mann, der sich unter den Maskierten in dem großen Haus befunden hat, macht dem Arzt Vorwürfe wegen seiner Neugier. Er habe mit dem Feuer gespielt und sei ein großes Risiko eingegangen. Ob er sich nicht vorstellen könne, dass die anwesenden Personen ein vitales Interesse an der

Geheimhaltung hätten und dieses mit allen Mitteln in Anspruch nähmen? William wirkt jetzt wie ein Mann, der seine Nase in Dinge hineingesteckt hat, die eine Nummer zu groß für ihn sind. Er will wissen, wie der Geheimbund den Tod Amanda Cursons, der Frau aus der Zeitung, verantworten könne. Victor bemüht sich, Williams Bedenken auszuräumen. Niemandem sei etwas passiert. Die Prostituierte, die sich für ihn eingesetzt habe, habe das Haus nach der Feier unversehrt verlassen. Das Ganze sei eine Inszenierung gewesen, die William dazu bringen sollte, sein Erlebnis für sich zu behalten. Amanda sei an einer Überdosis Rauschgift gestorben. Er selbst, William, habe sie vor dieser Konsequenz in Victors Haus gewarnt. Jetzt versteht William: Amanda war die Frau, deren Leben er vor ein paar Tagen rettete. Er hat sie ins Leben zurückgeführt, aber sie nicht am Leben halten können.

Rätselhafte Wirklichkeit

Mit dieser letzten Wendung führt *Eyes Wide Shut* seine Lektion über die Traum-Realität noch eine Drehung weiter. Wir würden so gerne das schwer fassbare Ineinander von Realität und Traum auf einfache, rational nachvollziehbare Erklärungen bringen. Wir wüssten gerne, welche Absichten dieser unbewusste Betrieb verfolgt, der sich immer wieder in unsere Tagesläufe einschaltet. Daher sind die Fragen, die William stellt, auch die Fragen der Zuschauer. Aus welchen Personen setzt sich der Geheimbund zusammen? Was für einen Zweck hat er und was für ein Ziel? Wem gehört das Haus, in dem die eigenartigen Treffen stattfinden? Aber der Film gibt keine Antwort. Er verwickelt uns in das Ineinander von Realität und Traum und führt uns auf schmerzhafte Folgen zu, aber er verrät uns nicht, nach welchem Plan das Ganze funktioniert. So stehen wir am Ende vor einem Rätsel, das sich nicht lösen lässt.

William kehrt nach Hause zurück. Er ist zutiefst verwirrt und von Schuldgefühlen geplagt. Es zieht ihn in die vertraute Gemeinsamkeit mit Alice, er will mit ihr über alles sprechen.

Nach der Aussprache, in der letzten Szene des Films, schlendern Alice und William mit ihrer Tochter Helena (Madison Eginton) durch ein großes Spielwarenkaufhaus. Die Kleine darf aussuchen, was sie sich vom Weihnachtsmann wünscht. Aufgeregt läuft sie von einer Abteilung in die andere. Gleichzeitig sprechen die Eltern darüber, wie sie die Ereignisse der vergangenen Tage in ihre Ehe integrieren wollen. Helena hat etwas gefunden. Ein Puppenwagen hat es ihr angetan, aber auch ein riesengroßer Teddybär. Alice bremst die Aufgeregtheit ihrer Tochter und meint, ein paar Tage müsse sie wohl noch auf die Erfüllung ihrer Wünsche warten. Man weiß nicht so recht, ob der Film eine ironische oder eine moralische Haltung einnimmt, wenn er in seiner letzten Szene die Erwachsenen im vernünftigen Gespräch zeigt und das Kind im Rausch der Wünsche. Aber wenn man sich einen Film von Stanley Kubrick ansieht, der die schwer fassbare Verschränkung von Realität und Traum behandelt, kann man keine eindeutigen Antworten erwarten. Alice bringt es im Gespräch mit William auf den Punkt: »Die Wirklichkeit unseres ganzen Lebens kann niemals die volle Wahrheit sein.«

Eyes Wide Shut stellt die im Alltag wirksame Traumwelt als einen seltsamen Zwang heraus, der von den Menschen Besitz ergreift, ihren Blick trübt und sie in ungeahnte Konsequenzen zieht. Eine solche Behandlung der Traum-Realität kann trotz Tom Cruise und Nicole Kidman nicht mit einem sehr großen Publikum rechnen. Die mit dem Film verbundenen Wirkungsprozesse sind im Ganzen zu verstörend. In Deutschland sahen sich den Film gerade mal 800 000 Kinogänger an. Das nächste Beispiel behandelt das Thema in einer Form, die vom Kinopublikum offensichtlich sehr viel leichter angenommen werden kann. Es handelt sich um

Harry Potter und der Stein der Weisen (USA 2001)
Buch: Steven Kloves
Regie: Chris Columbus

Nach dem plötzlichen Tod seiner Eltern wird der kleine Harry (Daniel Radcliffe) seiner Tante Petunia (Fiona Shaw)

zur Pflege überlassen. Es wächst in einem engen Verschlag unter der Treppe ihres Hauses auf und sieht sich der strengen Erziehung seines Onkels Vernon (Richard Griffiths) und den Demütigungen seines dicken Cousins Dudley (Harry Melling) ausgesetzt. Aber irgendwie scheint ihm dies nichts auszumachen. Wahrscheinlich liegt das daran, dass Harry in sich Kräfte verspürt, die seinem bösartigen Stiefbruder und dessen bornierten Eltern abgehen. Harry kann zaubern. Mit elf Jahren wird ihm deutlich, dass er den Tatsachen eine ungeahnte Wendung geben kann.

Die Traum-Realität macht uns alle zu »Zauberern«. Die »magische« Seite des Seelenlebens ist die Grundlage dafür, dass sich die Welt ständig wandelt. Als die Menschen vor Tausenden von Jahren erstmals Steine vom Boden aufhoben und aufeinander schichteten, als sie aus ihnen Werkzeuge und Waffen formten, zauberten sie. Denn sie wiesen einem Brocken, den sie vorfanden, einen anderen Platz zu und schufen auf diese Weise einen völlig neuen Gegenstand. Sie verwandelten ihn in eine tödliche Waffe oder ein nützliches Werkzeug. In ihren Spielen verfahren die Kinder bis heute nicht anders. Im Nu wird aus einem Stock ein Schwert, ein Bauklotz verwandelt sich in ein Auto. Der Zipfel eines Handtuchs vertritt die Mutter und tröstet über ihre Abwesenheit hinweg. Das sind Wandlungen, die uns selbstverständlich erscheinen, die aber nur in einer Traum-Realität stattfinden können. Mit formaler Logik sind sie nicht zu machen.

Zaubern unter Bedingungen

Das Zaubern verschafft Harry Potter Respekt und Bewunderung. Über das Zaubern kann er sich aus dem Verschlag unter der Treppe befreien. Mit einem Male erhält er die Beachtung, die er über Jahre vermisste. Aber das Zaubern kann zerstören, wenn es sich nicht Regeln unterwirft. Auch das ist eine Lektion, die Harry Potter zu lernen hat, denn seine ersten Kunststücke richten ein gehöriges Chaos an. Damit seiner Magie Zügel angelegt werden, wird er auf die Zauberer-

schule Hogwarts gerufen. Hier wird vormittags Theorie ge-
paukt und am Nachmittag sind praktische Übungen dran,
und zwar nach Regeln, auf deren Einhaltung penibel geach-
tet wird. Es gibt Kurse, in denen das Besenfliegen, das Sprü-
cheschmieden und die Handhabung des Zauberstabes in
kleinen, mühseligen Schritten eingeübt werden. Wer sich in
Hogwarts zu schnell zu viel zumutet, erleidet nicht nur
schlimme Verletzungen, sondern hat auch mit Sanktionen zu
rechnen.

So wie im Film Harry Potter und seine Freunde Hermine
Granger (Emma Watson) und Ron Weasley (Rupert Grint)
ihre Zauberkraft zu beherrschen lernen, so übt sich jedes
Kind im Laufe seiner Entwicklung in die Handhabung von
Realität und Traum ein. Psychologen weisen daraufhin, wie
wichtig es für die psychische Entwicklung ist, dass die Kin-
der die reale Welt in ihre Fantasien und Träumereien einbe-
ziehen können. Der englische Psychoanalytiker Donald W.
Winnicott vertrat die Meinung, dass sich hierüber entschei-
det, ob sich ein Mensch einmal als Teil seiner Kultur erfährt.
Aber es ist ebenso unbestritten, dass die Erfahrung realer
Grenzen und Notwendigkeiten zur Entwicklung dazugehört.
Man kommt aus dem Spannungsverhältnis nicht heraus. Der
Traum braucht den Anhalt der Realität, um eine lebensprak-
tische Richtung zu finden, und die Realität braucht den
Traum, damit das Leben nicht erstarrt.

Zaubern tut Not

Harry Potter und der Stein der Weisen führt das Ergänzungs-
verhältnis von Traum und Realität in einer Entwicklung mit
mehreren Wendungen aus. Sie beginnt in den engen Zwängen des Lebens unter der Treppe. Harrys Leben ist un-
menschlich streng geregelt, seine Rechte und Freiheiten sind
begrenzt. In diesem Rahmen kann sich kein Mensch entfalten. Aber Harry hat dieser Enge etwas entgegenzusetzen.
Seine Eltern haben ihm magische Kräfte vererbt, mit denen er
seine Fesseln sprengt. Zunächst schießen seine Zauberkünste

weit über das Ziel hinaus. Er verschafft sich damit zwar Respekt bei seinen Peinigern, kann aber seine Lage nicht wirklich verbessern. In einer weiteren Wendung gerät das Ungestüm des kleinen Zauberers in den Regelrahmen der Schule. Hier lernt er, die Magie unter Bedingungen anzuwenden. Auf diese Weise bringt das Zaubern nicht einfach alles durcheinander, sondern vermag, gezielte Wirkungen zu erzeugen. In einer letzten Wendung kann Harry die Traum-Realität schließlich meistern. Es ist diese komplette Entwicklung, die den Film von Chris Columbus so überaus beliebt werden ließ. Anders als in *Eyes Wide Shut* macht sich hier die Traumlogik nicht als unheimlicher Zwang bemerkbar, sondern als die Chance, in eine verfahrene Situation Bewegung zu bringen und Kompetenz auszubilden.

Mit der rasanten Entwicklung digitaler Technologien und Kommunikationsmedien und der explosionsartigen Ausbreitung des Internets schien es in den 1990er-Jahren so, als wäre alles möglich. Doch zugleich geriet man in den festen Griff von Zwängen, die nach der Jahrtausendwende immer bestimmender wurden. Manche der neu gewonnenen Alltagserleichterungen verkehrten sich in Abhängigkeiten. Die großen Gewinne auf dem so genannten Neuen Markt verwandelten sich in Schuldenberge und trieben manche Existenz in den Ruin. Nach den großen Erwartungen vor der Jahrtausendwende machte sich nun eine Ernüchterung breit. Die Menschen neigten dazu, sich an ihren Besitzstand zu klammern, weil sie Angst hatten, noch mehr zu verlieren. Das Versprechen »Alles ist möglich!« war dem bleiernen Gefühl »Nichts geht mehr!« gewichen.

In dieser erstarrten Situation kamen die Harry-Potter-Romane von Joanne K. Rowling und der Film von Chris Columbus *Harry Potter und der Stein der Weisen* gerade recht. Sie gaben den Menschen, besonders den Kindern, den Glauben an die Macht des Zauberns zurück. Sie machten erfahrbar, dass man auch die schwerfälligsten Verhältnisse zum Tanzen bringen kann. Wenn Politik und Wirtschaft schon nicht wussten, wie sie den festgefahrenen Karren aus dem Schlamm herauszuziehen sollten, konnte man wenigstens im

Kino an die Macht des Möglichen glauben. Allein in Deutschland wollten zehneinhalb Millionen Menschen eine solche Erfahrung machen.

Der größte Zauberer ist die menschliche Psyche. Ihr unerschöpflicher Formenreichtum hat in Jahrtausenden die Erde mehrmals verwandelt und eine Vielfalt von lebendigen Kulturen hervorgebracht. Sie präsentiert uns immer neue Wendungen. Sie ist der erfinderische Gestalter sowohl unserer Lebensrealität als auch unserer Träume, und wir setzen darauf, dass sie uns auch weiterhin mit neuen Gestalten überrascht.

Die Wirklichkeit dreht sich

Das Leben ist keine Kette von Ereignissen. Es ist ein Ganzes, das sich ausgliedert, dreht und wandelt und darin seinen Sinn findet. Obwohl sie uns unfertig erscheint, ist auch die »Welt« des Säuglings ein Ganzes, aber sie ist anders geordnet als die des Kindes, und bei einem Jugendlichen oder einer Erwachsenen sieht sie wieder ganz anders aus. Mit den Wendungen des Lebens wandeln sich auch die Bedeutungen der Dinge und Menschen. Das Stofftier, das man niemals hergeben wollte, landet im Keller. Das Buch, das man mit glühenden Ohren verschlang, wird nicht wieder aufgeschlagen. Und der Traum, den man unbedingt verwirklichen wollte, verblasst und wird von anderen Zielen abgelöst. Alles verändert sich in den Drehungen der Wirklichkeit.

Filme beschreiben oft Entwicklungen, die sich über viele Jahre erstrecken. Sie können die Wendungen eines ganzen Lebens nachzeichnen oder zeigen, wie sich eine Kultur über die Jahrhunderte wandelt. Sie verdichten die Drehungen der Wirklichkeit auf die Spanne von wenigen Stunden und schlagen ihr Publikum damit in Bann. Eine beliebte Form, Drehungen einer Lebensform zu behandeln, sind Geschichten über Entwicklungsprobleme von Jugendlichen und jungen Erwachsenen. Ein ruhiges und ohne besondere Effekte erzähltes »Coming-of-age-Drama« ist

Gottes Werk und Teufels Beitrag (USA 1999)
Buch: John Irving
Regie: Lasse Hallström

Es ist ein Film über die Veränderung von Idealen im Zuge der Drehungen des Lebensganzen. Der Originaltitel *The Cider House Rules* hat einen direkten Bezug zu der Geschichte. Sie spielt Anfang der 1940er-Jahre im US-Bundesstaat Maine und beginnt in einem Waisenhaus mit angegliederter Station für nicht verheiratete Gebärende. Die von ihren Müttern zurückgelassenen Kinder, die darauf warten, einmal einen Platz in einer Familie zu finden, sind in dem Haus auf dem Hügel oberhalb des Bahnhofs von St. Clouds gut aufgehoben. Das liegt vor allem an dem ärztlichen Leiter Dr. Wilbur Larch (Michael Caine), der sich zusammen mit den Schwestern Angela (Kathy Baker) und Edna (Jane Alexander) um sie kümmert. Ein Junge ist dem Sechzigjährigen in besonderer Weise ans Herz gewachsen; er heißt Homer Wells (Tobey Maguire) und Dr. Larch hat ihn zu einem »Arzt« ausgebildet und will beim Träger des Waisenhauses darauf hinwirken, dass er als Dr. Wells – allerdings mit einem von Larch eigenhändig gefälschten »Harvard-Abschlusszeugnis« – einmal seine Aufgaben übernehmen kann.

Drängendes Ideal

So wächst der Junge in einer Welt auf, in der wichtige Entscheidungen über sein Leben von anderen bereits getroffen wurden. Das ist auf der einen Seite entlastend und gibt ihm das Gefühl, trotz seines Waisenstatus einen Ort zu haben, an dem für ihn gesorgt wird. Aber es hat auch zur Folge, dass ihm einiges, was in St. Clouds passiert, überhaupt nicht gefällt. Dr. Larch handelt bei der Betreuung der ihm anvertrauten Kinder und Mütter nach seinen persönlichen Moralvorstellungen. Hierzu gehört zum Beispiel, dass er in der Gegend als eine sichere und verschwiegene Anlaufstelle für schwangere Frauen bekannt ist, die ihr Kind abtreiben lassen wollen. Homer geht die Einstellung seines väterlichen Lehrers gegen den Strich. Mit jedem Fötus, den er zum großen Heizofen des Waisenhauses trägt, wächst sein Zorn. Aus dem Konflikt hat sich eine Arbeitsteilung ergeben. Dr. Larch führt die Abtreibungen durch und Homer kümmert sich um die Geburten. Er möchte mit den illegalen Eingriffen nichts zu tun haben.

Davon einmal abgesehen, könnte Homer in St. Clouds ein zufriedenes Leben führen. Wenn er zusammen mit den anderen Jungs abends im großen Schlafsaal liegt und Dr. Larch mit den Worten »Gute Nacht, ihr Prinzen von Maine – ihr Könige Neuenglands!« das Licht löscht, kann er sich im besten Sinne des Wortes aufgehoben fühlen. Er ist bei den Kindern, bei denen er die Rolle eines fürsorglichen, älteren Bruders eingenommen hat, sehr beliebt, und Mary Agnes (Paz de la Huerta), ein Mädchen in seinem Alter, das ebenso wie er bei adoptionswilligen Ehepaaren kein Glück hatte, hält mit ihrer Zuneigung ihm gegenüber nicht hinter dem Berg. Aber es quält ihn, dass Dr. Larch an seinen zweifelhaften Auffassungen festhält. Ihm gefällt auch nicht, dass der Mediziner sich regelmäßig mit Äther einen Rausch verschafft und ein heimliches Verhältnis mit Schwester Angela hat. Es muss doch einen Ort geben, wo die Menschen besser sind!

Bis hierhin beschreibt der Film mit dem Waisenhaus eine Lebensordnung, die zwar einige »schwarze Flecke« aufweist und auch sonst nicht ideal ist, in der aber doch irgendwie für alle gesorgt ist. Den Kindern geht es den Umständen entsprechend gut. Den verzweifelten Müttern wird geholfen, und Homer hat sogar Chancen, einmal ärztlicher Leiter des Waisenhauses zu werden. Und wenn er auf das Werben von Mary Agnes einginge, könnte er schon bald eine Familie gründen. Aber etwas in Homer widersetzt sich dieser pragmatischen Lösung. Es drängt ihn über sie hinaus. Er will eine Ordnung für sein Leben finden, die besser mit allgemeinen Moralvorstellungen und geltenden Gesetzen harmoniert. Homer hat eine idealere Vorstellung vom Leben. Hier ist ein Konflikt angelegt, der auf Lösung drängt. Da Dr. Larch nicht bereit ist sich zu ändern, obliegt es Homer, den nächsten Schritt zu tun.

Als der Zufall ein Liebespaar wegen einer Abtreibung nach St. Clouds verschlägt, entscheidet sich Homer dazu, mit den beiden jungen Leuten wegzufahren und irgendwo ein Leben nach seinen eigenen Vorstellungen zu beginnen. Seine plötzliche Entscheidung ist für die Kinder, besonders für Homers kleinen Freund Buster (Kieran Culkin) und für Mary Agnes, wie eine kalte Dusche. Am meisten aber leidet Dr. Larch unter Homers Entschluss. Er hat ein halbes Leben in den jungen Mann investiert und fühlt sich nun von seinem Ziehsohn auf das Bitterste enttäuscht. Homer selbst ist von seinem Plan in einer Art und Weise begeistert, dass er kaum mitbekommt, welchen Schmerz er mit seiner plötzlichen Eingebung der kleinen Gemeinschaft zufügt.

Aufbruch und Wiederholung

Homer macht sich mit der schönen Candy (Charlize Theron) und ihrem Verlobten Wally (Paul Rudd) in dessen schickem Cabrio auf den Weg und sieht zum ersten Mal das Meer. Der Anblick der atemberaubend schönen Küste von Maine ist ein viel versprechender Beginn seines neuen Lebens. Schließlich kommen die drei auf der Apfelfarm von Wallys Mutter Olive Worthington an. Da gerade die Ernte eingeholt wird, lässt sich Homer als Pflücker einstellen. Wally bietet ihm an, im Haus seiner Mutter zu wohnen, doch Homer bezieht lieber ein Bett in der großen Scheune, wo die Saisonarbeiter untergebracht sind. Das Leben in der Gemeinschaft ist ihm vertraut. Besonders angetan ist Homer von dem geradlinigen und seine Männer zu Takt und Ehrlichkeit anhaltenden Vorarbeiter Mr. Arthur Rose (Delroy Lindo), der zusammen mit seiner sechzehnjährigen Tochter Rose (Erykah Badu) ebenfalls in der Scheune lebt. Auch wenn einer der Arbeiter ab und zu aus der Reihe tanzt, macht die Gruppe im Großen und Ganzen doch einen zuverlässigen und korrekten Eindruck. Homer ist mit seinem neuen Zuhause zufrieden. Dr. Larch schreibt er, dass er nicht vorhabe, nach St. Clouds zurückzukehren. Er genieße es, endlich ohne Gewissenskonflikte zu leben. Dr. Larch hingegen glaubt noch immer an eine Rückkehr seines »verlorenen Sohnes« und setzt alle – seiner Art entsprechend auch illegale – Hebel in Bewegung, dass dieser eines Tages seine Nachfolge wird antreten können.

Homer hat St. Clouds hinter sich gelassen und ein neues Zuhause gefunden. Sein Leben hat damit ein anderes Ausdrucksfeld gefunden. Hier kommt er nicht in Konflikt mit seiner moralischen Einstellung und braucht sich nicht mit Dr. Larch zu streiten. Aber er lebt wieder in einem Rahmen, dessen Regeln von anderen aufgestellt wurden. Als »Cider House Rules« hängen sie für jeden einsehbar in der Scheune. Auch Homers Aufgaben werden nach wie vor von anderen festgelegt, und wenn man es genau nimmt, hat sich seine Tätigkeit nicht wirklich geändert. Im Waisenhaus half er den Müttern, ihre Kinder auf die Welt zu bringen, und auf der Apfelfarm entbindet er die Bäume von ihren reifen Früchten. Auch die Ordnung seines sozialen Umfeldes ist nicht wesentlich anders. Dr. Larch wurde durch den aufrichtigen Mr. Rose ersetzt und die Kinder durch die anderen Wanderarbeiter. Und noch immer verbringt Homer die Nächte zusammen mit anderen in einem großen Schlafsaal. Einiges ist anders geworden, aber vieles auch gleich geblieben. Obwohl es Homer mit aller Macht aus St. Clouds wegzog, hat er sich ein paar hundert Meilen entfernt eine ähnliche Ordnung wieder aufgebaut. Es ist gar nicht so einfach, seinen eigenen Weg zu finden. Ehe man sich's versieht, legen die neuen Wendungen des Lebens die alten Muster neu auf.

Homers neues Gleichgewicht wird gestört, als Wally sich freiwillig zum Kriegsdienst verpflichtet. Man zählt das Jahr 1943 und die Vereinigten Staaten nehmen seit Dezember 1941 am Zweiten Weltkrieg teil. Candy leidet unter dem Alleinsein und verbringt nun mehr Zeit mit Homer. Dessen Einfachheit und Unerfahrenheit amüsieren sie, ziehen sie aber auch an. Homer hat in St. Clouds viele Frauen nackt gesehen und nichts dabei empfunden. Doch Candys Schönheit trifft ihn ins Mark. Er hat den Wunsch, sie zu berühren, und als er sie am Strand plötzlich umarmt, setzt Candy ihm keinen Widerstand entgegen. Homer und Candy werden ein heimliches Liebespaar. Die Apfelpflücker prophezeien ihm große Probleme, immerhin sei Candy Wallys Verlobte. Der habe ihm die Stelle auf der Farm seiner Mutter verschafft. Homer verrate mit seiner heimlichen Liebe das Vertrauen des Freundes und steuere auf Konsequenzen zu, die allen Beteiligten große Schwierigkeiten bereiten könnten. Doch Homer schiebt die Bedenken und Vorwürfe beiseite und überlässt sich den gemeinsamen Stunden mit Candy.

Folgenschwere Drehungen

Eine Komponente des Ganzen fällt raus und schon ändert es seine Ordnung. Homers Faszination für Candys Schönheit fand in der Verbindung zwischen ihr und Wally eine klare Grenze. Doch als dieser in den Krieg zieht und Candy unter dem Alleinsein zu leiden beginnt, bahnt sich die Sehnsucht ihren Weg und vergisst alle Bedenken. Damit werden Tatsachen geschaffen, die mit Folgen und Gegenwirkungen rechnen müssen. Macht man sich immer deutlich, in welchem Maße eine Entscheidung die Ordnung des gesamten Lebens verändert? Jedenfalls sind Homers Rausch der Verliebtheit und Candys Sehnsucht nach Nähe nicht dazu geeignet, diesen Bedenken nachzugehen. Man kann an dieser Wendung absehen, in welchem Maße geringfügige Umstellungen Verheißungen wecken und wie deren Realisierung das Ganze in eine folgenschwere Drehung versetzt.

Ein ganzes Jahr vergeht. Candy und Homer genießen ihr Zusammensein. Wally ist fern und die Wanderarbeiter sind im Herbst weiter in den Süden gezogen. Aber als der Sommer erneut seinen Höhepunkt erreicht, kommen sie auf die Farm zurück. Zunächst sieht es so aus, als würde das Leben der Apfelpflücker weitergehen wie bisher, aber Homer findet heraus, dass sein Vorarbeiter Mr. Rose ein sexuelles Verhältnis zu seiner Tochter unterhält und das Mädchen nun ein Kind von ihrem eigenen Vater erwartet. Homer hat mit dem stets anständig und korrekt wirkenden Mann über Monate in einem Haus gewohnt und nichts von dem Inzest mitbekommen. Empört stellt er ihn zur Rede, aber es kommt ihm wunderlich vor, dass Mr. Rose offensichtlich nicht das Gefühl hat, etwas Falsches getan zu haben. Er beteuert, dass er seine Tochter liebe und ihr niemals Schmerzen zufügen würde. Mr.

Roses Uneinsichtigkeit konfrontiert Homer mit seiner eigenen Blindheit gegenüber den Konsequenzen seines heimlichen Verhältnisses mit Candy. Und kurze Zeit später sind auch seine Schwierigkeiten nicht mehr zu übersehen. Denn Wally, der im Krieg schwer erkrankt und von der Hüfte abwärts gelähmt ist, hat seine Rückkehr angekündigt. Candy macht sich nun wegen ihrer Untreue Vorwürfe und geht auf Abstand. Sie fühlt sich ihrem kranken Verlobten verpflichtet und sieht in der dauerhaften Verbindung mit Homer keine Perspektive. Als Freund und Geliebter ging Wally vor einem Jahr, als lebender Vorwurf kehrt er nun zurück.

Die psychische Wirklichkeit ist ein Betrieb, der das Leben von Mr. Rose ebenso in seine Drehungen einbezieht wie das von Homer und Candy. Er lässt den einen zum Verbrecher werden und macht die anderen unglücklich. Er führt in Folgen hinein, die man niemals ganz im Blick haben kann und die einen immer wieder überraschen. Wir halten uns an Ideale, um Richtung zu halten. Wir stellen Regeln auf, damit wir uns und anderen nicht schaden. Und doch können sie uns nicht davor bewahren, dass unsere Entscheidungen und Handlungen ihren Zweck und ihre Bedeutung ändern. Auf diesen schwer fassbaren Zusammenhang spielt wohl der deutsche Titel »Gottes Werk und Teufels Beitrag« an.

Weil Homer Dr. Larchs Abtreibungen nicht mit seinem Gewissen vereinbaren konnte, hatte er sich von ihm getrennt. Nun stellt er fest, dass Mr. Rose, vor dem er wegen seiner Geradlinigkeit so viel Respekt hatte, seine eigene Tochter sexuell missbraucht. Das ist eine noch viel tiefer gehende Enttäuschung. Unter ihrem Eindruck ringt Homer sich dazu durch, das Notwendige zu tun. Zunächst rät er der schwangeren Rose, sich in die Obhut von Dr. Larch in St. Clouds zu begeben. Doch Rose entgegnet, ihr Vater würde sie niemals gehen lassen. Eher würde er sie umbringen. Daraufhin erklärt sich Homer bereit, die Abtreibung an Ort und Stelle durchzuführen und die Verantwortung dafür auf sich zu nehmen. Damit durchbricht er jedoch seine eigenen Regeln.

Nach der gut verlaufenen Operation liest Homer die »Cider House Rules«, die von den Farmbesitzern für die Saisonarbeiter aufgestellt und in der Scheune aufgehängt wurden. Keine dieser Regeln wird von den Arbeitern eingehalten, aber der Verstoß gegen sie wird auch von niemandem geahndet. Jede für sich genommen wirkt absurd. Mr. Rose schlägt vor, das Blatt zu verbrennen. Unter Candys Augen wirft Homer es in den Ofen. Diese Tat markiert seine Veränderung. Homer versteht nun, dass jedes Leben, ja vielleicht jeder Tag, seine eigenen Regeln verlangt. So notwendig es ist, dass Gesetze, moralische Prinzipien und Ideale das Leben ausrichten und sichern, so sehr drohen sie es auch zu behindern, wenn man zu starr an ihnen festhält. Das Leben braucht Regeln, aber auch einen verantwortlichen Umgang mit ihnen.

Und er hat noch etwas anderes verstanden: Nur wenn wir wie Kinder die Verantwortung an andere abgeben, bleiben unsere Ideale unangetastet. Sobald wir uns selbstständig in der Welt bewegen, müssen sie sich wandeln. Homer wollte seine Ideale nicht preisgeben. Daher hat er St. Clouds, diese kleine Welt jenseits von Gut und Böse, verlassen. Aber er hat mit seinem Verhalten Folgen heraufbeschworen, die ihn dazu zwangen, seine Vorstellungen über das Leben zu revidieren. Im Handeln ist er ein anderer geworden. Der Film von Lasse Hallström bewegt den Zuschauer auf einer tiefen Ebene, weil er seinem Publikum ein Paradox vermittelt, das mit den Drehungen der Wirklichkeit unlösbar verknüpft ist: Wir können uns selbst nur treu bleiben, wenn wir unsere Ideale verraten.

Als Rose wieder zu Kräften gekommen ist, will sie die Farm verlassen. Der Missbrauch des Vaters an der Tochter ist nicht wieder gutzumachen. Es kommt zu einem Streit, in dessen Verlauf Rose ihren Vater mit dem Messer tödlich verletzt. Kurze Zeit später erfährt Homer, dass inzwischen auch Dr. Larch an einer Überdosis Äther gestorben ist. Als Wally schwer gezeichnet aus dem Krieg zurückkehrt und Candy sich seiner annimmt, macht er sich auf den Weg nach St. Clouds. Wie in der *Odyssee* des griechischen Dichters Homer, der dem Protagonisten unserer Geschichte den Namen gab, kehrt der Held verwandelt an den Ort zurück, an dem seine Reise begann.

Wie Rührung entsteht

Die Fähigkeit des Kinos, »große Gefühle« zu erzeugen, wird gerne mit der Leistung der Schauspieler erklärt: Ihre überdimensional großen Gesichter machten es möglich, die Emotionen der Figuren genau zu erfassen und sich in sie hineinzuversetzen. Wenn sich in den Augen des Stars die Tränen stauen, empfänden die Zuschauer Trauer. Doch das ist eine oberflächliche Betrachtung. Der Ort der Gefühle liegt nicht in den Schauspielern. Die machen ihre Arbeit, und es ist ihr Geheimnis, mit welchen Techniken sie ihre Mimik beherrschen. Wenn man Filmwirkungsprozesse Szene für Szene beschreibt, sich also mit dem Erleben der Zuschauer mitbewegt, kommt man zu einer anderen Auffassung: Filme setzen an dem unbewussten Seelenbetrieb der Menschen an, beleben dessen Grundprobleme und bauen mit ihnen Wirkungsfolgen auf. Gefühle und Empfindungen im Kino verweisen auf die Tätigkeit dieses unbewussten Seelenbetriebes. An ihnen verspüren wir seine Spannungen, seine Anläufe, diese zu lösen, und seine Wandlungen. Wie das Leben ist auch das Filmerleben ein Ganzes, das sich in seinen Drehungen und Wendungen selbst erfährt.

Bei Zuschauern, die hierfür empfänglich sind, entfaltet *Gottes Werk und Teufels Beitrag* mit den letzten Szenen seine vielleicht stärkste Wirkung. Es handelt sich um ein minutenlanges, an- und abschwellendes Gefühl der Rührung. Dieses Gefühl entsteht, wenn die Drehungen, in die der Film die Zuschauer verwickelt hat, am Ende einen Haltepunkt in der Treue erfahren. Wir fühlen uns von einer solchen Auflösung in unserem Wunsch verstanden, die Wirklichkeit möge uns nicht fallen lassen, auch wenn wir uns in ihr verlieren. Denn offensichtlich hält unser nach Gesichtspunkten formaler Logik ausgebildeter Verstand und unsere Gewohnheit, an unveränderliche Substanzen zu glauben, die Drehungen des Ganzen für etwas Minderwertiges. Wir können uns kaum vorstellen, dass wir geliebt werden, auch wenn wir von solchen Drehungen mitgerissen werden.

Homers Abreise eineinhalb Jahre zuvor wurde von den

Kindern mit Traurigkeit und Verschlossenheit quittiert. Sie hatten sie als Verrat an ihrer Zuneigung empfunden. Doch als Buster seinen Freund den verschneiten Weg zum Waisenhaus heraufkommen sieht, reißt er mit seiner Freude alle anderen Kinder mit. Mary Agnes, die am Anfang vergeblich versucht hatte, Homers Aufmerksamkeit auf sich zu ziehen, eilt ins Badezimmer und wirft einen prüfenden Blick in den Spiegel. Aufgeregt kneift sie sich in ihre dunklen Augenränder, damit sie einen frischen Eindruck machen, und gesellt sich dann mit betont langsamen Schritten zu den anderen Kindern, die den Heimkehrer umringen.

Die Drehungen und damit verbundenen Umwertungen, durch die die Zuschauer hindurchgegangen sind, erhalten mit dieser freudigen Aufnahme ein Widerlager. Weil man die Erfahrung gemacht hat, in welchem Ausmaß sich alles ändern kann, wird man von der stabilen Zuneigung der Bewohner von St. Clouds zu Tränen gerührt. Keiner der Schauspieler bringt das Gefühl mimisch zum Ausdruck. Die Kinder lachen und freuen sich. Mary Agnes unterdrückt ihre starke Erregung. Homer zeigt einen glücklichen Ausdruck. Edna und Angela stehen staunend dabei. Die Rührung ist im Bild selbst nicht sichtbar. Trotzdem verspüren in diesem Augenblick viele Zuschauer den Impuls, vor Rührung zu weinen. Es sind die spannungsvollen Wirkungsqualitäten, die im Zusammenspiel von Drehung und Widerlager, von Verrat und Treue entstehen, die das Publikum derart ergreifen.

Weitere Momente der Rührung können entstehen, wenn Homer von den Schwestern Angela und Edna erfährt, dass er die ganze Zeit, auch während seiner Abwesenheit, unter dem Schutz Dr. Larchs gestanden hat. Mit der falschen Diagnose eines Herzfehlers hat er Homer vor dem Kriegsdienst bewahrt und mit der Fälschung des Arztdiploms hat er ihm ein lebenslanges Auskommen ermöglicht. Wenn Homer daraufhin das Büro des leitenden Arztes betritt, schmunzelnd sein gerahmtes »Harvard-Abschlusszeugnis« an der Wand betrachtet und schließlich den alten Schreibtisch in Besitz nimmt, bringt er zum Ausdruck, dass er bereit ist, seinen väterlichen Freund so zu nehmen, wie er war.

Einen allerletzten Anstoß zur Rührung erfahren die Zuschauer in der Schlussszene: Homer steht in der Tür des Schlafsaals und löscht das Licht. Die Jungs liegen in ihren Betten. Bevor er die Tür hinter sich zuzieht, spricht er den Gutenachtgruß, mit dem Dr. Larch sie in den Schlaf zu geleiten pflegte: »Gute Nacht, ihr Prinzen von Maine – ihr Könige Neuenglands!« Es ist der gleiche Satz, den die Zuschauer am Anfang hörten. In der Wiederholung durch Homer wird spürbar, dass in den erfahrenen Drehungen zwar alles anders geworden ist, dass aber die für die Waisenkinder wichtigsten Rituale gleich geblieben sind.

Drehungen vertiefen das Filmerleben

One Hour Photo (USA 2002)
Buch und Regie: Mark Romanek

Robin Williams spielt den Fotoentwickler Seymour Parrish, der in einem großen Supermarkt arbeitet. Da er seine Geschichte im Rahmen eines polizeilichen Verhörs erzählt, wissen die Zuschauer von Anfang an, dass sich der einsame und verschroben wirkende Mann etwas zuschulden kommen ließ. Daher beobachten sie die Annäherung Parrishs an seine Kundin Nina Yorkin (Connie Nielsen) mit Skepsis. Diese Haltung wird in dem Maße verstärkt, in dem deutlich wird, dass Parrish ein »Stalker« ist. Zu Hause hat er eine ganze Wand mit den Familienfotos der Yorkins tapeziert, und er lässt keine Gelegenheit aus, sich an Nina, ihren Sohn Jake (Dylan Smith), ja sogar an ihren Mann Will (Michael Vartan) heranzumachen. Parrishs Fantasien, in denen er sich als »guten Onkel« der Familie Yorkin sieht, haben auf diesem Hintergrund eine befremdliche Qualität.

Als Parrish schließlich herausfindet, dass Will Yorkin sein Bild von der glücklichen Familie verrät, indem er seine Frau mit einer anderen betrügt, und er daraufhin mit kalter Entschiedenheit eine Strafaktion gegen den untreuen Ehemann und seine Freundin durchführt, werden die Vorbehalte der

56

Zuschauer bestätigt. Parrish bringt seine Opfer zwar nicht um, aber er fügt ihnen mit seiner Wahnsinnstat ein schweres psychisches Trauma zu. Es fällt schwer, sich in die Motive dieser Figur einzufühlen. Am Ende ist man erschüttert über das Ausmaß seiner fixen Idee und geht auf Distanz.

Hiermit hätte Mark Romanek den Film beenden können. Was wir bis hierhin gesehen haben, ist eine kühl sezierende Analyse der Erlebniswelt eines sozial isolierten Psychopathen. Aber der Film greift das Verhör des Anfangs noch einmal auf und zeigt, wie Parrish im Gespräch mit dem Polizeioffizier die Fassung verliert. Aus seinen Klagen und Beteuerungen wird ersichtlich, dass er als Kind von seinem Vater sexuell missbraucht wurde und sich ein Leben lang nach dem Halt einer intakten Familie sehnte. Diese – im Urteil vieler Filmkritiker umstrittene – Wendung des Plots dreht die Einstellung der Zuschauer gegenüber dem Protagonisten herum. Erstmals geben sie ihre skeptische Distanz auf, und viele empfinden eine erstaunlich starke Sympathie für den seltsamen Mann, der so inadäquat für den Erhalt der Familie Yorkin kämpfte.

Im Ganzen gesehen ist diese Drehung der am meisten bewegende Moment des Films. Konnte man sich während der ersten 80 Minuten als distanzierter Beobachter fühlen, der selbst während Parrishs wahnsinniger Racheaktion seine sichere Position kaum verlor, ist man nun von dem Schicksal des alten Mannes eigentümlich berührt. Man kann sich die Qual seiner Einsamkeit vorstellen und nachvollziehen, was ihn zu der Wahnsinnstat trieb. Der zunächst sehr formal wirkende Thriller rückt in den tragischen Betrieb des Lebens. Wenn sich in diesem Moment das Filmerleben im Ganzen dreht, bedeutet das einen Stellungswechsel seiner Teile. Die abstoßende Obsession wird zur Sehnsucht eines missbrauchten Kindes. Die Kälte und Gewalttätigkeit des Täters erweisen sich als Schutz vor weiterer Verletzung. Details verändern durch die Drehung ihre Polung, und es wird spürbar, welch ein komplizierter Wirkungszusammenhang das Leben ist. Wenn Filme ihr Publikum in solche Drehungen einbeziehen, geht dies mit einer spürbaren inhaltlichen Vertiefung einher. Bei einem so extremen Umschwung wie in *One Hour Photo* besteht jedoch die Gefahr, dass sich die Zuschauer gegen die Umpolung sträuben. Die erwähnten kritischen Stimmen bringen diesen Widerstand zum Ausdruck.

American Beauty (USA 1999)
Buch: Alan Ball
Regie: Sam Mendes

Der Film ist eine Satire, die das schnittmusterähnliche Leben der amerikanischen Mittelstandsgesellschaft zum Thema hat. Mit einer geschickt angelegten Abfolge von Drehungen gelingt es dem Film, die Zuschauer immer wieder intensiv zu berühren. In der ersten Szene sagt die sechzehnjährige Jane Burnham (Thora Birch), ihr Vater gerate jedes Mal in Erregung, wenn sie eine Freundin mit nach Hause bringe. Das sei ihr peinlich und sie wünsche sich seinen Tod. Auch wenn diese Bemerkung nicht dazu geeignet ist, die Zuschauer für das Mädchen einzunehmen, bilden sie doch auch eine Skepsis gegenüber Lester Burnham (Kevin Spacey) aus, der nun ausführlich vorgestellt wird. Ihre Einstellung ändert sich, als sie bemerken, dass Lester von seiner Frau Carolyn (Annette Bening) lächerlich gemacht und abgewertet wird, sich aber trotzdem einen sehr viel offeneren Blick als seine Tochter auf sich und seine Familie bewahrt hat. Nun empfinden sie Sympathie mit demselben Mann, den sie vorher abstoßend fanden. Der Film hat sie in eine Drehung der Blickrichtung einbezogen, wobei sich ihr Gefühl wandelte.

Wenn sich Lester in den folgenden Szenen aus seinen äußeren und inneren Zwängen löst, empfinden sie diese Entwicklung als eine nachvollziehbare Befreiung. Er wird zu ihrem Helden. Doch am Ende müssen sie hinnehmen, dass dieser drauf und dran ist, die Richtigkeit von Janes anfänglicher Behauptung doch noch zu beweisen: Im dunklen Wohnzimmer der Burnhams entkleidet er ihre Freundin Angela (Mena Suvari), während sich seine Tochter im ersten Stock aufhält. Viele Zuschauer wenden sich an dieser Stelle enttäuscht von Lester ab. Nun kommt der Mann ihnen genauso zweifelhaft vor, wie ihn seine Tochter in der ersten Szene beschrieb.

Doch dann nimmt die Handlung eine andere Richtung. Lester wird darauf aufmerksam, dass Angela gar nicht der jugendliche Vamp ist, als der sie sich gibt. Sie ist ein in hohem Maße verletzliches Mädchen und hat »Angst vor dem ersten Mal«. Obwohl Lester ein Jahr auf diesen Moment gewartet hat, kann er seine Erregung nun doch steuern. Er lässt von der halb entkleideten Angela ab. Noch einmal dreht sich das Ganze herum und wieder verändern sich die Gefühle. Mit Lesters einfühlsamem Verhalten kommt in vielen Zuschauern der Ansatz einer Rührung auf. In der nächsten Szene sitzen die beiden in der Küche und unterhalten sich. Lester hat dem Mädchen ein Butterbrot gemacht und erkundigt sich bei ihm nach seiner Tochter. Er wüsste gerne, ob Jane glücklich ist. Sie selbst könne er nicht fragen, denn um nichts in der Welt würde sie ihm zurzeit eine ehrliche Antwort geben. Mit diesem ernsthaften Interesse an seiner Tochter, die ihm zu Beginn der Geschichte den Tod wünschte, bahnt sich bei den meisten Zuschauern das Gefühl der Rührung endgültig seine Bahn. Solche anrührenden Drehpunkte tragen wesentlich zur Vertiefung des Filmerlebens bei.

Wirksame Spielfilme führen die Zuschauer in die Drehungen eines Ganzen hinein. Zugleich aber ersparen sie ihnen die damit verbundenen Konsequenzen. Sie empfinden zwar das Gefühl der aufkommenden Bedrohung, aber ihr Leben ist nicht wirklich in Gefahr. Sie erleiden den Schmerz des Verrats, verlieren darüber aber nicht ihre Freunde. Sie kosten das Versprechen einer erotischen Begegnung aus, aber sie betrügen damit nicht ihren Partner. Im Kino dürfen sie die ungeheuerlichsten Drehungen der Wirklichkeit auskosten, ohne sich davon bedroht fühlen zu müssen. Weil das Kino eine vertiefte Selbsterfahrung des Lebens eröffnet, spricht man von ihm als dem »Ort der großen Gefühle«.

Ungeheuerliche Verkehrungen

Ü ber 50 Jahre wachsender Wohlstand, eine von vielen Mühen entlastende Technisierung des Alltags und die allgemeine Aufwertung von Urlaub, Freizeit und Spaßmomenten vermitteln den Eindruck, dass unser Leben eigentlich ein ganz vergnügliches Unternehmen ist. Doch Kriege, deprimierende Wirtschaftszahlen, Schreckensnachrichten aus aller Welt, der Einzug des internationalen Terrorismus in die westlichen Großstädte rufen in Erinnerung, dass die Wirklichkeit nach wie vor ihre ungeheuerlichen Härten hat und die Menschheit sie tagtäglich hinnehmen muss. Auch die jüngere Geschichte Europas erinnert daran, dass sich alles in sein Gegenteil verkehren kann. Eine Fehlentscheidung der Politik, eine Veränderung im globalen Gleichgewicht – und die Selbstverständlichkeiten unseres Alltags sind von Grund auf erschüttert. Sind wir auf eine solche Verkehrung unseres vertrauten Lebensbildes vorbereitet? Und wenn sie sich ereignet, können wir die damit verbundenen Folgen überhaupt aushalten?

Das Experiment (D 2001)
Buch: Don Bohlinger, Christoph Darnstädt, Mario Giordano
Regie: Oliver Hirschbiegel

Im Psychologischen Institut einer Universität finden sich 20 Männer ein. Sie haben sich gegen Bezahlung bereit erklärt, unter wissenschaftlicher Aufsicht an einem sozialpsychologischen Experiment teilzunehmen. Einer von ihnen, der Taxifahrer und Journalist Tarek Fahd (Moritz Bleibtreu), hat sich unter sie gemischt, weil er eine Story wittert, die er an eine

Illustrierte verkaufen möchte. Die vorher psychologisch auf ihre Stressresistenz getesteten Männer werden in eine Wärter- und eine Gefangenengruppe aufgeteilt. In den nächsten zehn Tagen sollen sie, ganz auf sich allein gestellt, miteinander auskommen. Die Psychologen überwachen das Experiment über Videokameras und werden nur dann eingreifen, wenn einer der Teilnehmer gegen das Verbot körperlicher Gewalt verstößt.

Gut gelaunt ziehen die zwölf »Gefangenen« in ihr Quartier ein. Die acht uniformierten und mit Gummiknüppeln ausgestatteten »Wärter« teilen ihnen Gefängniszellen zu, die eigens für das Experiment im Keller des Institutes eingerichtet wurden. Zunächst sieht alles wie ein harmloser Spaß aus. Man lernt sich kennen, es werden Witze gerissen und man vertreibt sich die Zeit mit Ballspielen. Als die Gefangenen am zweiten Tag zusammen das Essen einnehmen, weigert sich der Kioskbesitzer Schütte (Oliver Stokowski), die Milch zu trinken. Er sei allergisch und wolle das Risiko einer körperlichen Reaktion nicht eingehen. Damit verstößt der ahnungslose Mann gegen eine vorher aufgestellte Regel: Das Essen wird vollständig aufgegessen. Der »Wärter« Eckert (Timo Dierkes) ist zunächst verunsichert, verlangt dann aber von Schütte, die Milch sofort zu trinken. Der blickt sich hilflos um. Was soll er tun? In diesem Augenblick schaltet sich der heimliche Journalist Tarek ein, nimmt Schütte die Flasche weg und trinkt sie ohne abzusetzen aus. Verärgert über seine Niederlage zieht sich Eckert zurück.

Die unerwartete Weigerung Schüttes ist der Anstoß für eine Kettenreaktion. Eckert ist gekränkt und möchte sich an Tarek rächen. Die Wärtergruppe schließt sich zusammen und überzieht die Gefangenengruppe mit Sanktionen. Hieraus entsteht ein erbitterter Machtkampf, der auch vor physischer Gewalt nicht Halt macht. Die beobachtenden Psychologen verlieren die Kontrolle über das Experiment, das sich zu einem Krieg auf Leben und Tod auswächst. Am Ende finden sich Wissenschaftler ebenso wie Versuchspersonen in einem Inferno von Folter, Totschlag und Vergewaltigung wieder. Der Film von Oliver Hirschbiegel zeichnet diese Entwicklung mit kühler Präzision nach und erreicht auf diese Weise eine erschütternde Intensität, die manchen Zuschauer die Vorführung vor Ende des Films verlassen ließ.

Herr im eigenen Haus?

In *The Rounders* (USA 1914) möchte Charlie Chaplin ein Haus durch eine Drehtür betreten. Er spielt einen Trinker, der in der Kurklinik abstinent werden soll. Doch während er in seinem Abteil von draußen nach drinnen will, strebt ein großer Mann in einem anderen Abteil nach draußen. Ehe sich Charlie versieht, wird er von dem Schwung mitgerissen und zurück auf die Straße verfrachtet. Chaplin treibt die komische Situation mit mehreren Steigerungen auf die Spitze und bringt sein Publikum damit auch heute noch zum Lachen.

Mit dieser Szene rückt Chaplin auf witzige Weise ins Bild, wie wenig wir als Einzelne den Lauf des Lebens beeinflussen. Wir glauben, dessen Drehungen selbst zu bestimmen; tatsächlich aber sind wir Figuren in einem Betrieb, der unsere Taten überwölbt. Teils schieben wir, teils werden wir geschoben. Wir können gerade mal unser kleines »Abteil« überblicken. Dass eine andere Kraft es in Schwung versetzt, bleibt uns verborgen.

About Schmidt (USA 2002)
Buch: Alexander Payne, Jim Taylor
Regie: Alexander Payne

Der Film erzählt von einem 66-jährigen Versicherungsangestellten namens Warren R. Schmidt (Jack Nicholson), der mit dem Schicksal der Pensionierung konfrontiert wird. Er kann es schlecht hinnehmen, dass er nun nicht mehr zu den Machern gehört, und ergeht sich in allerlei Scheintätigkeiten. Als kurze Zeit später seine Frau stirbt, gerät Schmidts Leben vollends auf ein Abstellgleis. Ohne den Halt seines Berufs und ohne die Versorgung durch seine Frau rutscht er in die Verwahrlosung. In einem energischen Aufbäumen möchte

Schmidt sich beweisen, dass er in dieser Welt doch noch etwas zu sagen hat, und macht sich im Wohnmobil auf den Weg zu seiner Tochter. Er ist davon überzeugt, dass der sanfte Mann, den sie heiraten möchte, nicht der Richtige ist, und will seinen väterlichen Einfluss bei ihr geltend machen. Aber je länger Schmidts Reise dauert, desto schmerzhafter wird ihm bewusst, wie wenig er den Lauf der Welt beeinflussen kann. Die Menschen, auf die er trifft, sind genauso wie er in ihren Kreisen gefangen und machen sich vor, die Achse des Rades zu sein. Er kann bei seiner Tochter nichts ausrichten und muss es hinnehmen, dass die Hochzeitszeremonie gegen seinen Willen ihren Lauf nimmt. Schmidt ist ein tragikomischer Held wie alle Menschen, die daran glauben, das Drehbuch des Lebens allein zu verfassen.

Das Kino ist ein Spiegel der menschlichen Seele, wenn es solche und ähnliche Grundsituationen des Lebens zum Thema macht. Chaplin konfrontiert uns in *The Rounders* mit der Tatsache, dass wir nicht die Macher sind, für die wir uns gerne halten. Wir sind Teil eines Wirkungszusammenhanges, der unsere Absichten und unser Wissen überformt und immer wieder durchkreuzt. Chaplin bringt die Zuschauer mit dem Bild der Drehtür zum Lachen, ohne ihnen das Gefühl aufzudrängen, dass auch sie selbst in ihr stecken. *About Schmidt* räumt seinem Publikum eine solche Distanz nicht ein. Es versetzt es in das Innere des Mechanismus und lässt es die ganze Tragik dieser Situation über zwei Stunden durchleben.

Sigmund Freud (1856-1939) war der Meinung, er habe mit seiner Theorie des Unbewussten den Menschen eine schwere Kränkung zugefügt. Ähnlich wie Nikolaus Kopernikus (1473-1543) die Menschheit mit der schwer zu akzeptierenden Tatsache konfrontierte, dass sie nicht das Zentrum der Welt ist, und Charles Darwin (1809-1882) sie in eine Entwicklungslinie mit der Tierwelt stellte, behauptete Freud an der Wende zum 20. Jahrhundert, das Ich sei nicht »Herr im eigenen Hause«. Das Unbewusste sei das eigentliche Psychische und das Bewusstsein werde von den Menschen grenzenlos überschätzt. Eine Theorie, die auch heute noch auf starken

Widerstand trifft, die aber vom Kino von Anfang an aufgenommen wurde – auch ein Beleg dafür, dass die Kunst Wissenschaft und öffentliche Meinung an Mut und Witz mitunter übertrifft.

Was sind Verkehrungen?

Mit seiner folgenschweren Drehung macht auch *Das Experiment* auf jenen unbewussten Wirkungszusammenhang aufmerksam, den Freud im Blick hatte. Weil sie die beabsichtigte Richtung einer Unternehmung – hier eine sorgfältig vorbereitete und wissenschaftlich begleitete Versuchsanordnung – unerwartet herumreißt, nennt man diese Drehung eine »Verkehrung«. Als der wissenschaftliche Versuch begann, konnte sich keiner der Beteiligten vorstellen, dass er einmal diese Wendung nehmen würde. Die Versuchspersonen waren bester Absicht, die zehn Tage entspannt miteinander auszukommen, und die Psychologen hatten eine Gewalttätigkeit dieses Ausmaßes gar nicht im Blick. Sie dachten, sie hätten sie mit der sorgfältigen Untersuchung und Auslese der Teilnehmer ausgeschlossen. Aber die Dynamik der entfesselten Kettenreaktion war stärker als alle bewussten Absichten und die Vorkehrungen der Wissenschaftler.

Verkehrungen sind explosive Wendungen eines Ganzen. Sie sind gefährlich, weil sie die Verfügungsgewalt stark einschränken und alle Versuche zu ihrer Beherrschung den fatalen Sog oft nur verstärken. Verkehrungen sind übergreifende Strukturierungen, die alle Beteiligten in eine ungewollte Richtung ziehen und erschreckende Zerstörungen anrichten können. Die Institutionen der Kultur sind darauf ausgerichtet, Verkehrungen des menschlichen Zusammenlebens zu verhindern und ihre zerstörerische Wucht abzufangen. Und doch lassen sie sich nicht aus der Welt schaffen. Sie belasten das Leben des Einzelnen ebenso, wie sie soziale Verbände gefährden, und machen schmerzhaft darauf aufmerksam, dass sich die menschliche Zivilisation auf dünnem Eis bewegt. Wenn Filme in einer derartigen Stringenz wie *Das*

Experiment solche folgenschweren Verkehrungen mitvollziehbar machen, berühren sie einen der empfindlichsten
Punkte des Lebens.

Verkehrungen sind im Drehbuch des Lebens angelegt,
mögen die Menschen auch noch so viele Regelungen entwickeln und sich noch so sehr bemühen. Liebe kann sich in
Hass verkehren, Macht in Ohnmacht und Vernunft in Un-
sinn. Die besten Absichten können die schlimmsten Wirkungen zeitigen. Jeder ist in seinem Alltag davon betroffen, und
bis zu einem gewissen Maße sind Verkehrungen nützlich,
weil wir nur über sie herausfinden, was uns wirklich trägt
und welche Krisen wir meistern können. Weil es ihnen das
Gefühl gibt, mit solchen Erfahrungen nicht allein zu stehen,
sind viele Menschen dazu bereit, sich im Kino der alles mit-
reißenden Wucht von Verkehrungen auszusetzen. Auch
wenn sie dabei eine solch erschütternde und desillusionie-
rende Erfahrung machen wie bei *Das Experiment*. In Deutschland sahen sich den Film Anfang 2001 mehr als eineinhalb
Millionen Menschen an. Ein noch viel größeres Publikum
können Filme jedoch erreichen, wenn sie die Macht der Verkehrung in ein Verhältnis rücken. In solchen Produktionen
erfahren die Zuschauer, dass es möglich ist, die mit ihnen gegebenen Folgen auszuhalten und gegen sie anzusteuern. Ein
beeindruckendes Beispiel hierfür ist Ridley Scotts Film *Gladiator*. Er wurde im Frühjahr 2001 als bester Film des Jahres
mit dem Oscar ausgezeichnet und hatte in Deutschland
dreieinhalb Millionen Zuschauer.

Gladiator (USA 2000)
Buch: David H. Franzoni, William Nicholson, John Logan
Regie: Ridley Scott

Der siegreiche römische General Maximus (Russell Crowe)
wird vom greisen Kaiser Marc Aurel (Richard Harris) zum
Nachfolger bestimmt. Doch Commodus (Joaquin Phoenix),
der eifersüchtige Sohn des Imperators, intrigiert gegen Maximus, bringt dessen Familie um und zwingt ihn selbst zur
Flucht. Schwer verletzt gerät Maximus auf einen Sklaven-

markt und wird gezwungen, in fernen Provinzen des Reiches als Gladiator die Menschen zu unterhalten. Die von Commodus ins Leben gerufenen Kampfspiele zur Unterhaltung der Massen führen ihn schließlich nach Rom. Im riesigen Kolosseum erobert der Gladiator mit seinem Mut die Herzen der Römer und besiegt vor den Augen Zehntausender den selbst ernannten Kaiser Commodus, der nicht nur ihn, sondern sein ganzes Volk verriet. Auch wenn beide Kontrahenten in der Arena sterben, führt Maximus' Einsatz doch zur Neuordnung der gesamten römischen Republik.

Was ist das für eine kipplige und gewalttätige Welt, durch die dieser Film Millionen von Menschen führt? Sie scheint vom zeitgenössischen Alltag weit entfernt zu sein, und doch fühlen sich Frauen ebenso wie Männer, Junge ebenso wie Alte und Menschen mit unterschiedlicher Bildung von ihr angerührt und bewegt. Was finden die Menschen von heute in der Welt des längst untergegangenen Römischen Reiches und der Gladiatorenkämpfe?

Das Ganze und seine Verkehrung

Die beeindruckende Anfangssequenz zeigt das römische Heer im Kampf gegen die Germanen. Die weise Gestalt des Kaisers Marc Aurel, der entschlossene, aber auch besorgte Blick des Generals Maximus und die gut organisierte römische Armee erzeugen den Eindruck einer zwar bedrohten, grundsätzlich aber schlagfertigen Organisation. Die Schlacht gegen die Germanen macht spürbar, wie aufwändig, hart und opferreich es für eine militärische Formation ist, sich gegen feindliche Kräfte durchzusetzen. Die beeindruckenden Szenen zeigen den Kampf um den Erhalt des Ganzen als ein schmutziges, verlustreiches und grausames Unternehmen. Es ist nicht nur von äußeren Feinden, sondern auch durch von innen entfesselte Exzesse bedroht. Es kann sich in ein vernichtendes Ungeheuer verkehren oder aber von einem anderen verschlungen werden. Am Ende hat das römische Heer zwar gesiegt, aber Maximus' Blick auf die Verwundeten, auf das zurückgebliebene Chaos der Zerstörung macht sichtbar, welch einen hohen Preis es für seinen Erhalt bezahlt. Das ist ein zwar drastisches, aber beeindruckendes Bild für die Entschlossenheit eines Ganzen, sich gegen seine eigene Vernichtung zur Wehr zu setzen.

Schlachtszenen wie in *Gladiator* haben oberflächlich gesehen mit dem zeitgenössischen Alltag nichts zu tun. Wir leben in einer einigermaßen friedlichen Region der Welt. Trotzdem aber können sie von der Leinwand herab eine starke Anziehung entfalten. Der Kampf von Mann gegen Mann, von Formation gegen Formation, die Wucht der Waffen, die Zersplitterung des Materials und die Verstümmelungen der Körper machen das Zusehen zu einem Erlebnis zwischen Grauen und Faszination. Dies lediglich mit der Sensationsgier des Publikums zu erklären, greift jedoch zu kurz. Denn solche kunstvoll montierten Massenszenen führen symbolisch vor Augen, was für alle menschlichen Unternehmungen gilt, sei es eine Werbekampagne, ein Fußballmatch oder der Ausflug eines Kegelvereins. Jede komplexe Unternehmung ist ein Ganzes, das sich gegen andere durchzusetzen sucht. Es kann sich maßvoll ausbreiten, aber auch in obsessive Steigerungen kippen, wenn es auf Widerstand trifft. Es läuft immer Gefahr, ihr ursprüngliches Ziel aus den Augen zu verlieren. Die Zuschauer kennen solche destruktiven Entwicklungen. Sie haben schon einmal beobachtet, dass sich ein Liebeswerben, wenn es nicht erwidert wird, in Kontrolle verkehren kann und eine sachliche Diskussion in einen handfesten Streit. Mehrmals sind sie durch solche Krisen selbst hindurchgegangen. Und wenn im Film die Römer die Schlacht unter großen Opfern gewinnen, sind sie zwar erschüttert, haben aber auch das Gefühl, etwas Ungeheuerliches durchgestanden zu haben. Das Aushalten der alles bedrohenden Macht der Verkehrung wird in der Anfangssequenz von *Gladiator* zu einer spürbaren Leitlinie des Films.

Nach der Schlacht ruft Marc Aurel seinen Heeresführer Maximus zu sich. Er bittet ihn, sein Nachfolger zu werden und das Römische Reich als Imperator zu führen. Maximus ist sich unsicher, ob er dieser Aufgabe gewachsen ist, und bittet um Bedenkzeit. Noch ehe er zu einem Entschluss kommen kann, wird der Kaiser von seinem eifersüchtigen Sohn Commodus ermordet. Maximus, der sich gegen den Verräter stellt, wird mit dem Tode bedroht. Hatte er gerade noch den Respekt und die Liebe seiner Offiziere und Soldaten genossen, so trachten ihm diese nun nach dem Leben. Man muss sich einmal deutlich machen, was für eine Verkehrung hierin zum Ausdruck kommt. So kann sich das Rad des Lebens drehen! Auch wenn es dabei nicht um das physische Überleben geht, kennen die Zuschauer ähnliche Verkehrungen aus ihrem eigenen Alltag. Sie haben sich für andere eingesetzt und werden dennoch von ihnen zum Feind erklärt. Sie haben sich nach allen Kräften bemüht und ernten Undank und Hohn. Die psychische Wirklichkeit ist reich an solchen »undankbaren« Drehungen.

Verkehrungen des Lebensganzen sind Realität. Jeder Mensch kann mit seinen Handlungen etwas auslösen, was mit aller Wucht auf ihn zurückfällt. Denn niemand kann das Ganze seines Lebens im Griff behalten. Es gibt zu viele Störstellen und zu viele Menschen mit ganz anderen Zielen sind daran beteiligt. Als sich Maximus zum besten Heerführer der Römer entwickelte, konnte er nicht ahnen, dass ihn der eifersüchtige Sohn Marc Aurels ins Visier nahm. Die Wirklichkeit ist auf solche unverfügbaren Verkehrungen angelegt. Wir können versuchen, ihnen entgegenzuwirken, aber nicht jedes Mal haben wir damit Erfolg. Vor allem müssen wir mit ihnen leben und sie aushalten lernen.

Verkehrungen aushalten

Maximus kann fliehen und wird schwer verletzt von Sklavenhändlern aufgegriffen und gesund gepflegt. Der Feldherr ist nun ein Sklave und wird auf dem Markt an Antonius Proximo (Oliver Reed), den Besitzer einer Gladiatorenschule, verkauft. Über den folgenden Abschnitt des Films, in dem Maximus in der märchenhaften Umgebung der römischen Provinz, umgeben von leuchtenden Farben, fremdartigen Gestalten und exotischen Tieren in die Rolle eines Gladiators findet, erfahren die Zuschauer, dass es im Leben immer weitergeht. Der Film führt die Zuschauer aus der klammen Dunkelheit der germanischen Wälder in das strahlende Licht eines nordafrikanischen Landstrichs. Die fantastische Farbigkeit und der Gestaltenreichtum der Welt fangen den erschreckenden Schwung der Verkehrung auf. Diese eigenartige Wendung wirkt wie das »Aufwachen in einem Traum«. Mit ihr verstärkt der Film das Gefühl, dass das Ganze zu einer neuen Ordnung findet.

In einer kleinen Arena formt sich das Bild des Gladiators nun stetig aus. Er findet zu neuer Kraft und weiß sich gegen die schrecklichsten Angreifer zu behaupten. Ein Freund gesellt sich Maximus zur Seite, der nubische Kämpfer Juba (Djimon Hounsou), und aus dieser Gemeinsamkeit entsteht eine Formation, die dem Erleben der Zuschauer Halt und Richtung gibt. Ihre zunehmende Stärke spiegelt sich in der wachsenden Begeisterung der Menge auf den Plätzen der Arena und in der Anerkennung, die die Gladiatoren von ihrem Herren und Lehrer Proximo erfahren. Die zu einer eingeschworenen Gemeinschaft verschmolzenen Gladiatoren ziehen schließlich nach Rom. Commodus hat zur Täuschung der Massen eine Serie von spektakulären Spielen organisieren lassen. Maximus erhält nun die Chance, das erlittene Unrecht zu rächen und das Volk von dem unrechtmäßigen Tyrannen zu befreien. Die kleine Arena weitet sich zum gewaltigen Rund des Kolosseums. Hier trifft der Gladiator mit Commodus erneut zusammen. Im ersten Drittel des Films kippte die Konfrontation in den Sog der Verkehrung. Doch nun wird sie Schlag auf Schlag ausgetragen. Maximus kann Commodus zwar besiegen, aber auch er wird von seinem Gegner tödlich verletzt. Damit kehrt der Film in seinen letzten Szenen zum Anfang zurück. Wie schon nach der Schlacht gegen die Germanen ist Rom zwar gerettet, aber der Sieg der Republik wird mit einem hohen Preis, nämlich Maximus' Tod, bezahlt.

Während *Das Experiment* die Zuschauer mit einer unglaublichen Verkehrung erschüttert und es ihnen überlässt, deren Wucht abzufangen und in ihren Alltag zu integrieren, führt

Gladiator sie in ein Bild, das ihnen das Aushalten als Perspektive weist. Sie finden einen neuen Halt in den teils zauberischen, teils martialischen Bildern der Gladiatorenschule, und wenn diese auch keinen sichtbaren Bezug zu ihrem Alltag unterhält, bilden sie darüber doch das Gefühl aus, auch die folgenschwersten Drehungen der Wirklichkeit ertragen zu können.

Im zeitgenössischen Alltag hat die Verkehrung einen großen Teil ihres Schreckens verloren. Zum einen, weil die Gesellschaft ein Netz gespannt hat, das die Menschen im Falle von Katastrophen wie Hochwasser, Feuer, Krankheit, Arbeitslosigkeit und Hunger auffängt. Zum anderen, weil die Menschen nun schon seit Ende des Zweiten Weltkrieges in relativer Stabilität und Sicherheit leben und von gewalttätigen Umwälzungen oder Kriegen verschont blieben. Zwar hat der 11. September 2001 die Selbstverständlichkeit unserer Sicherheit bis ins Mark erschüttert, trotzdem aber wollen wir nicht daran glauben, dass die Staaten Europas noch einmal von solch immensen Zerstörungen erfasst werden könnten wie in der ersten Hälfte des 20. Jahrhunderts.

Auf diesem Hintergrund wirkt ein Film wie *Gladiator* wie eine Impfung, die die Menschen mit den zerstörerischen Verkehrungen der gesellschaftlichen und politischen Wirklichkeit in Kontakt hält. Wenn sie sich der martialischen Schlacht gegen die Germanen, dem blutigen Kampf im Rund der Arena und den unglaublichen Wendungen des Plots überlassen, bekommen sie eine Ahnung davon, mit welchen Folgen für die Menschen sich das Leben im Nahen Osten, in Afrika und anderen Krisenherden tagtäglich verkehrt. Eine solch sinnliche Erfahrung von Leid und Zerstörung können die Zuschauer bei ihren Ausflügen im Internet, in ihrem durchtechnisierten Alltag und mit allen anderen Unterhaltungsangeboten in der Intensität wohl kaum machen. So fantastisch und märchenhaft *Gladiator* seine Geschichte erzählt, so sehr trifft er daher doch einen realistischen Kern. Er vermittelt den Zuschauern eine Probe ihrer eigenen Leidensfähigkeit, die in den zeitgenössischen Tagesläufen nur selten einer solchen Belastung ausgesetzt wird. Zu den Seltsamkeiten oder auch

Leistungen unserer Kultur gehört es wohl, dass sie die in den vergangenen Jahrzehnten ausgegrenzte Brutalität des Lebens über das Kino in ihren Wirkungskreis wieder hereinholt. Wenn man so will, halten Filme wie *Das Experiment* und *Gladiator* im Rahmen eines Kinoabends eine Realität lebendig, die im Alltag der westlichen Gesellschaften »unwirklich« erscheint.

Grundsituationen des Lebens

Vor der Entscheidung

Wir schieben größere Entscheidungen gerne auf und bleiben so lange wie möglich in einem Zustand vielfältiger Optionen. Haben wir wirklich schon alle Alternativen berücksichtigt und ist es nicht klüger, erst einmal abzuwarten? Denn wenn der Würfel einmal gefallen ist, gibt es kein Zurück, dann müssen wir mit den Folgen leben. So kommt in manchem Leben oft jahrelang nichts in Gang. Man bleibt vor dem Ideal perfekter Lösungen sitzen und vertreibt sich die Zeit mit aufgeregten Tätigkeiten, die den faktischen Stillstand verbergen. Zumindest erhält man so das Versprechen aufrecht, schließlich »das Richtige« zu tun. Dieser Zustand vor der Entscheidung kann sich zu einer Lebensform auswachsen, die immer neue Dramen inszeniert, nur um die eine gefürchtete Wendung zu vermeiden. Sie beschenkt zwar mit dem Glanz des ewigen Beginnens, auf längere Sicht aber verkehrt sie sich in einen Zwang, der den Fluss des Lebens verfehlt. Dann kann nur noch ein Wunder aus dieser Lage befreien.

Kinofilme erzählen Geschichten, die in mitreißende Verwandlungen einer Ausgangslage einbeziehen. Aber gerade der Film, der mit seinen Figuren und Handlungslinien komplexe Werkzusammenhänge in Gang setzt, kann auch Momente des Stillstands und Wartens erfahrbar machen.

In *8 Mile* (USA 2002) führen Autor Scott Silver und Regisseur Curtis Hanson die Zuschauer in den Alltag des Rappers Jimmy »Rabbit« Smith (Eminem). Alles steht still in aufgeregtem Tun. Jimmy geht auf die Bühne, um an einem Rap-Gefecht teilzunehmen, zieht sich aber ängstlich zurück, ehe der

Kampf beginnt. In endlosen Wiederholungen lässt sich seine Mutter von einem ehemaligen Mitschüler demütigen. Seine Freunde fahren in großen Autos durch Detroit und entwerfen die wildesten Pläne. Aber sie setzen sie nicht um. In jedem Moment blitzt der ganz große Erfolg auf, selbst ernannte Manager machen Versprechen, die nicht eingelöst werden. Eine leidenschaftliche Liebesgeschichte könnte aus dem Kreiseln herausführen, verliert sich aber in Verrat und Enttäuschung. Und doch schichtet sich fast unbemerkt etwas um. An dem wachen Blick und den beharrlich notierten Versen des Rap-Künstlers zeigt sich, dass nicht alles vom Stillstand erfasst ist. Am Ende steht Jimmy auf der gleichen Bühne, auf der die Geschichte begann. Und jetzt nimmt er die Herausforderung der Rivalen an. Das Wunder passiert und er geht aus dem Rap-Gefecht als Sieger hervor. Die Freunde feiern ihn und wollen mit ihm, wie gewohnt, durch die Stadt ziehen. Sie träumen von den Früchten seines Erfolgs. Doch der Musiker lässt sie stehen und geht die Straße entlang. Ohne sich noch einmal umzudrehen, erhebt er die Hand zum Gruß. Er hat seinen Weg gefunden und wird ihn nicht wieder verlassen. Es ist diese kleine Bewegung, die eine bedeutende Richtungsänderung markiert, auf die der Film von Curtis Hanson zuläuft. Ein langer Moment des Schwebens, auf dessen Hintergrund sich eine Entschiedenheit anbahnt. Das ist keine übliche Filmgeschichte, sondern die Anatomie einer alle Figuren umfassenden Unentschiedenheit, die schließlich einen Ruck erfährt.

Hanson scheint sich für solche Zustände besonders zu interessieren, denn zwei Jahre vorher drehte er einen Film mit ähnlichem Inhalt. Hier steht nicht ein Heranwachsender im Mittelpunkt der Geschichte, sondern ein fünfzigjähriger Mann.

Wonder Boys (USA 2000)
Buch: Steven Kloves
Regie: Curtis Hanson

In den 1970er-Jahren veröffentlichte Bob Dylan den Song *Forever Young*. Er wurde zur Hymne der sich damals formierenden und in den neunziger Jahren Werbung und Medien beherrschenden Jugendkultur. Der Zustand vor der Entscheidung lässt sich mit dem Versprechen ewiger Jugend vergleichen. Es ist ein Moment, in dem die ganze Vielfalt des Lebens verfügbar erscheint und die unbewusste Befürchtung besteht, dass die Entscheidung für eine bestimmte Lebensform diese mit einem Schlag vernichtet. Für viele ewig jung Gebliebene ist Entschiedenheit nicht nur gleichbedeutend mit dem Ende der Jugend, sondern mit dem Ende des Lebens überhaupt. Wenn nun der 2001 mit einem Oscar ausgezeichnete Titelsong von *Wonder Boys*, »Things Have Changed«, ebenfalls aus der Feder Bob Dylans stammt, bringt der Film damit zum Ausdruck, dass jedes Leben vor der Aufgabe steht, das viel versprechende »Alles« der Jugend in ein konkretes »Etwas« zu verwandeln. Die Zeiten ändern sich, und wem das nicht auffällt, den bestraft das Leben.

Alles auf einmal

Am selben Tag, an dem der Literaturprofessor Grady Tripp (Michael Douglas) von seiner jungen Frau verlassen wird, teilt ihm seine Geliebte Sara Gaskell (Frances McDormand) mit, dass sie ein Kind von ihm erwartet. Eine problematische Situation für Grady auch deshalb, weil Sara die Kanzlerin des Colleges ist, an dem er lehrt, und ihr Mann der Dekan und damit sein direkter Vorgesetzter. Der Schriftsteller und Hochschullehrer realisiert, dass er sein Leben ändern muss. Und als habe er damit nicht schon genug zu tun, lässt ihn am selben Tag seine Untermieterin, die Literaturstudentin Hannah Green (Katie Holmes), wissen, dass sie einem Verhältnis mit ihm nicht abgeneigt wäre. Diese zusätzliche Option ist nicht dazu geeignet, Gradys Konflikt einer schnellen Lösung zuzuführen.

Die Anfangsszene des Films führt in eine Situation, in der mehrere Perspektiven zugleich wirksam sind. Äußerlich gesehen unterrichtet Grady in einem Seminarraum der Universität seine Studenten. Gleichzeitig aber werden zwei weitere

Geschichten erzählt. Die eine, von dem Studenten James Leer (Tobey Maguire) verfasst, liest der Professor aus einem Manuskript vor, und die andere erzählt seine Stimme *voice over* den Zuschauern. Sie ist seine eigene Geschichte. Zwischendurch geht Gradys Blick hinaus auf die Straße. Die Kamera fokussiert mal das Geschehen draußen, mal das im Seminarraum. Grady möchte ein fachliches Gespräch über den Text seines Studenten James in Gang bringen. Da er aber unkonzentriert ist und den Lauf der Diskussion sich selbst überlässt, gehen die Studenten mit James gnadenloser um, als es Grady verantworten kann. Die »konstruktive Kritik« schlägt fehl und die unbewusste Gruppendynamik entscheidet die Situation. Wer keine Entschiedenheit zeigt, über den wird entschieden. Hannah Green, Gradys sehnsüchtige Untermieterin, hilft aus der Patsche, indem sie den rüden Bemerkungen ihrer Kommilitonen mutig widerspricht. Damit hat sie ihrem Professor die Arbeit abgenommen. Die Szene beschreibt einen Zustand der Unentschiedenheit, in dem mehrere Richtungen gleichzeitig verfolgt werden, der sich dann in ein einfaches Angriffsmuster verkehrt und schließlich durch einen entschiedenen Eingriff ausgerichtet wird. Diese Szene spiegelt den Wirkungskreis des gesamten Films.

James Leer ist ein überaus begabter Student des Professors. Er wirkt wie ein metamorphosisches Wesen, das man nicht zu fassen bekommt. Er ist zugleich diszipliniert und verwahrlost, weinerlich und kaltschnäuzig, anhänglich und unabhängig. Er erzählt Lügengeschichten und liebt authentische Literatur. Er behauptet, Drogen kämen für ihn nicht in Frage, doch kurze Zeit später dröhnt er sich ordentlich zu. Er scheint sexuell weitgehend unerfahren zu sein, doch verbringt er ohne zu zögern die Nacht mit dem Verlagslektor Terry Crabtree (Robert Downey Jr.). Und ganz nebenbei schreibt er einen Roman, der die Herzen seiner Leser berührt. Und das macht ihn wirklich zu einem Wunderknaben.

Grady Tripp ist ein alternder »Wonder Boy«. Er hat vor vielen Jahren einen Roman geschrieben, der auf Anerkennung stieß. Sein Freund und Lektor Crabtree wartet seitdem vergeblich auf seinen nächsten großen Wurf. Aber Grady lebt seit

Jahren in einem Zustand vor der Entscheidung. Sein Erfolg als Autor hat sich in ein hohes Ideal verkehrt, dem er mit seinem neuen Roman nachzukommen sucht. Doch der zählt mittlerweile 2000 Seiten und will einfach kein Ende finden. Grady scheut den Abschluss, weil er befürchtet, damit das Ideal zu verfehlen. In seiner Lebensführung ist er ähnlich unentschieden. Er wirkt wie ein jugendlicher Bohemien, raucht Haschisch und ist dem Alkohol nicht abgeneigt. Morgens sitzt er in einem abgewetzten, altrosa Bademantel, den vermutlich eine seiner Frauen im Haus vergessen hat, am Schreibtisch. Er hat eine bedeutend jüngere Frau geheiratet, dann aber ein Verhältnis mit der gleichaltrigen Sara begonnen. Er unterrichtet junge Literaturstudenten, aber scheut sich davor, Verantwortung für sie zu übernehmen. Einmal zeigt der Film Grady neben einem Kleiderständer. Dessen gerundete Spitze ragt neben seinem alternden Gesicht empor wie ein architektonischer Phallus, der die Drehungen seiner Gedanken abzustützen sucht. Erst als ihm seine Geliebte und oberste Chefin deutlich macht, dass es mit ihrer unverbindlichen Nachmittagsliebe so nicht weitergehen kann, realisiert Grady, dass er Sara liebt. Er ist besten Willens, sein jugendliches Experimentieren zu beenden, denn er sieht seine letzte Chance schwinden. Doch wie soll er das schaffen? Immer dann, wenn ihm deutlich wird, dass er um eine Festlegung nicht herumkommt, fällt er in Ohnmacht. Die Entscheidung für ein Leben mit Sara ist für ihn gleichbedeutend mit dem Tod.

Als Grady und Sara für einen Moment auf dem Bett liegen und sich über die Lösung ihres Problems Gedanken machen, meint die Frau: »Es ist alles ganz einfach. Wir verlassen unsere Partner, heiraten und bekommen das Kind.« Damit versetzt der Film die Zuschauer zwischen das bestechende Bild einer entschiedenen Lösung und die Beschreibung eines unendlichen Augenblicks vor der Tat. Mit mehrfachen Anläufen, sich zu einem Heiratsantrag durchzuringen, versucht Grady, sein unentschiedenes Kreiseln zu durchbrechen. Doch die dabei entstehenden Rückschläge und aberwitzigen Verwicklungen setzen ihn mehr und mehr unter Druck. Und ganz am Ende, in den letzten Minuten, überrascht der Film mit einer fast wunderbaren Wendung: Grady gibt sein Kreiseln auf und lässt sich auf die von Sara vorgeschlagene »einfache Lösung« ein. Dies kommt zwar nicht aus dem Nichts, aber sehr viel Hoffung darauf wurde den Zuschauern auch nicht gemacht.

Alles und etwas

Wonder Boys behandelt den Übergang von einer viel versprechenden Gesamtschau, in der alles möglich erscheint, zu einer Ausrichtung, die etwas Bestimmtes verfolgt. Aus Untersuchungen zur Alltagskultur, aber auch aus psychoanalytischen Behandlungen wissen wir, wie schwer sich die Menschen mit diesem Schritt tun. Sie haben Angst, von ihrer eigenen Entschiedenheit zerstört zu werden. Viele Menschen surfen jahrelang durch die vielfältigen Angebote der Kultur und lassen dabei nichts aus. Sie wechseln ihre Berufe, ihre Partner, ihre Milieus und selbst ihre Obsessionen. Als würden sie mit einer Festlegung alles verlieren. Ist diese aus irgendeinem Grunde nicht mehr zu vermeiden, kann die Angst zur Todespanik anwachsen. Anstatt selbst eine Richtung einzuschlagen, warten sie auf ein Wunder oder den großen Knall und lassen sich schließlich eine fremde Konsequenz aufzwingen.

Der Film setzt den langen Augenblick vor der Tat in eine Reise um, die Grady durch die verrücktesten Situationen führt. Es ist, als öffne er ein allerletztes Mal die Wundertüte des »Forever Young«. Die Reise beginnt auf einem Empfang, zu dem die Kanzlerin und ihr Mann anlässlich eines Literaturevents eingeladen haben. Um sich von seinen Sorgen abzulenken, führt Grady seinen Studenten James heimlich zum kostbarsten Sammlerstück des Gastgebers Walter Gaskell (Richard Thomas): eine Jacke, die Marilyn Monroe einmal getragen hat. Als der Hund des Hauses die beiden angreift, wird er von James kurzerhand erschossen. Bevor sie sich aus dem Staub machen, steckt der Student das begehrte Sammlerstück in seinen Rucksack. Mit der Leiche des Hundes im

Kofferraum machen sie sich auf den Weg. Im Auto drängt Grady James dazu, verschiedene Rauschgifte zu konsumieren. Inzwischen hat Gaskell die Polizei über das Verschwinden sowohl des Hundes als auch von Marilyns Jacke informiert. Jetzt ist ihnen die Staatsgewalt auf den Fersen und Grady gerät zusehends in Bedrängnis. Als sich der Halt suchende Student an Grady zu gewöhnen beginnt, versucht der Professor, ihn wieder loszuwerden ...

Das wirkt alles ziemlich verworren. Und wenn wir genau hinschauen, verstehen wir auch warum: Grady ist die Verantwortung für seinen Studenten zu groß. Um ihr zu entgehen, handelt er nicht aus eigenem Impuls. Oft sind es Ratschläge von anderen, die ihn Haken schlagen lassen. Einmal ist es Sara, die ihm nahe legt, James vor dem bisexuellen Lektor Terry Crabtree zu retten. Also tut er es. Später meint jemand, man müsse sich mehr um den Jungen kümmern. Also nimmt Grady ihm das Marihuana weg und bringt ihn bei seinen unterkühlten Eltern unter. Schließlich ist es Crabtree, der in James den potenziellen Bestsellerautor erkennt und mit ihm sprechen will. Also macht sich Grady auf den Weg, den Jungen von den Eltern wieder zu befreien. Grady bewegt sich mit James durch die Nacht wie ein Pingpongball. Er weiß nicht, wie er seine Aufgabe angehen soll, und wird von wechselnden Umständen gesteuert.

Über *Wonder Boys* geraten die Zuschauer in eine komplizierte, multiperspektivische Wirklichkeit. Es ist nicht auszumachen, wo sie ihr Zentrum hat. Die Bindungen sind brüchig, ja zum großen Teil beliebig. Richtungen ändern sich zufällig oder durch äußeren Anstoß. Die Geschichten, die die meisten Figuren erzählen, sind frei erfunden. Alles kann auch etwas anderes bedeuten. Dieser Tendenz zum Verfließen steht ein Sammelsurium von Zwängen entgegen. Gradys Marihuanakonsum, die seltsame Art, mit der er an seinem schäbigen Morgenmantel hängt, klischeeartige Posen, Arbeitshemmungen und Sammelleidenschaften. Es ist eine verfließende Welt, die von Zwängen ausgerichtet wird.

Der Segen der Entwicklung

Filme machen Veränderungen am Wandel der Bedeutung von Dingen erfahrbar. Das zeigt sich bei *Wonder Boys* an dem altrosa Morgenmantel Gradys, der zuerst das Gewand des Dichters und schließlich ein Stück Müll ist. Vor allem aber an Marilyn Monroes Jacke: Sie ist Sammelobjekt, Fetisch, Auslöser für tränenreiche Bewunderung. Lange Zeit bestimmt sie die Ereignisse wie Hitchcocks McGuffins. Man verehrt sie, man raubt sie, die Polizei ist hinter ihr her, sie geht verloren und man sucht sie wieder zu finden. Sie scheint einen hohen Wert zu haben. Doch in dem Moment, in dem Grady das allzu lange Kapitel seines Lebensromans abschließt, wird die Jacke im neuen Kontext wieder zum Kleidungsstück. Sie wärmt eine schwangere Kellnerin, der Grady auf seiner langen Reise durch die Nacht begegnete.

Aber es gibt noch eine andere Richtung. Sie macht sich an den wiederholten Anläufen Gradys fest, Sara seine Liebe zu erklären. Dabei wird er wiederholt von einem gläsernen Gewächshaus angezogen, in dem Sara mit Hingabe Pflanzen aufzieht. Der junge James sagt einmal, es erinnere ihn an den Himmel. Es ist nachvollziehbar, warum die beiden an dem ruhigen Treibhaus einen solchen Gefallen finden. Denn hier finden unter pflegender Hand Entwicklungen vom Keim bis zur Blüte statt. Das ist etwas, was sie aus dem Blick verloren haben, ihnen aber gerade deshalb wie ein wundersames Glück vorkommen muss.

Es ist die Untermieterin Hannah Green, die Grady schließlich auf den Kopf zusagt, er scheue die Entscheidung. Diese Worte der Schülerin an ihren Lehrer bringen die mäandernden Kreiselbewegungen zum Halten. Grady wirft die Haschischtüte weg, überlässt die 2000 Blätter seines unvollendeten Werkes dem Wind und überzeugt Sara davon, dass er sie wirklich liebt. Am Ende erntet der junge »Wonder Boy« James auf einer Veranstaltung in der Aula den brausenden Applaus der Menge und der alte den stillen, wissenden Blick der Frau, die ihn liebt: Grady reicht den Stab des Wunderknaben weiter an seinen Studenten James Leer.

Die Schlussszene des Films spielt in einem ruhigen und aufgeräumten Raum mit großen Fenstern. Es ist Gradys Arbeitszimmer in dem Haus, in dem er mit Sara und ihrem gemeinsamen Kind lebt. Die Zerrissenheit des Anfangs ist einer friedlichen Ausgeglichenheit gewichen und Grady wirkt zum ersten Mal eins mit sich selbst. Tatsächlich sieht das so aus, als befände er sich in dem Gewächshaus, das James als »Himmel« bezeichnet hat. Ist Grady also im Himmel? In dem Sinne vielleicht, in dem wir den »Himmel« mit dem dauernden Glück gleichsetzen. Das Glück ist, ähnlich wie das Ideal des »Forever Young«, ein Moment, in dem wir das Gefühl haben, dass uns das Ganze der Lebenswirklichkeit verfügbar wird. Die letzte Einstellung des Films zeigt Gradys Finger, der die Speichertaste des Computers drückt: »Save.« Es ist, als solle das Schlussbild als dauernder Zustand erhalten bleiben. Das Versprechen ewiger Jugend hat seinen obsessiven Charakter verloren und kann nun mit Ironie betrachtet werden. Wie schön wäre es, wenn sich alles so wunderbar im Lot befände. Save!

8 Mile und *Wonder Boys* verdichten den Augenblick vor der Entscheidung zu interessanten und bewegenden Filmerlebnissen. Damit heben sie eine weit verbreitete seelische Verfassung aus dem Fluss des Lebens heraus. Es ist eine nicht einfache Aufgabe, das Kinopublikum mit einem bewegten Stillstand zu unterhalten. Es kommt darauf an, ein kompliziertes Werk bis in seine tiefen Ausdehnungen hinein spürbar zu machen und es in seiner Komplexität über die Länge des Films am Leben zu halten. Nicht die Reise einer entschiedenen Gestalt bindet die Zuschauer ein, sondern eine Art Brutstadium, aus der nach langer Unentschiedenheit schließlich eine gestaltähnliche Lösung hervorgeht.

Werden, wer man ist

W *as willst du mal werden?« Diese Frage muss wohl jedes Kind irgendwann einmal beantworten. Aber woher soll es wissen, was einmal aus ihm wird? Wir wussten es ja auch nicht und wurden mehr oder weniger von uns selbst überrascht. Nur im Werden findet ein Mensch heraus, wer er ist. Nur über andere, über Gegenstände und die Angebote der Kultur erfährt er, was ihn bewegt und was er will. Indem er Grenzen überdehnt, bekommt er heraus, was wirklich in ihm steckt. Werden ist eine Lebensaufgabe, die mit der körperlichen Reife nicht abgeschlossen ist. Daher geht auch die Vorstellung eines inneren »wahren Selbst«, das es zu verwirklichen gelte, in die Irre und erzeugt mehr Verwirrung als Glück. Die Psyche realisiert ihre Wesenskräfte nur über andere und die gegenständliche Welt.*

Billy Elliot – I Will Dance (GB 2000)
Buch: Lee Hall
Regie: Stephen Daldry

Der Film zeigt zu Beginn einen kleinen Jungen, der wie wild auf einem Bett herumhüpft, die Arme hochwirft, die Beine streckt und überhaupt die komischsten Verrenkungen macht. Offensichtlich hat er einen großen Bewegungsdrang, mit dem er nicht so richtig etwas anzufangen weiß. Beginnen wir nicht alle unser Leben in einem ungerichteten Zappeln und Schreien? Suchen wir nicht nach einer Gestalt, die unsere Unruhe ausrichtet und uns das Gefühl gibt, jemand Bestimmtes zu sein? Der Film setzt an diesen Fragen an und führt seine

Zuschauer in eine Entwicklung, bei der das Zappeln und Hüpfen schließlich zu einer konturierten Gestalt findet.

Lange Zeit weiß der kleine Billy (Jamie Bell) nicht, wie er mit seiner Unruhe umgehen soll. Sein junges Leben ist Teil eines Durcheinanders ohne Hoffnung. Seine Mutter ist tot. Sein Vater (Gary Lewis) und sein Bruder sind in einen langen Arbeitskampf verwickelt und haben nur wenig Zeit, sich wirklich um ihn zu kümmern. Billys Leben findet eine Richtung, als der Blick einer Ballettlehrerin auf sein Zappeln fällt. Sie entdeckt darin eine Begabung und geht dieser Spur nach. Der kleine Billy selbst wird davon überrascht. Eigentlich wollte er doch boxen lernen. Und ist tanzen nicht eine Sache für Mädchen? Mit Ausdauer und persönlichen Opfern bringt die Ballettlehrerin erst den Jungen und dann seinen sturen Vater dazu, das Talent anzuerkennen und es geduldig zu entwickeln. Von hier aus spannt der Film einen großen Bogen von Zwischenschritten bis hin zu dem erwachsenen Startänzer Bill (Adam Cooper), der sich hinter der Bühne des renommierten Londoner Theaters am Haymarket auf einen Auftritt in Tschaikowskis *Schwanensee* vorbereitet. Im Saal sitzen Verwandte und Freunde und wollen sehen, wie sich sein Herumhüpfen in die formvollendeten Figuren des klassischen Balletts verwandelt hat. Werden, wer man ist? Hatte der kleine Billy selbst eine Ahnung davon, was einmal aus ihm werden sollte? Und was wäre aus ihm ohne den zufälligen Blick der Ballettlehrerin geworden? Der Film macht spürbar, dass es so einfach mit der »Selbstverwirklichung« nicht ist.

Billy Elliot ist eine kleine britische Produktion, von der man erwartet, dass sie ihr Thema auf eine authentische und psychologisch vertiefte Art und Weise umsetzt. Würde man das aber einer Comicverfilmung zutrauen, die an ihrem Startwochenende in den USA eins der besten Einspielergebnisse aller Zeiten erwirtschaftete? Wohl kaum. Und doch kann auch solch ein Film eine erstaunlich differenzierte Lektion zu diesem Thema abgeben. Sehen wir uns das nächste Beispiel einmal genauer an.

Spider-Man (USA 2002)
Buch: David Koepp
Regie: Sam Raimi

Der Waisenjunge Peter Parker (Tobey Maguire) lebt bei Onkel und Tante in New York. Sein Herz gehört dem Mädchen aus der Nachbarschaft, Mary Jane Watson (Kirsten Dunst), aber der von seinen Klassenkameraden belächelte Durchschnittsjunge hat bei ihr keine Chance. Eines Tages setzt der Biss einer genveränderten Spinne in Peter ungeahnte Kräfte frei. Er braucht einige Zeit, um für die an ihm vorgehenden Veränderungen eine Form zu finden. Kurz vor seinem Tod gibt ihm sein Onkel Ben (Cliff Robertson) die Richtung vor: »Aus großer Kraft folgt große Verantwortung.« Peter Parker führt fortan ein Doppelleben. In dem einen absolviert er sein Studium und verdient sich den Lebensunterhalt als Fotograf. In dem anderen setzt er sich in der Verkleidung des Spider-Man für Menschen in Not ein und nimmt den Kampf gegen einen bösartigen Gegenspieler auf: Norman Osborn, der Vater seines Freundes Harry (James Franco), der sich nach einem fehlgelaufenen Experiment in den grünen Goblin (Willem Dafoe) verwandelt hat und nun die Stadt terrorisiert. Mary Jane verliebt sich in Spider-Man, als dieser sie vor dem sicheren Tod bewahrt. Sie weiß nicht, wer sich hinter seiner Maske verbirgt. Doch als sie ihre Liebe endlich auf Peter Parker übertragen möchte, kann er sie nicht mehr annehmen. Die Verantwortung für sein Alter Ego verschließt ihm das persönliche Glück.

Unbestimmtes Beginnen

Billy Elliot – I Will Dance beginnt mit einem unbestimmten Hüpfen und Zappeln und führt die Zuschauer über mehrere Zwischenschritte zur perfekt ausgeführten Choreografie des Balletts. Der unruhige kleine Billy verwandelt sich in einen Meister des künstlerischen Tanzes. *Spider-Man* vollzieht einen ähnlichen Bogen. Er zeigt einen Jugendlichen ohne besondere

Kennzeichen, der nicht so recht weiß, was er will. Verträumt, wie er ist, kommt er meist zu spät und muss hinter dem Schulbus herlaufen. Er hat unterschiedliche Begabungen, aber kann sich für keine entscheiden. Seit seiner Kindheit träumt er von Mary Jane, dem Nachbarmädchen, ohne einen konkreten Schritt auf sie zu zu machen. Am Ende des Films jedoch sehen die Zuschauer einen jungen Mann, der genau weiß, was er will. Entschieden bekennt er sich zu seiner Berufung. Spider-Man zu sein, sei seine »Gabe« und sein »Fluch«. Der unentschiedene Durchschnittsjunge ist ein Held geworden, der sein Leben der Sicherheit anderer Menschen widmet: ein Superheld. Das ist »Werden, wer man ist« auf Amerikanisch.

Während die meisten Superhelden-Filme den actionreichen Kampf gegen das Böse in den Mittelpunkt ihrer Geschichte stellen, thematisiert *Spider-Man* die Verwandlung vom Unbestimmten ins Bestimmte. Das wird durch die Besetzung der Hauptrolle mit Tobey Maguire unterstrichen. *Batman* wurde zuletzt von Frauenschwarm George Clooney verkörpert, *Lara Croft* vom Männertraum Angelina Jolie und *Blade* von dem attraktiven Muskelmann Wesley Snipes. Aber hinter der Maske Spider-Mans steckt ein schmaler, unscheinbarer junger Mann mit pubertär krächzender Stimme und teigigem Gesicht. Damit setzt der Film, wie keine andere Comicverfilmung der vergangenen Jahre, an der Sehnsucht junger Menschen an, aus der Durchschnittlichkeit herauszutreten und einen Lebensinhalt zu finden, für den es sich lohnt, Opfer zu bringen. *Spider-Man* ist nicht wie *Superman*, *Batman* oder *Blade* eine Figur, die Ordnung im Chaos schafft, sondern ein Versprechen, dass man etwas Besonderes werden kann. Der Film zeigt nicht nur den Weg dorthin auf, sondern behandelt auch die damit verbundenen Schwierigkeiten und Konsequenzen.

Der Zufall als Anstoß

Die Geschichte kommt in Gang, als Peter während einer Schulexkursion ins Naturkundemuseum von einer genmanipulierten Spinne gebissen wird und sich die Instinkte und Fähigkeiten des achtbeinigen Krabblers an ihm bemerkbar machen. Dieser Abschnitt ist wohl der interessanteste des ganzen Films, denn hier wird die Verwandlung einer Gestalt zu einem witzigen Erlebnis.

Als Peter am Morgen nach dem Ausflug erwacht, wird er auf die ersten Veränderungen aufmerksam. Er setzt sich die Brille auf und stellt fest, dass mit der Sehhilfe die Konturen der Dinge verschwimmen, aber ohne sie sieht er jetzt alles gestochen scharf. Bei einem Blick in den Spiegel bemerkt er, dass sich sein Körper verändert hat. Über Nacht hat er stahlharte Muskeln bekommen. Verwundert streicht er sich über den Waschbrettbauch. Dann wird er auf Mary Jane im Nachbarhaus aufmerksam, die sich für die Schule fertig macht. Man kann sehen, dass in Peter die Hoffnung wächst, das Mädchen doch noch für sich einzunehmen. Denn ohne Brille und mit einer guten Figur könnte er die Konkurrenz mit den anderen Jungs aufnehmen. Als Peter kurze Zeit später die Treppe herabkommt, wundert sich Onkel Ben über seine ausgelassenen Sprünge. Die Zuschauer wissen sie zu deuten, denn sie erkennen darin den Bewegungsablauf einer Spinne.

Nun erfolgt die Verwandlung Schlag auf Schlag. Peter findet heraus, dass er mit einem geschärften Sinn die komplexesten Situationen durchschauen kann. Als würden sich für ihn die Ereignisse in Zeitlupe entwickeln, kann er an jeder beliebigen Stelle in ihrem Ablauf eingreifen. In der Cafeteria der Schule bewahrt er Mary Jane vor einem Sturz und fängt mit blitzschnellen Bewegungen zugleich Teller und Glas auf, die ihr dabei aus der Hand gleiten. Dann beobachtet Peter an seinem Körper befremdliche Veränderungen. An seinen Handgelenken haben sich Drüsen gebildet, aus denen er klebrige Spinnweben herausschießen lassen kann. Aus Versehen richtet er in der Cafeteria damit ein Chaos an und verlässt beschämt den Raum. Im nächsten Moment jedoch erkennt sein animalischer Sinn für Gefahr den hinterhältigen Angriff eines Mitschülers und er wehrt den Angreifer auf beeindruckend wirkungsvolle Weise ab. Von einigen Mitschülern erntet er hierfür Bewunderung, andere fühlen sich in ihrer Auffassung bestätigt, dass mit ihm etwas nicht stimmt.

Von seinen seltsamen Kräften überrascht, zieht sich Peter in die Stille eines Hinterhofs zurück. Da fällt ihm auf, dass an seinen Fingern kleine Häkchen gewachsen sind, mit deren Hilfe er die Hauswände hochklettern kann. Schnell ist er auf dem Dach angekommen und ist von seinen Fähigkeiten selbst überrascht. Mit einem Blick misst er die Abstände zwischen den Häusern, nimmt Anlauf und springt in weiten Sätzen von Dach zu Dach. Peter jubelt vor Freude. Auch die Zuschauer geraten in Rausch. Immer weiter werden seine Sprünge, bis er schließlich an einer Gebäudelücke ankommt, die wohl mehr als hundert Meter misst. Es sieht aus, als sei die Grenze des Möglichen erreicht. Doch Peter stellt mit seinen Spinnfäden eine Verbindung zu einem hohen Kran her und holt zu einem gewaltigen Schwung aus. Er kann zwar nicht fliegen wie ein Vogel, aber wie Tarzan an der Liane durch den Großstadtdschungel schwingen. Wieder sind seine Jubelschreie zu hören. Als er kurz darauf eine Mauer vor sich sieht und sich der Schwung nicht mehr abbremsen lässt, knallt er mit voller Wucht gegen die Wand. Damit bricht die Begeisterung erst einmal ab. In der nächsten Szene kommt Peter nach Hause. Nach dem viel versprechenden Aufschwung schließt ihn das bescheidene Haus von Onkel und Tante wieder ein. Mit viel Witz machen die beschriebenen Szenen spürbar, wie sich die Wirkungswelt einer Riesenspinne und der Alltag eines Durchschnittsjungen gegenseitig durchdringen und eine gemeinsame Gestalt suchen. Eine solch ruckartige, mit Fortschritten und Rückfällen rhythmisierte Verwandlung wirkt sehr viel interessanter und mitreißender als ein glatter Übergang.

Zu viel und zu wenig

Mit den beschriebenen Handlungsfolgen rückt *Spider-Man* die Suche nach einer neuen Gestalt, die sowohl das Spinnen- als auch das Jungenhafte umfassen kann, in das Verhältnis von Zuviel und Zuwenig. Peter gerät in den Rausch der Größe und wird zugleich von den engen Kreisen seines Schülerlebens gebremst. Mal traut er sich zu viel zu und mal zu wenig. Er muss lernen, seine Kräfte umsichtig anzuwenden. Das Leben braucht die Illusion von Allmacht, um sich gegen die Übermacht der Eindrücke und Gegenwirkungen zu behaupten. Ohne eine gewisse Selbstüberschätzung lässt sich nichts in Gang bringen. Aber man kommt um die Aufgabe nicht herum, seinen Ausbreitungsdrang in konkrete Handlungen umzusetzen. Wenn er Folgen zeitigen will, muss jeder große Entwurf durch das Nadelöhr einer konkreten Tat hindurch. Erst im Handeln zeigt sich, ob man zu viel auf einmal will und deswegen scheitert oder ob man zu wenig einsetzt und aus diesem Grunde sein Ziel nicht erreicht.

Ein Zuviel wird in *Spider-Man* am Beispiel des brillanten Wissenschaftlers Norman Osborn (Willem Dafoe) gezeigt. Der kann seinen Ehrgeiz nicht zügeln und führt ohne Vorsichtsmaßnahmen an sich selbst ein Experiment durch. Sein vorsichtigerer Kompagnon versucht ihn zu bremsen, aber Osborn will von Schwierigkeiten und Risiken nichts wissen. Er bezahlt seinen Leichtsinn mit einer Spaltung. Nach außen ist er der angesehene Wissenschaftler, aber heimlich terrorisiert er als »Green Goblin« die Stadt. Er ist Spider-Mans Gegenbild, das zeigt, dass sich auch seine Entwicklung in ein Zuviel verkehren kann. Mehrmals versucht Green Goblin Spider-Man zu verführen. Wenn sie sich verbündeten, könnten sie die ganze Welt beherrschen. Doch Peter Parker verliert die Grenzen nicht aus dem Blick, lehnt ab und macht sich so den grünen Kobold zum erbitterten Feind.

Während Norman Osborn in ein Zuviel ausbricht, bleibt Peter im Spannungsfeld von Zuviel und Zuwenig. Das jungenhafte Gesicht Tobey Maguires, das so gar nichts von einem Superhelden zu haben scheint, führt die Zuschauer nach jedem Aufschwung zu fantastischen Fähigkeiten wieder in den begrenzten Wendekreis eines jungen Mannes zurück. Wenn er in einer Szene mit linkischen Bewegungen und krächzender Stimme zum Kampf mit einem Showringer antritt, empfindet man diesen Auftritt als peinliches Zuwenig.

Das entspricht nicht den Möglichkeiten, die er bisher zum Ausdruck brachte. Umso größer ist die Genugtuung, wenn Peter dann doch als Sieger aus dem Ringkampf hervorgeht.

In einer anderen Szene trifft Peter im Hinterhof des Hauses auf Mary Jane. Er hat mitbekommen, wie sie von ihrem Vater als unfähig beschimpft wurde, und versucht, das Mädchen wieder aufzumuntern. Mary Jane bedankt sich für seine Aufmerksamkeit und fragt im Gegenzug:»Und was wird aus dir?«»Ich gehe geduckt«, ist Peters Antwort. Mit diesem Rückzug in ein Zuwenig bringt er zum Ausdruck, wie unsicher er in seiner Selbsteinschätzung noch ist. Er weiß noch nicht, ob seine neuen Fähigkeiten gut für ihn sind. Mary Jane revanchiert sich für seine aufmunternden Worte, indem sie ihm widerspricht:»Du bist nicht klein. Du hast Größe.« Auch in dieser Szene ist ein Verhältnis von Zuviel und Zuwenig spürbar. Trotz seiner fantastischen Story und der unglaublichen Spezialeffekte ist *Spider-Man* kein Fantasyfilm, der sein Publikum zu einer Flucht aus der Realität einlädt. Man kann im Gegenteil sagen, er führt sie in deren Spannungsverhältnisse hinein. Wer etwas Bestimmtes werden will, muss sich mit solchen Konflikten auseinander setzen. Er muss herausfinden, was für ihn zu viel und was für ihn zu wenig ist. Die Zuschauer sind mit ihren eigenen Ausbreitungswünschen und Selbstbeschränkungen dabei. Sie genießen das Anwachsen der Möglichkeiten ebenso wie das Gefühl, das Machbare nicht aus dem Auge zu verlieren. Für sie zerfällt der Protagonist nicht in zwei Figuren, sondern sie empfinden Peter Parker und Spider-Man als zwei Seiten ein und desselben Problems.

Ungefähr in der Mitte des Films erhält das Verhältnis von Zuviel und Zuwenig eine Fassung. Peters Onkel hat das Schwanken seines Neffen bemerkt. Er beobachtet, wie er sich mit dem unerwarteten Zugewinn an Kraft quält und nicht zur Ruhe kommen will. Mit dem im Film mehrmals wiederholten Satz »Aus großer Kraft folgt große Verantwortung« gibt er Peters Zerrissenheit eine Richtung vor. Auch wenn Onkel Ben kurze Zeit später stirbt, findet der Junge hierüber zu einer Ausrichtung, mit der sein Konflikt eine lebbare Lösung erfährt. Er entscheidet sich dafür, die ihm zugefallenen Fähigkeiten zu bündeln, um Menschen in Not eine Hilfe zu sein. Er möchte ein Superheld werden. Nun geht es darum, dass er dieses Ziel nicht aus den Augen verliert.

Suchbewegung

In einer Sequenz entwirft Peter für seinen ersten Auftritt in der Öffentlichkeit ein zu seinen Fähigkeiten passendes Kostüm. Angestrengt und voller Konzentration überlegt er, welch eine Gestalt er abgeben will. Er kritzelt Entwürfe aufs Papier, begutachtet sie, verwirft sie wieder und arbeitet sie um. Peter sucht nach einem Bild, das seinem Drang, etwas zu werden, eine Form geben kann. An der Serie von Zeichnungen wird sichtbar, dass wir uns im Werden immer wieder neu erfinden. Weil wir gewohnt sind, uns die Welt überschaubar zu gestalten, gerät uns dieser Aspekt leicht aus dem Blick. Das »Selbst« ist keine Einheit, die wir vorfinden, sondern ein Prozess, den wir jeden Tag aufs Neue in Bewegung halten. Das fängt mit dem morgendlichen Ankleiden an. Wir überlegen, welch ein Bild wir in den Unternehmungen des Tages abgeben wollen. Der Blick in den Spiegel teilt uns mit, ob wir es treffen oder verfehlen. Sind wir nicht zufrieden, probieren wir etwas anderes an. Man muss sich nur einmal vor Augen halten, welch verschiedene Outfits Jugendliche im Lauf der Jahre ausprobieren. Eine Zeit lang fühlen sie sich mit ihnen wohl. Doch kaum haben sie es sich mit ihnen eingerichtet, bietet ihnen die Kultur neue an, die ihren Auftritt erneut infrage stellen. Freilich betrifft dieser Vorgang der Selbsterfindung nicht nur das äußere Bild. In gleicher Weise probieren wir komplette Lebensbilder aus.

Was wir unser Inneres nennen, liegt in einem viel größeren Maße in dem Formenreichtum der gegenständlichen Welt begründet, als es unsere vertrauten Auffassungen über das Seelische nahe legen. Wäre Billy Elliot wirklich Tänzer geworden, wenn die Lehrerin seinem noch ungerichteten Drängen keine Form gegeben hätte? Werden, wer man ist, bedeutet daher auch eine Verwandlung in die Gestalten der gegenständlichen Welt und in die Orientierungen anderer Menschen. Die ganze Welt steht bereit, unserem Entwicklungsdrang Ausdruck zu geben. Ohne den Blick und die Erwartungen anderer Menschen bringen wir nichts Eigenes auf den Weg.

Spider-Man macht auch diesen Zusammenhang sichtbar. Peter weiß noch nicht, was er mit seinen neu erworbenen Fähigkeiten anfangen soll. Da er mitbekommen hat, dass Mary Jane von Jungs beeindruckt ist, die ein schnelles Auto fahren, will er seine Kraft einsetzen, um in einem Showkampf Geld zu verdienen. Der ausgeschriebene Preis entspricht genau dem Cabriolet, das er in der Anzeige eines Autohauses gesehen hat. Also lässt er sich als Ringkämpfer engagieren. Kurz vor dem Kampf fragt der Manager, mit welchem Namen Peter auftreten möchte. Darauf ist er nicht vorbereitet. Da er noch keine klare Vorstellung von dem Bild hat, das er werden möchte, hat er sich auch noch keinen Namen geben können. In der Not versucht er es mit einer Umschreibung: »Die menschliche Spinne.« Doch damit ist der Veranstalter nicht zufrieden. Er hatte an einen eindringlicheren Namen gedacht. Und ehe sich's Peter versieht, schickt er den Jungen in den Ring und kündigt ihn als »Spider-Man« an. Damit hat er, ohne es zu wissen, den Kern getroffen, und Peter nimmt den aus der Not geborenen Namen bereitwillig an. Es sind solche fremden Formgebungen, über die wir zu dem finden, was wir sind.

Dank Onkel Bens Bemerkung über den Zusammenhang von Größe und Verantwortung fand Peter in das Bild des Superhelden. Es ist ein großes Glück, wenn sich ein Heranwachsender auf einen solch klugen und zugleich unaufdringlichen Rat stützen kann. Und als Peter nach dem mitverschuldeten Tod seines Onkels daran zweifelt, auf dem richtigen Weg zu sein, richtet seine Tante Mae (Rosemary Harris) ihn wieder auf: »Dein Onkel hat immer an den Mann geglaubt, der du einmal werden wirst.« Es spricht für den Witz des Drehbuchs von David Koepp, wenn sie ihn etwas später ermahnt: »Du bist nicht Superman, weißt du?« Sowohl die ermutigende erste als auch die kritische zweite Bemerkung tragen dazu bei, dass Peter sein Ziel nicht aus den Augen verliert. In den Spiegelungen anderer findet Peter zu sich selbst. Die Suche nach einem Bild wird von ihnen gestützt.

Dass sich die ganze Entwicklung auch verkehren kann, verdeutlicht Mary Janes Geschichte. Die Zuschauer lernen ihren Vater nicht kennen, aber sie hören mehrmals seine Stimme. Immer wieder hält er seiner Tochter vor, dass sie zu nichts tauge und dass aus ihr niemals etwas werden könne. Als sie noch zur Schule gehen, erzählt Mary Jane dem Nachbarjungen Peter, dass sie gerne Theaterschauspielerin werden und am liebsten einmal in einer großen Wohnung in Manhattan wohnen würde. Als sich Peter und Mary Jane ein paar Jahre später zufällig wieder treffen, findet Peter jedoch heraus, dass seine große Liebe jetzt als Kellnerin in einem Schnellrestaurant arbeitet. Der Film ist konsequent, wenn er die abwertenden Worte des Vaters Wirklichkeit werden lässt. Auf der Suche nach einer Gestalt greifen wir auch die negativen Bilder auf, die sich andere von uns machen. Das ist tragisch, weil Mary Janes Vater mit seinen Abwertungen gar keine Aussage über seine Tochter machte. Er war von sich selbst enttäuscht und brachte auf diese Weise seinen eigenen Selbsthass zum Ausdruck.

Nicht vielen Liebeserklärungen im Film gelingt es, die Liebe zwischen den Figuren auch spürbar zu machen. Äußerungen wie »Ich liebe dich! Mein Herz sagt es mir« oder »Ich habe ein Leben lang auf dich gewartet« wirken leicht austauschbar und beliebig, weil sie die Einzigartigkeit des Liebesobjekts nicht im Blick haben. Sie lassen die Zuschauer kalt. Noch seltener jedoch gelingt es, diesem obligatorischen Dialog eines jeden Liebesplots auch einen Bezug zum Tiefenthema des Films zu verleihen. Wie geht das Drehbuch von David Koepp diese Aufgabe an?

Als Spider-Man hat Peter Mary Jane mehrmals aus großer Gefahr gerettet. In ihrer schwärmerischen Art hat sie sich in den Mann mit der Spinnenmaske verliebt. Wie alle anderen auch, ahnt sie nicht, wer sich dahinter verbirgt. Als sie Peter nach einem ihrer gemeinsamen Abenteuer trifft und ihm von Spider-Man vorschwärmt, meint er, er kenne Spider-Man persönlich, denn er habe ihn fotografiert. Mary Jane wird für einen Moment von ihrer Eitelkeit mitgerissen und fragt, ob er mit Spider-Man auch über sie gesprochen habe. Als Peter bejaht, möchte sie wissen, was er dem Superhelden von ihr erzählt habe. Peter fällt es nicht leicht, die richtigen Worte zu finden. Doch dann kleidet er seine Antwort in eine Liebeserklärung. Er habe Spider-Man gesagt, er wisse oft nicht, was er fühle, wenn er mit Mary Jane zusammen sei. Meistens schwanke er zwischen Freude und Panik. Das sei fast unerträglich. Trotzdem sei aber eines immer ganz deutlich zu spüren: Wenn er in ihre Augen schaue, wisse er, was für ein Mann er sein möchte. Werden, wer man ist, heißt, sich selbst im Blick des anderen zu entdecken und sich auf andere hin zu entwerfen. Diese Verknüpfung der Liebeserklärung mit dem Tiefenthema des Films macht sie ungewöhnlich überzeugend. Und aus der Perspektive der Zuschauer wirkt sie umso stärker, weil sie wissen, dass Mary Jane keine Ahnung davon hat, dass Peter sie aktuell nur für sie formuliert. In den Moment intensivster Nähe mischt sich ein Hauch des Verfehlens.

Belastungen und Folgen

Was hat man davon, jemand Bestimmtes zu werden? *Spider-Man* lässt auch diese Frage nicht aus. Ganz anders als viele zeitgenössische Selbstverwirklichungsideologien führt er seine Zuschauer nicht in einen Glückzustand hinein, sondern konfrontiert sie mit Folgen und Belastungen, die aus einem Leben als bestimmte Gestalt notwendig erwachsen. Auch das ist realistisch, denn paradoxerweise fangen mit der Entschiedenheit die Probleme erst richtig an.

Im Ansteuern einer bestimmten Gestalt kann man in die Irre gehen, das Gefühl für das, was angemessen ist, verlieren und seinen Allmachtsvorstellungen erliegen. Hierfür steht der Werdegang Norman Osborns, den Peter im Showdown der Geschichte besiegt. Eine andere Gefahr besteht darin, sich der Lächerlichkeit preiszugeben. Auch hierauf macht der Film aufmerksam. Zum Beispiel, wenn Peter zu Beginn des Ringkampfes aufgrund seiner unfreiwilligen Komik von den Zuschauern ausgelacht wird. Jeder kennt das peinliche Gefühl, wenn ein Auftritt im Blick der anderen misslingt. Es lässt sich nicht abschätzen, wie man von anderen schließlich gesehen wird. Aus dem Werdegang unseres Lebensbildes kann immer auch eine Karikatur herauskommen.

Anfeindungen sind eine weitere Folge, mit denen man rechnen muss. Wer eine entschiedene Position in der Welt einnimmt, macht sich angreifbar. Peter wundert sich mehrere Male, dass er für seine Taten keine Anerkennung erntet. Im Gegenteil. Eine Boulevardzeitung fährt eine verleumderische Kampagne gegen den Super-Helden und versucht die Menschen gegen ihn aufzubringen. In einer Szene rettet Spider-Man ein Kind aus einem in Flammen stehenden Haus und übergibt es der verzweifelten Mutter. Statt ihm Anerkennung zu zollen und ihn zu unterstützen, will die Polizei ihn daraufhin festnehmen. Hier wird spürbar, dass wir es nicht in der Hand haben, ob wir für unsere Taten geliebt oder gehasst werden. Peter wurde von seinen Mitschülern ausgiebig gehänselt und gehasst. Eigentlich müsste er nun Anerkennung und Liebe ernten. Aber wer werden will, wer er ist, darf nicht nach Anerkennung schielen. Er wird eine bittere Enttäuschung erleben.

Als Actionfilm macht *Spider-Man* die Belastungen einer entschiedenen Gestalt zugespitzt erfahrbar. In spektakulären Szenen muss sich Spider-Man gegen fliegende Messer, zersplitternde Granaten und verheerende Flammenwerfer verteidigen. Immer wieder droht er in tausend Stücke zerfetzt, verformt und verbrannt zu werden. Das Unbestimmte ist anpassungsfähig und kann immer das Heil in der Flucht finden. Das Bestimmte ruft Neider, Feinde und Gegenwirkungen auf den Plan und steht daher ständig in Gefahr, zerstört zu werden. In den Kampfszenen von *Spider-Man* kann man drastisch erfahren, wie sich eine entschiedene Gestalt in der Wirklichkeit durchsetzt. Auch das trifft einen realen Kern unseres

Lebens. Was wir gemeinhin »Identität« nennen, ist ein Bild, das jeden Tag aufs Neue erkämpft werden muss.

Die vielleicht schmerzlichste Konsequenz aus Peters Verwandlung zeigt der Film mit der Veränderung seines Verhältnisses zu Mary Jane. Als sie schließlich erkennt, dass Peter der einzige Mann ist, in dessen Blick sie sich gesehen fühlt, erklärt sie ihm ihre Liebe. Peter ist damit am Ziel seiner Wünsche angelangt. Als Junge konnte er sich kein größeres Glück vorstellen, als das angebetete Mädchen für sich zu gewinnen. »Sehen so Engel aus?«, hatte er Tante Mae gefragt, als er sie das erste Mal sah. Nun bedürfte es nur eines Wortes, um glücklich zu werden. Und doch bringt er es nicht über die Lippen. Denn seine Welt hat sich gedreht, es haben sich neue Aufgaben und Werte herausgeschält. Das Leben eines Superhelden ist unberechenbar. Es gehört nicht ihm selbst, sondern den Menschen in Not. Würde er sich für Mary Janes Liebe entscheiden, müsste er ihr die ganze Last und Unsicherheit seines Lebens zumuten. Denn er will das Bild, zu dem er im Zuge seiner Verwandlung gefunden hat, nicht verraten. Daher muss er in der letzten Szene des Films seiner Angebeteten beibringen, dass er ihr nicht mehr als ein guter Freund sein kann. Mary Jane trifft diese Bemerkung wie ein Schlag. Sie schaut ihn verzweifelt an. Peter verhärtet sich gegen ihre Tränen und wendet sich ab. In der letzten Einstellung sehen die Zuschauer in das Gesicht Tobey Maguires. Mit entschlossenem Ausdruck spricht er in die Kamera: »Ich bin Spider-Man! Das ist meine Bestimmung und mein Fluch.« Auch wenn Mary Jane ihm alles bedeutete, muss er auf ihre Liebe verzichten. Indem er zu dem wurde, was er ist, kann er sie als Geliebte in seinem Leben nicht mehr unterbringen. Auch wenn die Geschichte kein alltagsnahes Drama erzählt, macht doch gerade die Überzeichnung ins Comichafte den psychologischen Kern solcher Umbildungen deutlich.

Angesichts der von *Spider-Man* herausgestellten Belastungen und Folgen kann man sich die Frage stellen, ob es sich lohnt, jemand Bestimmtes zu werden. Viele Menschen beantworten sich diese Frage mit »Nein« und fahren nicht schlecht damit. Sie leben ohne eine entschiedene Ausrichtung, kuppeln sich mal in das eine und mal in das andere der vielen Lebensbilder ein, die von der zeitgenössischen Kultur bereitgestellt werden, und wenn sie spüren, dass sie damit auf eine Belastung zusteuern, lassen sie es fallen und versuchen es mit dem nächsten. Sie vermeiden es, das Getriebe des Lebens in einen bestimmten Gang zu schalten. Alles einmal ausprobieren, sich aber von nichts anverwandeln lassen. *Spider-Man* antwortet auf die Frage mit »Ja«. Er vollzieht eine Entwicklung vom Unbestimmten ins Bestimmte und blendet die damit verbundenen Paradoxien und Konsequenzen nicht aus. Er bindet seine Zuschauer in eine Entwicklung ein, die zu den größten Herausforderungen eines jeden Lebens gehört: Werden, wer man ist.

Im Schatten der Wahrheit

Die Täuschung bestimmt unser Leben mehr als man denkt. Nicht weil wir blind oder gar unmoralisch wären, sondern weil die Wahrheit ein Problem ist. In der seelischen Wirklichkeit ist nichts einfach; alles ist doppelt oder dreifach bestimmt. Absichten bringen sich in Handlungen zum Ausdruck. Doch ist der Handlung die Absicht anzusehen? Einer stellt etwas als Tatsache fest. Geht es ihm um »die Wahrheit« oder will er damit beeindrucken? Tagtäglich wird Gleichgültigkeit hinter freundlichem Grüßen verborgen, werden persönliche Interessen mit Hilfsbereitschaft getarnt. Im Alltag bewegen wir uns in puncto Wahrheit auf unsicherem Terrain. Aber auch in Wissenschaft und Forschung sind wir nicht auf der sicheren Seite. Was als »Wahrheit« ausgegeben wird, ist ein Konstrukt, das auf die Methoden und Interessen eines Subjekts verweist. Im Alltag ebenso wie in der Wissenschaft gilt: Wir behandeln Wirklichkeit in Bildern, konstruieren sie um und machen sie zurecht. »Wahrheit« finden wir deshalb nicht vor, sondern bilden sie in einem Prozess heraus.

Das Verhältnis von Wahrheit und Täuschung ist im Kino die Domäne des Psychothrillers. Kein anderer hat wie Alfred Hitchcock die Fallstricke der Täuschung erfahrbar gemacht. Vielleicht am eindringlichsten in dem Film *Im Schatten des Zweifels* (USA 1942), wo eine junge Frau erkennen muss, dass sich hinter der liebenswürdigen Fassade ihres vergötterten Onkels Charly in Wahrheit ein gewissenloser Frauenmörder versteckt. Psychothriller versetzen den Zuschauer zwischen zwei Auslegungen der Wirklichkeit. Sie beziehen ihn in Täuschungen ein und lösen diese wieder auf. Ein und dieselbe Figur erscheint mal als Freund und mal als Feind. Schockmomente entstehen an der Stelle, wo das vertraute Bild in ein unvertrautes umschwingt und sich die Wahrheit als Lüge erweist. Mit ihrer unheimlichen Atmosphäre lassen besonders übersinnliche Thriller erahnen, dass hinter der sichtbaren Oberfläche der Wirklichkeit immer noch ein anderer Zusammenhang wirksam ist. Einer der erfolgreichsten übersinnlichen Thriller der vergangenen Jahre ist:

Schatten der Wahrheit (USA 2000)
Buch: Clark Gregg
Regie: Robert Zemeckis

Nachdem ihre Tochter das Haus verlassen hat, um aufs College zu gehen, verbringt Claire Spencer (Michelle Pfeiffer) ihre Tage allein in dem schönen, alten Haus am See. Ihr Mann Norman (Harrison Ford) ist ein bekannter Wissenschaftler, der mit Hochdruck an einem wichtigen Forschungsbericht arbeitet. Claire wird auf eine Reihe von spukähnlichen Ereignissen im Hause aufmerksam und beobachtet die Streitereien ihrer neuen Nachbarn, dem Ehepaar Warren und Mary Feur (James Remar und Miranda Otto). Als Mary eines Tages nicht mehr aufzufinden ist, verdächtigt Claire den unbekannten Nachbarn, seine Frau ermordet zu haben. Ihr scheint, als wolle der Geist der Toten sie mit den rätselhaften Phänomenen auf die Untat aufmerksam machen. Norman nimmt Claires Gedanken nicht ernst und rät ihr, einen Psychologen aufzusuchen. Als sie eines Abends ihre Nachbarn Arm in Arm in der Universität treffen, muss Claire einsehen, dass sie sich in ihre Gedanken verstiegen hat. Auf einer Party erinnert die Gastgeberin sie an das ein Jahr zurückliegende, seltsame Verschwinden von Madison Frank (Amber Valletta), einer Studentin ihres Mannes. Claire geht der Spur nach und findet heraus, dass Norman mit der attraktiven Studentin ein Verhältnis hatte. Sie stellt ihn zur Rede; er gibt den Seitensprung zu und beteuert, die Studentin habe sich aus Liebeskummer umgebracht, als er sich von ihr getrennt habe. Nun bezieht

Claire den Spuk im Haus auf die verschwundene Studentin. Sie ist im Glauben, der Geist der jungen Frau wolle sich zwischen sie und Norman stellen. Gemeinsam versucht das Ehepaar, den Geist auszutreiben, und für einige Zeit kehrt wieder Frieden in das Haus der Spencers ein. Doch dann entdeckt Claire, dass Norman die persönlichen Dinge Madisons im See versenkt hat. Nun muss sie annehmen, dass ihr Mann der Mörder der vermissten Studentin ist. Claire ist entschlossen, den Ereignissen um den Tod Madisons auf den Grund zu gehen. Als Norman versucht, Claire ebenfalls zu töten, kann sie sich mit viel Geschick retten. Sie flieht im Auto, aber er ist in letzter Sekunde aufgesprungen. Gemeinsam stürzen sie von der Brücke in den Fluss und drohen zu ertrinken. Als alles verloren scheint, kommt Claire der Geist Madisons zu Hilfe und zieht Norman zu sich in die Tiefe.

Nichts ist, was es scheint

Schon mit den ersten Bildern teilt *Schatten der Wahrheit* mit, dass er sein Publikum in die Twilight Zone der Wirklichkeit führen wird. Diese Einstimmung ist wichtig, denn sie stellt eine psychische Verfassung her, in der man bereit ist, Ereignisse als wirklich anzunehmen, die dem Verständnis von Realität zuwiderlaufen. Aus einem Nachtblau hebt sich die leicht bewegte Oberfläche eines Gewässers ab. Unterwasseraufnahmen führen durch ein Gewirr von Pflanzen und bleiben auf den Umrissen eines blassen Frauenkopfes stehen. Dieser geht über in das Gesicht Michelle Pfeiffers, die mit verängstigtem Ausdruck aus einer Badewanne auftaucht. Verstört sieht sie sich um. Irgendetwas hat sie beunruhigt. Kurze Zeit später trocknet sie mit dem Föhn den Beschlag des Badezimmerspiegels und bekommt einen elektrischen Schlag. Wieder ein Moment des Erschreckens. Doch dann kommt das freundlich eingerichtete Haus der Spencers in den Blick. Durch die Fenster kann man den sommerlichen Garten und dahinter die hellblaue Fläche des Sees sehen. Ein kleines Segelboot liegt friedlich vor dem Steg. Das Unheimliche der ersten Bilder löst sich darin auf, bleibt aber als Ankündigung unfassbarer Wendungen wirksam.

Der englische Titel *What Lies Beneath* bringt noch deutlicher als der deutsche zum Ausdruck, dass der Film seinen Inhalt in mehreren Versionen entwickelt. Claire, die »Klarheit Suchende«, ordnet ihre Beobachtungen und Erlebnisse in vier aufeinander folgende Bilder. Mit jeder Version erhalten die Einzelheiten eine andere Stellung im Ganzen und damit eine neue Bedeutung. So enthüllt der Film Lage für Lage, welche Zusammenhänge sich hinter einem Eindruck verbergen. Die einzelnen Bilder sind für sich genommen zwar »Täuschungen«, im Ganzen aber stellen sie Zwischenstufen auf dem Weg zur »Wahrheit« dar. Da es dabei immer auch um Leben und Tod geht, macht der Film spürbar, dass sich die »Erkenntnis« nicht aus dem Drehbuch des Lebens herauslösen kann. Wahrheitssuche ist eng verknüpft mit den Aufgaben des Alltags. Diesen Zusammenhang verliert die »reine Wissenschaft« oft aus dem Blick. Im Labor wie im Leben gilt: Wir behandeln Wirklichkeit in Bildern. Wir finden die »Wahrheit« nicht vor, sondern entwickeln sie aus dem Spannungsfeld des Lebens heraus.

Das erste Bild: Am Anfang beschreibt der Film die Situation der Familie Spencer. Sie lebt in einem traumhaft schönen Haus, in dem jeder Tag wie Urlaub erscheint. Claire hat die von Normans Vater geerbte Villa liebevoll eingerichtet, und auch der Garten, der bis hinab zum Seeufer reicht, verweist auf ihre gestaltende Hand. Die sommerliche Hitze über dem Wasser, das satte Grün der Wiesen und Bäume, der gutmütige Hund und die Bewohner des Anwesens vermitteln das Bild einer wohlhabenden, glücklichen Familie. Nur die schon erwähnten seltsamen Erscheinungen im Haus trüben das Bild: Plötzlich öffnet sich die Haustür von allein, ein gerahmtes Foto fällt auf den Fußboden und im Badezimmer läuft die Wanne voll Wasser, obwohl Claire sich nicht daran erinnern kann, den Wasserhahn aufgedreht zu haben. Diese beunruhigenden Ereignisse drängen darauf, in einem zweiten Bild gefasst zu werden.

Das zweite Bild: Die seltsamen Erscheinungen erhalten

einen Sinn, als Claire auf die unglückliche Ehe ihrer Nachbarn aufmerksam wird. Mary Feur leidet unter Panikanfällen und streitet sich wiederholt mit ihrem Mann Warren, der, ebenso wie Norman, als Professor an der Universität arbeitet. Claire möchte mit Mary sprechen, sie ist jedoch spurlos verschwunden. Als sie Warren darauf anspricht, verhält der sich schroff und abweisend. Claire könnte das alles auf sich beruhen lassen, da aber ihre Tochter vor zwei Tagen ausgezogen ist und sie ihr Gleichgewicht nach diesem Verlust noch nicht wieder gefunden hat, macht sie die Ehe der Nachbarn zu ihrem eigenen Problem. Als sie in der Nacht darauf beobachtet, dass Warren einen zusammengerollten Teppich im Auto verstaut, setzen sich ihre Beobachtungen zu einem erschreckenden Bild zusammen: Warren Feur hat seine Frau umgebracht. Claire glaubt, dass der Geist der Toten sie mit den seltsamen Erscheinungen im Hause auf dieses Verbrechen aufmerksam machen möchte. Claires Interesse konzentriert sich ganz auf ihren Verdacht. Ihr Mann Norman wirkt stets liebevoll und hilfsbereit, auch wenn er die Schlüsse seiner Frau nicht ganz nachvollziehen kann. Als Claire eines Abends Warren Feur in der Universität trifft, verliert sie die Nerven und greift ihn an. Norman ist es peinlich, dass sie seinen Kollegen in aller Öffentlichkeit als Mörder beschimpft. Da taucht plötzlich Mary Feur an der Seite ihres Ehemannes auf. Claires Gewissheit stürzt in sich zusammen. So lassen sich ihre Beobachtungen offenbar doch nicht deuten.

Schatten der Wahrheit macht erfahrbar, wie Menschen in den Spannungen des Alltags Gewissheiten herausbilden und wie sie sich dabei täuschen. Obwohl Claire weder das »Opfer« noch den »Täter« näher kennt, ist sie der Überzeugung, Warren Feur habe seine Frau ermordet. Sie hat das Ehepaar einige Male von ihrem Fenster aus beobachtet und mit Mary hat sie einmal kurz durch ein Astloch im Zaun gesprochen. Aber der Blutstropfen auf dem Damenschuh, den sie auf der Terrasse des Nachbarhauses findet, reicht aus, von der Theorie des Gattenmordes überzeugt zu sein. Wenige Beobachtungen setzen sich zu einer alles erklärenden Geschichte zusammen. Wahrheit als Prozess wird so für die Zuschauer zu einer aktuellen Erfahrung. Sie selbst beobachten die Feurs. Sie selbst werden Zeugen ihres Streits, erfahren von Marys Angst und beobachten Warren, wie er das Auto belädt. Auch in ihrer Vorstellung bildet sich der Mord als Zusammenhang heraus. Der Film bringt sie dazu, diese Auslegung für wahr zu halten. Doch später, als Mary wieder aufgetaucht ist und sie Claire bei einer Tasse Kaffee ihre Geschichte erzählt, erhalten die Einzelheiten einen anderen Sinn: Mary hat es nicht den ganzen Tag allein in dem neuen Haus ausgehalten und ist zu ihrer Mutter gezogen. Sie hat nicht Angst um ihr Leben gehabt, sondern vor dem Alleinsein. Warren verstaute in jener Nacht nicht ihre Leiche im Auto, sondern brachte ihr einige persönliche Sachen. Jetzt empfinden die Zuschauer diese Auslegung als wahr und die vorherige als Täuschung.

Das dritte Bild: Im Gespräch mit der Gastgeberin einer Party erfährt Claire von dem seltsamen Verschwinden einer Studentin ihres Mannes. Das Ereignis liegt bereits ein Jahr zurück. Da sie zu dieser Zeit einen schweren Autounfall hatte, kann sie sich daran aus eigener Kraft nicht erinnern. Im Rahmen dieser Enthüllung erscheint Norman plötzlich in einem anderen Licht. Offenbar hatte er ein heimliches Verhältnis mit Madison Frank. Claire ist verletzt. Nun ist es nicht mehr die Ehe der Nachbarn, sondern die eigene Beziehung, die gestört erscheint, und die seltsamen Ereignisse im Haus finden eine neue Erklärung. Claire ist jetzt der Überzeugung, dass der Geist der Nebenbuhlerin in ihrem Haus sein Unwesen treibt. Da sie trotz der Untreue ihres Mannes nicht mit ihm brechen will, sucht sie Norman von ihrer Sicht der Dinge zu überzeugen. Er gibt das Verhältnis zu und bittet Claire für sein Vergehen um Verzeihung. Claire nimmt die Entschuldigung an, und gemeinsam machen sie sich daran, den lästigen Spuk aus dem Haus zu vertreiben. Ein Buch über Geisteraustreibung weist ihnen dabei den Weg. Danach wird es wieder ruhig im Hause der Spencers. Der Spuk hört auf und das Ehepaar versucht eine erneute Annäherung.

Täuschung als Erfahrung

Der Film behandelt sein Thema in mehreren Variationen. Zum Beispiel hat Norman darunter zu leiden, dass sich die Menschen von ihm regelmäßig ein falsches Bild machen. Denn wann immer er einen Kollegen kennen lernt, hält dieser ihn zunächst für seinen Vater. Das liegt daran, dass sein alter Herr in seinem Fachgebiet einmal ein revolutionäres Theorem aufgestellt hat und daher noch heute in Wissenschaftskreisen bekannter ist als sein Sohn. Obwohl die Leute wissen, dass der alte Spencer gestorben ist, erliegen sie der Macht dieses Bildes. Sie hören den Namen, und schon legt es sich über die Realität. Norman hat sich an diese Fehlleistung – die sehr viel häufiger vorkommt, als man denkt – nie gewöhnen können. Jedes Mal, wenn die Kollegen ihn zu »Spencers Theorem« beglückwünschen, erfährt seine Eitelkeit einen Stich. Eigentlich hätte diese Empfindlichkeit Claire misstrauisch machen können …

Mit solchen und ähnlichen Szenen bezieht der Film die Zuschauer in eine engmaschige Textur seines Tiefenthemas ein. Praktisch in jeder Minute macht er erfahrbar, wie sich »Wahrheiten« bilden und umbilden. Er lebt von solchen Momenten, in denen die Zuschauer in die Abfolge von Täuschung und Ent-Täuschung einbezogen werden. Als Claire einmal in Gedanken versunken vom Grundstück der Nachbarn kommt – sie hat Mary wieder nicht antreffen können –, zeigt die Kamera sie von vorn und schließt die Zuschauer aus dem Gesamtkontext der Szene aus. Plötzlich ändert sich Claires Ausdruck. Sie ruft: »He, Sie da, was machen Sie auf meinem Grundstück?« Selbstverständlich vermuten die Zuschauer in diesem Augenblick einen fremden Eindringling. Ihnen bleibt nichts anderes übrig, denn sie können nicht sehen, wen Claire im Blick hat. Durch die Gesamtverfassung des Films sind sie auf Eindringlinge und Übergriffe eingestellt. Doch im nächsten Moment schon wendet sich der Blickwinkel der Kamera, und sie verstehen, dass Claire einen Scherz gemacht hat. Sie hat ihre Freundin sofort erkannt und sie mit gespielter Empörung angesprochen. Die in wenigen

Sekunden aufgebaute Spannung löst sich wieder auf. In dieser, lediglich zur Unterhaltung der Zuschauer eingebauten Szene wird eine Täuschung aktuell hergestellt und wieder aufgehoben.

Das vierte Bild: Normans Untreue lässt sich nicht einfach vergessen. Claire wäre nicht »die Klarheit Suchende«, wenn sie nach seinem Geständnis wirklich zur Ruhe käme. Durch einen eigenartigen Fund angestachelt, setzt sie ihre Suche heimlich fort und stößt auf diese Weise auf eine vierte Version, die so ungeheuerlich ist, dass sie ihre Neugier fast bereut. Aus dem See birgt sie eine Schatulle mit den persönlichen Dingen Madison Franks. Norman muss den Kasten dort versenkt haben. Aber aus welchem Grund? Die einzig schlüssige Erklärung ist, dass er damit Spuren eines Verbrechens verwischen wollte. Claire muss erkennen, dass sie mit dem Mörder Madison Franks unter einem Dach lebt. Diese Wahrheit ist ein Schock. Sie wurde von den drei anderen Bildern überlagert und tritt jetzt in ihrer ganzen Ungeheuerlichkeit hervor. Als Claire Norman mit ihrer Theorie konfrontiert, täuscht dieser Reue vor und verspricht, sich der Polizei zu stellen. Tatsächlich aber hat er den Plan, nun auch die Mitwisserin seines Verbrechens zu töten. Der liebevolle, stets aufmerksame und zärtliche Ehemann entpuppt sich als ein gewissenloser Mörder. Claire muss um ihr Leben kämpfen. Sie wirkt nun sehr viel entschiedener und raffinierter, aber körperlich ist sie ihrem Mann unterlegen. Ohne fremde Hilfe hat sie kaum eine Chance. Als die beiden zusammen mit Normans Auto im Fluss versinken, taucht aus den Tiefen der Geist der ermordeten Studentin auf und hilft Claire dabei, sich aus dem Griff des Mörders zu befreien. Die letzten Bilder des Films zeigen sie allein auf einem vereisten Friedhof. Mit ernstem Ausdruck legt sie eine rote Rose auf Madison Franks Grab. Der ehemals Furcht erregende Geist hat seine Bedrohung verloren. Er hat sich als Freundin und Lebensretter erwiesen. Nichts ist, was es zu sein scheint!

Die Aktualität des Psychothrillers

Wir leben in einer Zeit des kulturellen Umbruchs. Traditionelle Werte liegen mit neuen Einsichten in Konflikt. Zu den traditionellen Werten gehört der Vorrang der »Wahrheit« über die »Lüge«. Aber in den letzten 100 Jahren hat sich in Philosophie und Wissenschaft die Auffassung durchgesetzt, dass Wahrheit keine absolute Größe ist. Schon Friedrich Nietzsche meinte, dass die Lüge zu den Existenzbedingungen des Menschen gehöre, und nicht zuletzt der vor einigen Jahrzehnten erfolgte Paradigmenwechsel in den Naturwissenschaften hat dargelegt, dass die »Erkenntnis objektiver Realität« in der menschlichen Wirklichkeit auf erhebliche Probleme stößt. Viele Erkenntnistheoretiker halten sie schlichtweg für nicht möglich. Die Verdoppelung der Wirklichkeit in den Medien hat das allgemeine Bewusstsein für die Relativität der Wahrheit im Alltag verstärkt und eine hohe Sensibilität für wirkungsvolle Auftritte ausgebildet. Die Menschen wissen, dass eine perfekte Show oft mehr Wirkung entfaltet als eine wahrhaftige Selbstdarstellung. Über Talk-, Quiz- und Talentshows im Fernsehen lernen sie, dass man mit richtigem Outfit und kalkuliertem Verhalten großen Einfluss ausüben kann. Und selbst Vertrauensträger wie Politiker sind dazu bereit, für einen glänzenden Auftritt eine offensichtliche Lüge in Kauf zu nehmen. Diese Erscheinungen der zeitgenössischen Gesellschaft bringen zum Ausdruck, dass sich die Einstellung der Menschen gegenüber Werten wie »Wahrheit« und »Ehrlichkeit« verändert hat. Nicht, dass wir früher weniger gelogen hätten. Aber die Rahmenbedingungen haben sich zugunsten der Lüge verändert. Die Aufwertung von Täuschung und Verstellung hat den Menschen einen größeren Handlungsspielraum eröffnet und alte Strukturen aufgebrochen. Auf der anderen Seite jedoch hat sie das Leben sehr viel komplizierter werden lassen. Jeder muss selbst die Grenze ziehen und für sich entscheiden, wie weit er gehen will.

Übersinnliche oder Psychothriller wie *Schatten der Wahrheit* spitzen diese modernen Unwägbarkeiten zu. Sie führen in eine Wirklichkeit ohne festen Boden. Sie machen erfahrbar, dass die Suche nach Wahrheit ein unendlicher Prozess ist, angestachelt durch die Aufgabe, in einer perspektivischen Welt zu überleben. In jedem Augenblick können sich vermeintliche Gewissheiten drehen und als Täuschungen erweisen. Alles verändert mit dem Kontext seine Bedeutung. Wie Claire klammern wir uns an Gewissheiten und müssen sie im nächsten Augenblick wieder preisgeben. Psychothriller intensivieren ihre Wirkung, indem sie bevorzugt grazile, verletzlich erscheinende Frauen wie Michelle Pfeiffer dieser Situation aussetzen – »Women in Jeopardy«. Sie machen spürbar, wie fragil unsere Gewissheiten sind und wie hilflos wir uns unter diesen Bedingungen oft fühlen.

Aber die Besetzung der Hauptrolle mit einer Frau ist nur ein Baustein. Wirksame Psychothriller räumen den Zuschauern die Möglichkeit ein, Täuschung und Ent-Täuschung im Originaltempo zu erleben. Hierbei kommt es darauf an, Hitchcocks Satz »Das Publikum ist Teil der Szene« ernst zu nehmen. Es reicht nicht aus, das Publikum zum Zeugen der Entwicklung der Heldin zu machen oder die Figuren über die Aspekte des Themas sprechen zu lassen. Das Publikum will selbst in die Twilight Zone der Wirklichkeit geführt werden. Es will den schwankenden Boden spüren. Mal möchte es die Gelegenheit erhalten, rätselhafte Einzelheiten zu einem Gesamtbild zu verknüpfen. Ein anderes Mal will es über neue Details dazu gezwungen werden, seine Gewissheiten wieder umzubilden. Wirksame Psychothriller setzen auf die Aktivität ihrer Zuschauer. Sie kalkulieren diese von vornherein mit ein. Denn nur wenn sie in den aktuellen Prozess der Wahrheitsbildung eingebunden werden, können sich die typischen Wirkungsqualitäten des Thrillers – Spannung, ängstliche Erwartung, Befürchtung, Schock und Entsetzen – auch tatsächlich einstellen.

Im Sog der Verliebtheit

*D*ie Menschen sind sich einig, dass die Verliebtheit zu den Höhepunkten des Lebens gehört. Umschreibungen wie »Schmetterlinge im Bauch«, »auf Wolken schweben«, »im siebten Himmel sein« suchen diesen seltenen Zustand mit Worten zu fassen. Man fühlt sich, als sei der Frühling ausgebrochen, alles erscheint zauberhaft und voller Versprechungen naht die nächste Begegnung mit dem Geliebten. Solche Idealisierungen blenden aus, dass die Menschen im Zustand der Verliebtheit auch ganz andere Empfindungen haben. Manche reagieren mit körperlichen Beschwerden wie Durchfall, Magenschmerzen und Verspannungen. Wieder andere können nächtelang nicht schlafen und haben keinen Appetit. Diese Symptome verweisen darauf: Die Verliebtheit hat zwei Gesichter. In ihr verspüren wir nicht nur ein neues Glück, sondern auch die Gefahr empfindlicher Verletzung. Denn wer sich ins Feuer der Liebe begibt, trägt nicht selten schmerzhafte Wunden davon.

Romantische Komödien haben ein Happy End. Die Liebe siegt über alle Schwierigkeiten und schweißt das Paar für immer und ewig zusammen. Die schmerzhaften Verkehrungen der Liebe sind dagegen Dramen oder Psychothrillern vorbehalten. Sie beginnen mit einer viel versprechenden Begegnung, lassen die Vereinigung als möglich erscheinen und zeigen dann, wie die Menschen an deren Folgen zerbrechen oder wie die Liebe in Zerstörungswut umschlägt. Romantische Komödien führen auf Vereinigungen zu, Liebesdramen und Psychothriller lösen sie wieder auf. Was im Leben dazwischen liegt, nämlich das Bemühen um eine tragfähige

Verbindung, wird im Kino selten behandelt. Dort wird der komplette Entwicklungskreis der Liebe in einen viel versprechenden Anfang und ein bitteres Ende aufgeteilt.

Eigentlich erstaunlich, dass das Kino nur sehr wenige erfolgreiche romantische Komödien hervorbringt. Aber so leicht sie erscheinen und so viel Freude sie bereiten, so aufwändig und schwer ist ihre Entwicklung. Wirklich ausgereifte Liebeskomödien, die dem Thema einen neuen Gesichtspunkt abringen, sehen wir im Kino kaum öfter als einmal im Jahr. Von einer ausgereiften romantischen Komödie kann man sprechen, wenn sie den Rausch der erotischen Vereinigung in die großen Konflikte des Lebens einkuppelt. Wenn Liebeskomödien das Wunder der Liebe mit einem Tiefenthema beschweren, haben sie Aussicht, ein großes Publikum anzusprechen und es nachhaltig zu berühren.

Notting Hill (GB 1999)
Buch: Richard Curtis
Regie: Roger Michell

Die Meinungen über *Notting Hill* gehen auseinander. Die einen waren von dem Film mit Julia Roberts und Hugh Grant in den Hauptrollen verzaubert, andere lehnten ihn als »kitschig« ab. Letztlich entschieden jedoch die fast fünfeinhalb Millionen Zuschauer in Deutschland. Bei den weiblichen Kinobesuchern war es der beliebteste Film des Jahres. Drehbuchautor Curtis, der auch den Überraschungserfolg *Vier Hochzeiten und ein Todesfall* (GB 1993) geschrieben hat, berichtet über die Entstehung des Films Folgendes: Er habe mit Freunden im Londoner Stadtteil Notting Hill beim Abendessen zusammengesessen. Da sei die Frage aufgekommen, wie sie wohl reagierten, wenn plötzlich ein Filmstar wie Julia Roberts durch die Tür käme und bei ihnen am Tisch Platz nähme. Die Gäste versetzten sich in diese unglaubliche Situation und malten sie aus. Der Kern einer Filmidee war geboren. Curtis machte hieraus eine Liebesgeschichte und wertete die Reaktionen seiner Freunde in der zentralen Szene des Films aus, in der genau das passiert: Julia Roberts kommt unangemeldet zu Hugh Grants Freunden und speist mit ihnen zu Abend. Weiter unten werden wir diese zentrale Szene genauer untersuchen.

William Thacker (Hugh Grant) ist ein resignierter, psychisch halbtoter Mann. Kürzlich wurde er von seiner Frau wegen eines anderen verlassen. Nun lebt er mit dem koboldähnlichen Untermieter Spike (Rhys Ifans) im Stadtteil Notting Hill und verkauft Reisebücher, obwohl er selbst London so gut wie nicht mehr verlässt. Sein Lebenswille wird wieder erweckt, als ihm der Zufall die berühmteste Schauspielerin der Welt, Anna Scott (Julia Roberts), in den Laden führt. Aus dieser Begegnung entsteht eine Anziehung, die beiden Beteiligten das Leben zunächst nicht leicht macht. Anna kann nicht glauben, von William wirklich um ihrer selbst willen geliebt zu werden. Sie befürchtet, dass Männer in ihr nur den Star, nicht aber die Frau sehen. Und William hat eine Heidenangst davor, noch einmal verlassen zu werden. Er kann sich nicht vorstellen, dass der Traum aller Männer gerade einem Durchschnittsmenschen wie ihm die Treue halten soll. Nach mehreren Begegnungen – und insgesamt sechs Trennungen, die jedes Mal endgültig zu sein scheinen – sieht es so aus, als seien die sozialen Unterschiede unüberwindlich und die persönlichen Hindernisse nicht mehr aufzulösen. In dieser Situation kommen William seine Freunde zu Hilfe. Sie sorgen dafür, dass der von dem Star mehrmals Verletzte seiner inneren Stimme folgt und Anna auf einer Pressekonferenz im Hotel Savoy, also praktisch vor aller Welt, einen Heiratsantrag macht. Es ist dieser unglaubliche Mut, der den misstrauischen Star schließlich von seiner Liebe überzeugt. Das Märchen wird wahr: Der traurige, einsame Mann und die begehrteste Frau der Welt werden ein Paar.

Getrennt – vereint

Platon berichtet in *Symposion* von einer Sage, die das Entstehen der Liebe erklärt: Ursprünglich habe es die Menschen nicht in der heutigen Gestalt gegeben, sondern als Wesen mit vier Beinen, vier Armen, zwei Köpfen und zwei Geschlechtern. Diese Urmenschen seien so mächtig geworden, dass sie die Götter bedrohten. Darum habe Zeus sie mit einem Schwert in zwei Hälften geteilt, wodurch Mann und Frau entstanden seien. Sobald sie sich ihrer Trennung bewusst wurden, strebten die geteilten Wesen jedoch wieder zueinander. »Sie schlangen die Arme umeinander und schmiegten sich zusammen, voll Begierde zusammenzuwachsen.« Gemäß dieser Sage ist die Trennung also der Grund für das Verlangen der Menschen, in der Liebe eins zu werden. In der Analogie ist es die erste Aufgabe einer jeden romantischen Komödie, eine Situation zu finden, die zwischen den Helden der Geschichte einen unüberwindlichen Graben eröffnet. Um die Dynamik der Vereinigung zu erzeugen, braucht sie ein trennendes Hindernis. Richard Curtis hatte mit der Ausgangssituation von *Notting Hill* nicht nur eine gute, sondern eine Königsidee. Denn Anna und William leben tatsächlich in unterschiedlichen Welten. Er ist ein Niemand, sie ist berühmt. Er ist arm und sie reich. Er lebt in London, sie in Hollywood. Sie ist eine »Göttin« und er ein normaler Mensch. Wenn aus William Thacker und Anna Scott ein Paar werden soll, muss einiges passieren! Das ist zweifellos eine ungewöhnlich reizvolle Ausgangslage für eine romantische Komödie.

Der Film macht die Unterschiede zwischen den beiden Protagonisten am Anfang drastisch deutlich. Er beginnt mit einer eleganten Montage, die Anna Scott in ihrer Starwelt zeigt: Zeitschriftencovers, Filmaufnahmen, Modefotos, Abbildungen von Klatschseiten, Szenen aus TV-Magazinen und glänzende Auftritte bei Premieren. Es ist das berühmte Lächeln Julia Roberts', das zu den Klängen des Chansons »She« von Charles Aznavour in glamouröse Kontexte gestellt wird. Die Zuschauer werden mit dem Bild eines Stars bekannt gemacht, lernen den Menschen Anna Scott jedoch nicht kennen. Nach dem letzten wunderbaren Lächeln wechselt der Film den Stil. Er zeigt William Thacker auf seinem Weg durch das Notting Hill der kleinen Leute mit ihren unbedeutenden Geschäften, Sehnsüchten und Misserfolgen. So sehr Anna sich vom alltäglichen Leben abhebt, so sehr steckt William mittendrin. Als er auf sein kleines Reihenhaus zugeht, erzählt seine Off-Stimme den Zuschauern, er sei von seiner Frau wegen eines Mannes verlassen worden, der Ähnlichkeiten hat mit Harrison Ford. Und in der unaufgeräumten Küche begegnet er seinem Mitbewohner Spike, ein zur Verwahrlosung neigender Spinner, der zwar aufgeregt mit William redet, ihn aber gar nicht wahrzunehmen scheint. Die Zuschauer kennen die Regeln der romantischen Komödie. Sie wissen, dass sich die Geschichte um die Vereinigung zwischen dem Star und dem resignierten Mann in Notting Hill drehen wird. Für sie beginnt die Liebesgeschichte schon lange bevor die Protagonisten sich in der Filmhandlung das erste Mal treffen. In ihnen regt sich schon jetzt die Erwartung, dass aus diesen beiden durch Welten getrennten Menschen ein Liebespaar werden wird.

Doch warum wird aus ihnen eigentlich ein Paar? Wie kann man sich die Anziehungskraft zwischen der Schauspielerin Anna Scott und dem Buchhändler William Thacker erklären? Wenn man die Geschichte aus Williams Perspektive betrachtet, bieten sich folgende Erklärungen an: Erstens: Wir begehren, was wir nicht bekommen können. Dass er die am meisten umschwärmte Frau der Welt kennen lernt, weckt in ihm die Sehnsucht nach dem Unmöglichen. Das ist bei vielen Liebenden ein Motiv, aber es ist nicht alles. Zweitens: Wir lieben, was uns eine Entwicklung verspricht. Anna bedeutet für William die Chance, aus seiner todesähnlichen Resignation herauszukommen. Sie weckt in ihm die Hoffnung, ins Leben zurückzufinden. Aber wie sieht es aus der Perspektive Annas aus? Sie erkennt in William die Chance, um ihrer selbst willen geliebt zu werden. Denn er ist von allen Figuren der Einzige, der Anna Scott nicht wie einen Star behandelt. Alle anderen sehen in ihr das durch die Medien vermittelte Bild und verhalten sich dementsprechend. Aber William behandelt Anna wie jede andere Frau. Also drittens: Wir lieben denjenigen, der uns ein Gefühl von uns selbst geben kann. Mit diesen drei aus der Geschichte ableitbaren Begründungen soll nicht gesagt werden, dass die Liebe zwischen zwei Menschen restlos erklärbar sei. Deshalb viertens: In jeder Liebe steckt ein wunderbarer Kern, der durch Erklärungen nicht aufzulösen ist.

Die Konflikte zwischen Filmstar und Buchhändler werden in *Notting Hill* wie bei einer Springprozession überwunden: zwei Schritte vor, einen zurück. Mehrmals führt der Film die berühmte Schauspielerin in Williams kleine Welt, und immer wieder zieht sie sich aus ihr zurück. Als sie dieses erschöpfende Hin und Her schließlich mit einer Entscheidung beenden will, wendet er sich von ihr ab. Alles scheint verloren, aber auf einer großen Pressekonferenz im Hotel Savoy findet die Vereinigung schließlich doch noch statt. Hunderte von Journalisten sind im Saal, William gibt sich als Reporter der Zeitschrift *Horse and Hound* aus. Auf dem Podium sitzt Anna mit ihrem Manager und beantwortet die Fragen. Überall im Saal Bildschirme, in denen Annas ernstes Gesicht zu sehen ist. William überwindet seine Scheu und spricht sie an. Vor laufenden Kameras und den erstaunten Journalisten macht er Anna einen Heiratsantrag. Sie nimmt ihn an und verspricht, für immer zu bleiben. William steht strahlend zwischen den Monitoren, auf denen jetzt Annas berühmtes Lächeln zu sehen ist. Im Saal bricht begeisterter Applaus aus und Williams Freunde fallen sich vor Freude um den Hals. Aber nach wie vor ist das Liebespaar durch die Weite des Raums voneinander getrennt.

Das Besondere an dieser Szene ist, dass sie eine starke Wirkung hat, obwohl sich auf der Handlungsebene nur wenig ereignet. Keine Umarmung, kein Kuss und kein Sex. William und Anna stehen weit voneinander entfernt im Saal und lächeln. Sie sind noch nicht einmal zusammen in einem Bild zu sehen. Und doch entfaltet dieser Moment die für ein Happy End charakteristische Magie. Alles was der Film an Erwartungen und Hoffnungen in Gang setzte, läuft in dieser Szene auf eine abschließende Erfüllung zu, findet aber in der sichtbaren Aktion der Protagonisten nur einen gebremsten Ausdruck. Aber im Applaus der anwesenden Journalisten, in der Erleichterung der Freunde und ihren spontanen Umarmungen bricht sich der Rausch der Vereinigung dennoch Bahn. Dem Filmerleben bleibt nichts anderes übrig, als sich in diesen Nebenbildern zu ergehen. Dies ist eine hervorragende Modellierung eines Happy Ends, weil sie dessen Wirkung über eine Brechung verstärkt.

Erste Begegnung

Zu den obligatorischen Szenen einer romantischen Komödie gehört die Situation, in der das Paar, das von seiner Liebe noch nichts weiß, sich zum ersten Mal begegnet. Dieser Moment fällt nicht notwendig mit dem Augenblick zusammen, in dem für das Publikum die Liebesgeschichte beginnt. In *Notting Hill* sind die Zuschauer den Protagonisten weit voraus. Nachdem ihnen der Vorspann ein Bild von Anna Scott vermittelt hat und sie William in seinem verträumten Stadtviertel kennen gelernt haben, ist für sie klar, dass aus dem Buchhändler und der Schauspielerin ein Paar werden wird. So gut kennen sie die Regeln des Genres. Der Vereinigungssog ist im Erleben der Zuschauer wirksam, lange bevor die Figuren auf der Leinwand davon wissen, und sie warten darauf, dass sie sich begegnen. Daher ist es für sie auch keine Frage, dass es Anna Scott ist, die Williams Laden in eben dem Moment betritt, in dem sein Mitarbeiter Martin (James Dreyfus) Kaffee holen gegangen ist.

Sie verfolgen ihren Auftritt aus Williams Blickwinkel. Er ist im Vordergrund im Profil zu sehen, als eine Frau mit schwarzer Lederjacke, großer Sonnenbrille und Mütze im Hintergrund den Laden betritt und in einem Regal zu stöbern beginnt. Während die Zuschauer Williams Gesicht scharf sehen, ist die weibliche Gestalt nur undeutlich zu erkennen. Und doch haben sie sofort das Gefühl: Das muss sie sein! Eine Bestätigung folgt auf dem Fuße. Denn William bringt eine leichte Verwunderung zum Ausdruck. Das deutet darauf hin, dass er erkannt hat, wer seinen Laden betreten hat. In seinem einleitenden Off-Kommentar hatte er mitgeteilt, dass er Anna Scotts Filme kennt. Diese Art, die Hauptdarstellerin in die Welt des Helden einzuführen, praktisch ohne sie zu zeigen, ist ungewöhnlich wirksam. Denn so sind die Zuschauer dazu angehalten, den minimalen Anhalt, den der Film ihnen gibt, mit eigenen Vorstellungen zu einem kompletten Bild zu ergänzen. Sie sehen Anna nicht, sondern bilden sie in ihrer Imagination heraus, schaffen sie also gewissermaßen selbst. Ähnlich wie in der Klimaxszene intensiviert Roger Michells Regie auch hier die Wirkung, indem er dem Publikum eine Eindeutigkeit vorenthält.

Als William seine Kundin anspricht, wendet Anna der Kamera zum ersten Mal ihr Gesicht zu, aber sie verhält sich scheu und abweisend. Zweimal gibt sie dem Buchhändler eine Abfuhr, gibt ihm kühl zu verstehen, dass sie seinen Rat bei der Auswahl nicht braucht. Die ganze Kluft zwischen dem Star, der nichts mehr befürchtet, als belästigt zu werden, und dem resignierten Verkäufer von Reiseliteratur wird in dieser Interaktion spürbar. Es wird große Anstrengungen kosten, diese Kluft zu überwinden. Eigenartigerweise lenkt der Film in genau diesem Augenblick von der Haupthandlung ab: William schaut auf einen Überwachungsmonitor und entdeckt im Nebenraum einen Bücherdieb. Er entschuldigt sich bei seiner Kundin und stellt den Dieb mit Humor, aber auch Entschiedenheit zur Rede. Auch mit diesem Nebenschauplatz erzeugt der Film eine Brechung. Die Annäherung der Protagonisten wird auf ein Warteglas geschoben und scheinbar vernachlässigt. Tatsächlich aber wirkt die Szene mit dem Dieb wie ein Katalysator. Denn darüber zeigt William, dass er Humor hat und sich durchzusetzen versteht. Anna, die ihn beobachtet hat, kommt aus ihrer Reserve heraus und macht ihrerseits einen Witz. So ist das anfängliche Eis gebrochen und zwischen den Protagonisten findet ein erster, von verhaltener Sympathie getragener Austausch statt. Die Konfrontation zwischen William und Anna wendet sich über den dreisten Dieb, der zu allem Überfluss der Schauspielerin auch noch seine Telefonnummer anbietet, in ein gemeinsames Schicksal.

Jetzt könnte es losgehen. Die Zuschauer sind voller Erwartung auf den nächsten Zug. Wer wird ihn machen? Aber der Film hat diese Erwartung auch deshalb erzeugt, um sie mit der nächsten Wendung enttäuschen zu können: William macht noch den einen oder anderen bemühten Scherz, verkauft Anna ein Buch, sie bedankt sich mit einem Lächeln und verlässt den Laden. Alles verweist darauf, dass es für immer ist. William lässt die Begegnung in sich nachwirken. Er fasst sich an den Kopf, als habe er eine Halluzination gehabt. Martin kommt mit dem Kaffee zurück und wird auf die seltsame Versponnenheit seines Chefs aufmerksam. Ob jemand da gewesen sei, will er wissen. Aber William winkt ab. Nein, es sei nichts gewesen. Er will die Begegnung für sich behalten. Das gibt den Zuschauern das Gefühl, in ein Geheimnis eingeweiht zu sein, und macht sie unweigerlich zu Komplizen. Auch eine Technik, den Vereinigungssog intensiv spürbar werden zu lassen.

Erste Vereinigung

Die Verwandlung in eins, die die Zuschauer bei einer romantischen Komödie durchleben, braucht Zwischenstücke, Fortschritte und Rückschritte, an denen sie sich ausgestalten kann. *Notting Hill* setzt wiederholt auf das Moment der Trennung, bietet aber auch immer wieder Szenen an, in denen die Vereinigung weitergeführt wird. Hierzu gehört die Sequenz, die Drehbuchautor Curtis und seine Freunde an jenem Abend, an dem die Idee zu *Notting Hill* geboren wurde, in ihren Gedanken entwarfen. Sie hat drei Teile und ist ein kleines Meisterwerk für sich. Im ersten Teil wird der Unterschied der zu vereinigenden Welten deutlich gemacht. Der zweite Teil ist ein romantischer Übergang, der die Gegensätze ohne Differenzierung verschmilzt. Der dritte und letzte Teil macht über weitere Differenzierungen spürbar, dass die Halbgöttin aus Hollywood und die kleinen Leute aus Notting Hill tatsächlich ein und dieselbe Wirklichkeit teilen.

Max (Tim McInnerny) und Bella (Gina McKee) haben ihre Freunde in ihr Haus eingeladen, um den Geburtstag von Williams Schwester Honey (Emma Chambers) zu feiern. Sie wissen nicht, dass William Anna Scott mitbringen wird. Die Zuschauer sind mit ihrem Wissen also den Figuren voraus und können aus sicherer Distanz beobachten, wie die Ahnungslosen auf das Erscheinen des Stars reagieren. Die querschnittsgelähmte Bella kontrolliert ihre Überraschung und reagiert wie eine englische Lady. Max verschlägt es für einen Moment die Sprache, dann wird er förmlich und bietet Anna ein Glas Wein an. Honey gerät sofort außer Rand und Band. Sie bietet dem Star spontan an, seine beste Freundin zu werden. Anna nimmt alle Reaktionen gelassen und freundlich entgegen. Bernie (Hugh Bonneville) arbeitet an der Börse und kommt, wie immer, zu spät. Er erkennt die Schauspielerin nicht, und die anderen belassen ihn – nicht ohne eine kleine Portion Sadismus – in seiner Unwissenheit. Um ein wenig Smalltalk zu machen, setzt er sich zu Anna und fragt sie, in welcher Branche sie tätig sei. Anna antwortet wahrheitsgemäß. Schauspieler beneide er nicht, meint Bernie daraufhin, denn die würden in der Regel sehr schlecht bezahlt. Ja, davon habe sie gehört, sagt Anna höflich. Wie hoch denn zum Beispiel in etwa ihre letzte Gage gewesen sei, möchte Bernie nun wissen. Anna antwortet ehrlich. Sie sagt, es seien 15 Millionen Dollar gewesen. Bernie muss schlucken. Eine peinliche Pause entsteht. Mit einem »Na, das ist doch ganz in Ordnung!« zieht er sich aus der Verlegenheit und weiß nicht, ob er sich auf den Arm genommen fühlen soll. Etwas später, als Bernie erfährt, dass er die bestbezahlte Schauspielerin der Welt nach ihrem Einkommen gefragt hat, fällt es ihm wie Schuppen von den Augen. Natürlich kennt er Anna Scott! Er hat nur nicht damit gerechnet, sie im Haus seiner besten Freunde anzutreffen.

Teil zwei dieser Sequenz ist eine kurze Montage, in der Anna den fünf Freunden bei der Unterhaltung am Tisch zusieht. Sie ist mit einem gefühlvollen Song unterlegt, über den der Dialog in den Hintergrund rückt. Die Kamera umkreist die kleine Gesellschaft, und an Annas glänzenden Augen und entspanntem Lächeln kann man sehen, dass sie sich unter diesen Menschen wohl fühlt. Im Raum brennen mehrere Kerzen, deren warmes Licht das Gesicht der Schauspielerin einzurahmen scheint. Und doch hebt die sehnsuchtsvoll-glückliche Stimmung, die mit diesen Bildern entsteht, die Unterschiede zwischen William und Anna für einen langen Moment auf.

Der dritte Teil greift diese Stimmung auf und vertieft sie. An dem letzten Gebäckstück auf dem Tisch, einem so genannten Brownie, entwickelt sich eine Diskussion darüber, wer im Leben wohl das schlechteste Los gezogen und daher ein Anrecht auf den Kuchen habe. Bernie meint, als Single und von der Arbeitslosigkeit bedrohter Broker sei er doch ziemlich schlecht dran. Aber Honey widerspricht ihm. Ihre Frisur, ihre welkenden Brüste und ihre Vorliebe für gewalttätige Männer zeigten, dass sie die Unglücklichste sei. Nun schaltet sich Bella ein, und die ironische Stimmung wandelt sich in bitteren Ernst. Sie sei an den Rollstuhl gefesselt und, noch viel schlimmer, sie könne keine Kinder bekommen. Das betretene Schweigen wird von Max, der seine Frau aufmerksam beobachtet, unterbrochen. So leicht lasse er sich nicht beeindrucken. William verdiene eindeutig den Brownie, denn er habe chronisches Pech mit den Frauen, und wenn Anna erst einmal seinen Spitznamen erführe, wäre auch sie auf und davon. Bei dieser Beweislage kann William nicht widersprechen. Er greift nach dem Kuchen, wird aber von Anna aufgehalten. Ob denn keiner ihr Unglück hören wolle? Die Anwesenden lachen ungläubig. Kann die bestverdienende Schauspielerin der Welt wirklich unglücklich sein? Doch dann berichtet Anna von ihrer Einsamkeit und von ihrer Angst, im Alter die Sympathien des Publikums zu verlieren. Auch zählt sie die schmerzhaften Schönheitsoperationen auf, die sie über sich ergehen ließ. Der letzte Punkt gibt Max Gelegenheit, Anna die Glaubwürdigkeit in diesem Punkt abzusprechen, womit er das Gespräch für beendet erklärt. Alle haben sich auf einer tiefen Ebene berührt und wirken gelöst. Sie haben sich versichert, dass sie auch die schwierigen Seiten des Lebens miteinander teilen. Das Gefühl von Gemeinsamkeit, das sich hierüber ausformt, vertieft die romantische Verschmelzung des zweiten Teils. Die Unterschiede und Kollisionen des ersten Abschnitts haben sich spürbar aufgelöst und die Stimmung der Zuschauer hat sich verwandelt.

Komplikationen

Wenn man es von außen betrachtet, ist die Annäherung zwischen Mann und Frau unkompliziert: Sie begegnen sich, gehen miteinander aus, besuchen sich in ihren Wohnungen, kommen einander näher, berühren sich, entkleiden sich und verschmelzen in der Sexualität zu einem Organismus. Aber Filme, die ihre Liebesgeschichte auf diese Weise erzählen, sind langweilig. Denn tatsächlich stellen sich zwei Menschen, die sich ineinander verlieben, sehr viel mehr Hindernisse in den Weg. Die Liebe führt sie ja nicht im Sinne einer einfachen Addition zusammen, sondern sie verwandelt ihr gesamtes Leben. Es sind komplette Lebensbilder, die eine gemeinsame Richtung suchen. *Notting Hill* lässt dies spürbar werden wie kaum eine andere romantische Komödie. William hat sich in seine kleine, überschaubare Buchladenwelt zurückgezogen. Im Grunde ist er zutiefst enttäuscht und mag das Wagnis der Liebe nicht noch einmal eingehen. Seine Angst vor Enttäuschung ist ein größeres Hindernis als die räumliche Entfernung zwischen London und Hollywood. Anna hat nicht minder große Befürchtungen zu überwinden. Wird William die Bekanntschaft mit ihr ausnutzen? Wird er mit dieser Geschichte an die Presse gehen, um seinen Laden bekannt zu machen? Als Filmstar hat sie allen Grund, vorsichtig und misstrauisch zu sein. Die Story spitzt mit dieser Situation ein allgemeines Problem der Verliebtheit zu: Ist es möglich, durch die Bilder, die man sich voneinander macht, die einen immer auch in die Irre führen, hindurch das zu entdecken, was den anderen wirklich ausmacht? Ist es möglich, dass sich Mann und Frau wirklich begegnen? Diese Frage ist ein Tiefenthema, das *Notting Hill* niemals aus dem Blick verliert.

Eine weitere Tiefenebene wird berührt, indem der Film die Figuren in einer manchmal fast märchenhaften Kindlichkeit beschreibt. Honey, Spike und Martin wirken wie seltsame Comicfiguren oder Feen und Kobolde aus dem Märchen. Manchen mögen sie sonderbar erscheinen, anderen lächerlich, aber gerade deshalb geben sie dem Film eine ungewöhnliche Authentizität. Nicht nur William und Anna, jede Nebenrolle in diesem Film hat eine sichtbare, verletzliche Seite. Die Figuren sehnen sich nach ein wenig Glück und machen sich damit verwundbar. *Notting Hill* erzählt zwar eine Liebesgeschichte von Erwachsenen, aber er macht mit diesen Mitteln zugleich spürbar, dass wir alle in puncto Liebe wie die Kinder empfinden. Egal wie durchsetzungsfähig und stark sie erscheinen mögen, als Liebende sind die Menschen immer verletzbar. Daher suchen sie ihr Herz so gut zu schützen, wie es geht. Zugleich aber gehen sie das Wagnis ein, es dem anderen in einer Großzügigkeit zu offenbaren, die sie nur selten zur Verfügung haben. Hier sind Enttäuschungen und Verletzungen angelegt. Die Zuschauer mögen ihre Sehnsucht nach der kindlichen Liebe tief vergraben haben und sie hüten wie einen Schatz, aber sie nutzen Filme wie *Notting Hill*, um ihr in einem geschützten und anonymen Rahmen Ausdruck zu verleihen.

Verletzbarkeit

Es gibt eine Szene in *Notting Hill*, über die die Meinungen stark auseinander gehen. Die einen finden sie tief berührend und die anderen abstoßend kitschig: Als William Anna, nach all den Verletzungen, die er von ihr erfahren hat, schließlich aufgegeben hat, kommt sie noch einmal in seinen Laden. Da steht sie inmitten der Reisebücher, ungeschminkt und gekleidet wie ein Teenager. Man hat das Gefühl, wenn man sie nur mit einem Finger berührt, wird man sie schon verwunden. Sie hat ein Geschenk mitgebracht, ein in Papier gehülltes Bild, und sie möchte nicht, dass William es in ihrer Gegenwart auspackt. Man kann diese Szene als den inhaltlichen Nabel des Films verstehen. Denn hier präsentiert sich der Star in einer ungeahnten Verletzbarkeit. Anna hat es aufgegeben, sich zu schützen, sich hinter den Linien Beverly Hills zu verschanzen, und kommt, um William zu fragen, ob er mit ihr zusammen sein möchte. Keine Beeindruckung durch Ruhm, Outfit und Geld, sondern schutzlose Offenlegung ihrer Liebe. Nicht nur die Zuschauer werden von dieser Zuspitzung überrascht. Auch William zeigt sich hilflos.

Autor Curtis und Regisseur Michell waren sich des Risikos dieser Szene bewusst. Sie spürten, dass es einer geschickten und einfühlsamen Vorbereitung bedurfte, damit sie von den Zuschauern angenommen werden kann. Also bauten sie Zwischenstücke ein, über die das Publikum zum einen die Dichte des Augenblicks steuern, über die zugleich aber die Klimax der Szene ihre größte Wirkung entfalten kann. Das Mittel der Wahl fanden sie wieder in der Brechung: Als sich Anna und William im Laden beklommen gegenüberstehen, wird die Tür aufgestoßen und ein Kunde kommt herein. Am Anfang des Films hatte sich William von ihm tyrannisieren lassen. Doch jetzt schickt er ihn mit einer entschiedenen Bemerkung hinaus. Das ist Zwischenstück Nummer eins. Etwas später kommt Martin, Williams Mitarbeiter, aus dem Büro und teilt ihm mit, seine Mutter sei am Telefon. Dieses Zwischenstück Nummer zwei ist eine hervorragende Wahl! Wer sonst als die Mutter des Mannes sollte sich dazwischen schieben, wenn sich die Liebenden schutzlos gegenüberstehen? Als sei diese Wendung noch nicht genug, versucht nun Martin, der berühmten Schauspielerin ein Kompliment zu machen, verwechselt sie aber mit Demi Moore, einem anderen Hollywood-Star. Die Zuschauer müssen über den drolligen, aber sympathischen Mann lachen. Sie ahnen nicht, dass die Szene sie mit Zwischenstück Nummer drei auf ihren finalen Dolchstoß vorbereitet.

Denn als William wieder im Laden steht und Martin sich ins Büro zurückgezogen hat, kommt es zu einer erstaunlichen und in ihrer Wirkung fast schmerzhaften Offenlegung. William spricht den Punkt Verletzung an. Er meint, eine weitere Zurückweisung könne er nicht ertragen. Um sich zu schützen, müsse er Annas Angebot zurückweisen. Diese zeigt sich zunächst noch ganz als disziplinierte Schauspielerin. Sie könne Williams Sicht der Dinge gut verstehen und halte sie für eine gute Entscheidung. Aber bevor sie geht, ändert sich ihr Ausdruck. Mit Tränen in den Augen erinnert sie William daran: »Ruhm und so was bedeuten doch gar nichts.

Worauf es ankommt, ist: Ich bin auch nur ein Mädchen, das einen Jungen darum bittet, es zu lieben.« Diese Bemerkung bringt nicht nur die Zuschauer dazu, den Atem anzuhalten. Auch William wirkt wie gelähmt. Er kann nicht reagieren und sieht zu, wie Anna seinen Laden wieder einmal für immer verlässt.

Notting Hill führt seine Zuschauer in eine Märchenwelt, in der die Liebenden wie verwundbare Kinder erscheinen. Die liebevoll gezeichneten und besetzten Figuren spitzen die Fragilität der menschlichen Bindungen zu, machen unser aller Angst vor Verletzung spürbar. Damit erinnert der Film die Zuschauer an die Kehrseite der Verliebtheit: »Niemals sind wir schutzloser und verletzbarer, als wenn wir lieben«, sagt Sigmund Freud, und das vor allem prägt die Atmosphäre des Films, trotz aller Komik und Romantik. Umso triumphaler wirkt der Durchbruch am Ende, wenn Anna und William die Hindernisse überwinden und ein Paar werden. Als wollte er die Zuschauer auch in diesem Happy End an die Fragilität der menschlichen Liebe erinnern, lässt Roger Michell in der letzten Szene seines Films einen kleinen Jungen und ein Mädchen durchs Bild laufen. Mal folgt das Mädchen dem Jungen und er läuft davon, mal umgekehrt. Schließlich kommen die beiden Kinder an der Bank im Park von Notting Hill an, auf der Anna und William den Sommernachmittag genießen. Annas Bauch verweist darauf, dass sie bald Eltern sein werden. Doch der Junge und das Mädchen, die um sie herumrennen, erinnern uns zum letzten Mal daran, dass wir wie Kinder empfinden, wenn wir uns verlieben.

Zum Abschluss noch ein Aspekt, der insbesondere den männlichen Zuschauer betrifft: Viele Männer träumen davon, einmal der Liebhaber eines großen Filmstars zu sein. Sie würden sich glücklich schätzen, zu den Auserwählten zu zählen. Aber sie wissen auch, dass die Wahrscheinlichkeit einer solchen Begegnung kleiner ist als ein Hauptgewinn im Lotto. Die großen Stars leben zwar unter uns wie die Götter des Altertums. Sie bestimmen unsere Sehnsüchte und Gedanken, aber sie bleiben dennoch Luftspiegelungen: wirklich und doch nicht greifbar. Daher funktioniert nicht nur für William, sondern für jeden Mann, der Julia Roberts für begehrenswert hält, der Film wie der Griff nach einer Luftspiegelung. Man »kennt« den Star aus vielen Filmen, aber er blieb doch immer dem Alltag entrückt. Und nun vermittelt *Notting Hill* das Gefühl, Julia Roberts erstmals auch »privat«, als liebende Frau, kennen zu lernen und ihrer Persönlichkeit wirklich näher zu kommen. Indem die Männer Williams Geschichte verfolgen, können sie so etwas wie eine Nähe zum Alltag des Stars genießen. Er kommt ihnen zum Greifen nahe. Und wenn sie in der Klimaxszene tatsächlich zuzugreifen glauben, hat sich die Luftspiegelung schon wieder verflüchtigt. Wieder ist es ein anderer, der die Roberts bekommen hat. Aus dem Tagtraum aufwachend, muss man erkennen: Richtig, Hugh Grant ist auch ein bekannter Schauspieler. Er hat sie bekommen und ich werde weiter träumen müssen. Aber so nah kam ich noch nie an sie heran.

Die Unfassbarkeit des Todes

D ie Menschen befassen sich nicht gerne mit dem Tod. Seine Re-alität wird von vielen verleugnet, fast wie ein Tabu behandelt. Er passt nicht in unsere Kultur, in der alles machbar erscheint. Denn er konfrontiert uns mit einer unverrückbaren Realität und lässt sich nicht in etwas anderes verwandeln. Er schert sich nicht um unsere Ängste und Hoffnungen. Er ist eine empfindliche Krän-kung des modernen Menschen, der sich daran gewöhnt hat, mithilfe von Apparaten, mit Unterstützung der Medizin und im Rahmen der Medienunterhaltung immer wieder eine neue Chance zu be-kommen.

Im Kino ist der Tod allgegenwärtig. Die Zuschauer kennen ihn als tragischen Tod, wenn sich die Dinge im Ganzen zum Guten fügen, aber der Held von seinem unausweichlichen Schicksal dennoch ereilt wird. Es gibt den Heldentod, bei dem sich der Protagonist allein gegen eine die ganze Mensch-heit bedrohende Macht stellt und in diesem Kampf sein Leben opfert. Manche Filme erzählen vom Liebestod, der die Betroffenen für immer und ewig aneinander schweißt. Manchmal bekommt man auch einen absurden Tod zu sehen, der sich jeder Begründung entzieht. Action-, Horror-, Kriegs- und Katastrophenfilme gehen mit dem Tod nicht zimperlich um. Sie lassen nicht nur ihre Protagonisten, sondern auch unzählige Nebenfiguren und Statisten umkommen. Aber so häufig sie das Publikum mit dem Tod umstellen, so selten vermitteln sie von ihm eine wirkliche Erfahrung. In diesem Kapitel wollen wir uns mit Filmen beschäftigen, in denen die

Unfassbarkeit des Todes tatsächlich spürbar wird. Im nächsten Kapitel wird untersucht, wie Filme uns mit der Unverrückbarkeit des Todes aussöhnen können.

The Sixth Sense (USA 1999)
Buch und Regie: M. Night Shyamalan

Shyamalan ist Amerikaner indischer Abstammung. Er wuchs in einer Arztfamilie in Philadelphia auf und sollte Medizin studieren. Dagegen stand seine Leidenschaft für den Film. Schon als Teenager drehte er mit der Videokamera kleine Filme, in denen Geister ihr Unwesen trieben. Seine Eltern hielten das für Spielerei und waren daher überrascht, als ihr Sohn ihnen eröffnete, er wolle die Filmschule in New York besuchen. Nachdem er zwei wenig erfolgreiche Spielfilme gedreht hatte, schrieb Shyamalan, noch keine 30 Jahre alt, das Drehbuch *The Sixth Sense*. Schon früh war ihm klar, dass er Bruce Willis für die Rolle des Psychologen Dr. Malcolm Crowe haben wollte. Willis, einer der bestbezahlten Schauspieler Hollywoods, las das Drehbuch und erklärte sich sofort bereit, mit Shyamalan zusammenzuarbeiten. Obwohl die Story Horrorelemente aufweist, beschränkte sich Shyamalan bei der Umsetzung auf traditionelle filmische Gestaltungsmittel. Kein Bild wurde digital erzeugt oder überarbeitet. Er war von der Wirksamkeit seines Stoffs überzeugt und wollte auf künstliche Effekte vollkommen verzichten. Das Konzept ging auf. Zur Überraschung aller Beteiligten rückte der Film in den USA innerhalb kurzer Zeit auf die oberen Plätze der erfolgreichsten Filme aller Zeiten. *The Sixth Sense* fand sein Publikum in beinahe allen Altersgruppen. Das ist auch deshalb erstaunlich, weil der Film ein Thema behandelt, um das die zeitgenössische Unterhaltungskultur in der Regel einen großen Bogen macht: das Verhältnis der Menschen zum Tod.

Der Kinderpsychologe Malcolm Crowe (Bruce Willis) wird von seinem ehemaligen Patienten Vincent Grey (Donnie Wahlberg) überfallen und angeschossen. Der junge Mann behauptet, er habe ihn als Kind falsch therapiert und damit sein

Leben zerstört. Ein Jahr später nimmt Malcolm Cole Sear (Haley Joel Osment) in Behandlung. Der zehnjährige Junge erinnert ihn an Vincent, und Malcolm hofft, seinen Fehler an ihm wieder gutmachen zu können. So sehr engagiert er sich für seinen neuen Patienten, dass sich seine Frau Anna (Olivia Williams) von ihm vernachlässigt fühlt und ihn mehr und mehr schneidet. Malcolm leidet unter dem Verlust der Liebe seiner Frau, lässt aber trotzdem keine Chance ungenutzt, Cole zu helfen. Der hat die Gabe, Geister von Toten zu sehen, die sich mit ihrem Zustand noch nicht abgefunden haben. Ihre ständige Gegenwart macht dem Jungen große Angst. Er möchte seiner Mutter Lynn (Toni Collette) davon nichts erzählen, weil er befürchtet, von ihr, wie von seinen Mitschülern, als »Psycho« angesehen zu werden. Malcolm kann zunächst an die Existenz der Geister nicht glauben und diagnostiziert Schizophrenie. Doch mit der Zeit ringt er sich dazu durch, Coles Worten Glauben zu schenken, und konzentriert sich darauf, seinem Patienten die Angst vor den Geistern zu nehmen. Die Anspannung des Jungen löst sich, und er findet unter seinen Schulkameraden endlich die Anerkennung, die er so lange vermisste. Auch mit seiner Mutter kann er nun über seine besondere Gabe sprechen. Damit hat Malcolm seine Chance genutzt, an dem neuen Fall seinen Fehler von einst gutzumachen. Er hat jetzt den Rücken frei, seine eigenen Eheprobleme anzugehen. Doch als er in den letzten Szenen des Films das klärende Gespräch mit Anna sucht, wird er mit einer schrecklichen Wahrheit konfrontiert: Er ist bereits seit über einem Jahr tot. Er ist einer jener Geister, die ihren Tod nicht akzeptieren wollen und daher unruhig durch die Welt ziehen. Nur weil Cole die Gabe hat, mit diesen Geistern zu sprechen, konnte Malcolm den Jungen als Psychotherapeut behandeln. Die Entfremdung zwischen ihm und einer Frau Anna war kein Eheproblem, sondern resultierte aus der Tatsache, dass er für sie seit einem Jahr nicht mehr existierte. Malcolm hat Annas Trauer als Abwendung interpretiert.

Unfassbares aktiviert

Schon mit der Anfangsszene erzeugt *The Sixth Sense* eine Atmosphäre des Unheimlichen, die sich im weiteren Verlauf wiederholt zu Momenten des Schreckens steigert. Das erste Bild ist eine Glühbirne. Nur schwach erleuchtet sie den Keller, in dem sich eine Frau suchend umschaut. Sie geht auf das Regal im Vordergrund zu und nimmt eine Weinflasche heraus. Dann steht sie für einen Moment mitten im Raum und horcht in die Stille. Ihr Körper wirft einen schwarzen Schatten an die Wand. Irgendetwas in diesem Raum beunruhigt sie. Es ist nicht zu fassen, wird aber von der Frau trotzdem erspürt. Ihre Haltung zeigt, dass ihr kalt ist. Mit einer plötzlichen Bewegung schüttelt sie ihre Ahnung ab und eilt die Kellertreppe hinauf.

Zu dieser anfänglichen Stimmung kehrt der Film immer wieder zurück. Sei es, dass in den Häusern plötzlich die Thermometer gegen den Gefrierpunkt abfallen, sei es, dass aus unerklärlichen Gründen Schränke und Schubladen offen stehen. Rätselhafte Lichtphänomene auf Fotos, aber auch die düsteren Farben und die eindringliche Musik tragen zu der Stimmung des Unfassbaren bei. Schließlich sind es die Geister der Toten, die das Publikum erschrecken und den Wunsch beleben, dass es für all diese verstörenden Phänomene eine beruhigende Erklärung gibt.

Das Erzeugen einer Atmosphäre des Unfassbaren ist in hohem Maße dazu geeignet, das Publikum zu fesseln. Weil der Film sie mit Andeutungen und rätselhaften Hinweisen strapaziert, sind die Zuschauer dazu angehalten, den Sinn des Ganzen aktiv zu erschließen. Sie selbst geben sich Antworten auf die vom Film gestellten Fragen. Sie füllen die Lücken, mit denen er sie konfrontiert. *The Sixth Sense* fesselt sein Publikum, indem er ihm einen Einblick in den ganzen Zusammenhang der Ereignisse vorenthält und es erst ganz am Ende mit einer unglaublichen Antwort überrascht.

Wuchtiger Umschwung

Ein zentraler Baustein für die Wirksamkeit von *The Sixth Sense* ist die überraschende Enthüllung von Malcolms Tod ein paar Minuten vor Ende des Films. Haben sich die Zuschauer bis hierhin auf die Geschichte eingelassen, erfahren sie diesen Umschwung als einen ungewöhnlich starken Schock. Diese Wendung, die noch lange Zeit in ihnen nachwirkt, hat wesentlich zum überraschenden Erfolg des Films beigetragen.

Malcolm kommt nach Hause und findet seine Frau auf dem Sofa. Sie hat sich das Video ihrer Hochzeit angesehen und ist darüber eingeschlafen. Er setzt sich zu ihr und spricht sie an. Doch sie fragt, warum er sie verlassen habe. Malcolm empfindet dies als ungerechtfertigten Vorwurf und protestiert. In diesem Moment fällt aus Annas Hand ein goldener Ring und rollt über das Parkett. Malcolm starrt auf den Boden; dann betrachtet er die Finger seiner linken Hand und stellt fest, dass er keinen Ehering trägt. Er schaut zum Esstisch und sieht, dass nur für eine Person gedeckt ist. Er stellt fest, dass die Möbel verstellt sind, und realisiert schließlich, dass er schon seit langer Zeit in diesem Haus nicht mehr wohnt. Ihm fallen die Worte Coles sein: »Ich sehe tote Menschen. Sie wissen nicht, dass sie tot sind. Sie sehen nur, was sie sehen wollen.« Erst jetzt versteht Malcolm den ganzen Sinn dieser Bemerkung. Ein solcher Toter, der seinen Zustand nicht wahrhaben will, ist Malcolm selbst. Er ist bereits vor einem Jahr an der Schussverletzung, die ihm sein Patient Vincent zugefügt hatte, gestorben. Erst jetzt weiß Malcolm das seltsame Verhalten seiner Frau zu deuten. Anna lässt das Hochzeitsvideo laufen, weil sie über Malcolms Tod trauert.

Im Erleben der Zuschauer vollzieht sich mit dieser Szene eine komplette Bildwendung. Alle bislang befremdlichen Seltsamkeiten bekommen nun einen Sinn. Tatsächlich: Als Malcolm durch die Straßen ging, wurde er von niemandem angesehen. Nie hat ihn jemand angesprochen. Der Einzige, der mit ihm redete, war der Junge. Stimmt: Als Malcolm damals verspätet in das Restaurant kam, reagierte Anna so ab-

weisend. Das wirkte, als wäre sie über seine Verspätung verärgert. Aber sie konnte ja nicht auf ihn reagieren, weil sie von
seiner »Gegenwart« als Geist keine Ahnung hatte. Und als
Malcolm später aus Eifersucht einen Stein in das Fenster von
Annas Laden warf und sie und ihr Mitarbeiter erschrocken
auf die Straße liefen, aber den Täter nicht entdeckten, konnten sie Malcolm auch nicht sehen. Als Geist war er für die Lebenden unsichtbar. Und es stimmt auch, dass Malcolm über
den ganzen Film dasselbe Hemd und dasselbe Sakko anhatte.
Er steckte noch immer in den Sachen, die er zur Zeit seines
Todes trug. Auf diese Weise setzen sich viele Eindrücke, die
vorher nicht einzuordnen waren, in der Vorstellung der Zuschauer zu einem schlüssigen, aber erschreckenden Gesamtbild zusammen. Sie realisieren, dass sie für eineinhalb Stunden den Toten für einen Lebenden gehalten haben.

»Heißes« Tiefenthema

Es stellt sich die Frage, womit *The Sixth Sense* die Aufmerksamkeit der Zuschauer über 107 Minuten fesselt, sodass sie
die Hinweise auf Malcolms Tod übersehen. Wenn er es derart
täuschen kann, muss der Film dem Publikum einen Inhalt an-
bieten, der sein Bewusstsein ganz einzunehmen und seine
Skepsis zu lähmen versteht. Nur ein Inhalt, der alle Menschen tief bewegt und mit dem jeder seine Erfahrungen
macht, also ein »heißes« Tiefenthema, kann diese Aufgabe erfüllen.

In einer Szene sitzen Malcolm und Coles Mutter Lynn
schweigend im Wohnzimmer. Als der Junge dazukommt, geht
seine Mutter auf ihn zu und fragt ihn, wie sein Tag gewesen
sei. Cole ist anzusehen, dass er nicht in guter Stimmung ist. Er
wirkt bedrückt. Um ihn aufzuheitern, begibt sich Lynn auf
eine spielerische Ebene. Sie erzählt von ihrem »wunderschönen Tag« und gibt mit ihrer Mimik zu erkennen, dass Cole es
ihr gleichtun solle. Coles trauriger Ausdruck weicht einem
Lächeln. Er geht auf das Spiel seiner Mutter ein und erfindet
einen ähnlich »wunderschönen Tag«. Mutter und Sohn strah-

len sich an. Sie haben sich gegenseitig »Geschichten« erzählt und sind sich dabei doch sehr nahe gekommen. Paradoxerweise können die Menschen über die Lüge Nähe herstellen. Lynn geht zufrieden in die Küche und Cole ist mit Malcolm allein. Sein Gesicht verdüstert sich erneut.

Als habe er von Lynn gelernt, wie man mit Kindern umgeht, bietet nun Malcolm dem Jungen ebenfalls ein Spiel an. Es heißt »Gedankenraten«. Er werde versuchen, Coles Gedanken zu erraten. Träfen seine Eingebungen zu, müsse der Junge einen Schritt in seine Richtung machen. Seien sie falsch, dürfe er einen Schritt zurückgehen. Wenn er auf diese Weise bis zur Tür komme, würden sie die Sitzung abbrechen und er sei frei.

Die ersten Vermutungen des Psychologen erweisen sich als richtig. Cole möchte gerne glauben, dass der fremde Mann seine intimsten Gedanken errät. Denn er ist allein mit seinen Ängsten und hat niemanden, dem er sich anvertrauen kann. Daher blitzt in seinen Augen Hoffnung auf. Mit jeder zutreffenden Vermutung macht er einen Schritt auf Malcolm zu und steht schließlich ganz nah vor ihm. Die Kamera zeigt die Gesichter in nahen Einstellungen. Es sieht so aus, als sei das Eis zwischen dem Psychologen und seinem schwierigen Patienten gebrochen. Doch dann greift Malcolm mit seiner nächsten Annahme daneben. Cole kann seine Enttäuschung nicht verbergen und macht einen Schritt rückwärts. Der Psychologe gerät unter Druck und versucht es noch einmal. Wieder verfehlt er die Erlebnisebene des Kindes. Auch die nächste Vermutung ist falsch, und Cole steht schließlich mit ernstem Gesicht am gegenüberliegenden Ende des Raumes im Türbogen. Das Spiel ist zu Ende. Cole ist jetzt frei, aber er macht noch einen letzten Versuch. Er fragt, ob der Psychologe jetzt wisse, was er denkt. Malcolm hat inzwischen resigniert. Wie verloren sitzt er in dem Sessel und schüttelt den Kopf. Cole sagt es ihm: »Ich denke, Sie sind nett, aber helfen können Sie mir nicht.« Mit diesen Worten verlässt er den Raum und lässt den Psychotherapeuten allein zurück. Die zunächst so vielversprechend in Gang gekommene Annäherung ist, so sehr sich Malcolm auch bemühte, schließlich fehlgeschlagen.

Die Szene behandelt ein Tiefenthema, das tatsächlich alle Menschen angeht, weil sie sich täglich damit auseinander setzen. Es ist das Verhältnis Annähern und Verfehlen. Die Menschen wollen sich im Verstehen näher kommen und machen zugleich die Erfahrung, dass sie sich in dieser Absicht immer auch wieder verfehlen. Wohl jeder Mensch versucht mehrmals am Tag, die Worte seines Kollegen, seines Partners oder seines Kindes zu verstehen, oder hat das Gefühl, von anderen nicht verstanden zu werden. Oft muss man hinnehmen, dass gerade gut gemeinte Anstrengungen, dem anderen im Verstehen näher zu kommen, die Kluft des Nichtverstehens noch vertiefen. Das gegenseitige Verstehen ist keine Selbstverständlichkeit. Besonders Kinder haben darunter zu leiden, wenn sie und die Erwachsenen nicht dieselbe »Sprache« sprechen. Denn Kinder legen die Welt ganz anders aus. Es kostet viel Aufwand, wirklich zu verstehen, was ein Kind zum Ausdruck bringen möchte, und jeder weiß, wie es ist, wenn man als Kind nicht verstanden wird.

Die beschriebene Szene ist kein Sonderfall. Im Gegenteil. Wenn man genauer hinschaut, wird jede vom Film beschriebene Beziehung von demselben Verhältnis bestimmt, auch die zwischen Malcolm und seiner Frau Anna. Wann immer der Psychologe einen Schritt auf Anna zugeht, weicht sie ihm aus. Je mehr er sich mitzuteilen versucht, desto abweisender wird sie. In einigen Szenen kommt die Hoffnung auf, dass eine Versöhnung möglich ist. Doch kurze Zeit später steht Malcolm wieder vor einer eisigen Wand. Die Zuschauer werden von diesen Szenen gepackt, weil sie sich mit ihren eigenen vergeblichen Versuchen, jemandem nahe zu kommen, verstanden fühlen.

Zwischen Cole und seiner Mutter Lynn besteht das gleiche Problem. Der Junge traut sich nicht, seine Mutter in sein Geheimnis einzuweihen. Sein Schweigen führt zu immer neuen Situationen des Missverstehens. Lynn versucht sie vergeblich zu überwinden. Am stärksten kommt das Verhältnis von Annähern und Verfehlen in jener Szene zum Ausdruck, in der Mutter und Sohn am Küchentisch sitzen und zu Abend essen. Ein Schmuckstück Lynns ist verschwunden. Sie glaubt, Cole habe es genommen. Doch der weiß, dass der Geist seiner Großmutter es aus der Schublade geholt hat. Weil er sich Lynn nicht offenbart, muss sie ihn verdächtigen. Mehrmals verlangt sie von ihm endlich zuzugeben, dass er den Anhänger genommen hat. Als Cole immer noch nicht einlenkt, schreit sie ihn an und schickt ihn ins Bett. In seinem Zimmer trifft der verängstigte Junge auf einen Geist. Vor Angst zitternd läuft er zu seiner Mutter zurück und bittet sie, ihn nicht allein zu lassen. Lynn kann ihn nur ratlos in die Arme schließen. Eindringlicher kann das Drama von Annäherung und Verfehlen kaum dargestellt werden.

Umgang mit dem Tod

Manchen Filmen gelingt es, das Publikum in Wirkungsfolgen einzubeziehen, deren komplette Verlaufsgestalt sich zu einem Symbol des Lebens ausformt. *The Sixth Sense* ist, im Ganzen gesehen, ein Symbol für unseren Umgang mit dem Tod. Schon die erste Szene im Keller erzeugt das Gefühl, dass etwas wirksam ist, was wir nicht fassen können. Das entspricht den Ahnungen von der Realität des Todes, die uns im Alltag immer wieder beschleichen. Wir wissen, da ist etwas, was unser Leben bestimmt, aber wir bekommen es nicht zu fassen. Dann führt der Film einen Mord vor und zeigt die Wirkung: Bauchschuss. Eine Verletzung, die der Mensch selten überlebt. Wir könnten dies als einen Hinweis auf Malcolms Tod auswerten, zumal die Geschichte uns mit weiteren Belegen reichlich versorgt. Aber wir wählen die andere Option: Malcolm hat den Anschlag überlebt. Es ist noch einmal gut gegangen.

Immer wieder konfrontiert der Film mit Wirkungen, deren Grund wir nicht zu fassen bekommen: Schubladen stehen offen und die Temperatur fällt ab. Über eineinhalb Stunden zeigt er einen Menschen, der beziehungslos durch die Welt der Lebenden geht. Schließlich führt er sogar die Geister der Toten vor. Der Film macht uns in Hinblick auf die Allgegenwart des Todes also nichts vor. Aber wir verleugnen all diese

Hinweise. Wie so oft im Leben, gehen wir auch im Kino über sie hinweg. Wie zum Ausgleich lassen wir uns stattdessen von dem Ringen um Verständigung, das die Beziehungen der Figuren bestimmt, gefangen nehmen. Auch in dieser Hinsicht verhalten wir uns im Alltag nicht anders: Damit uns die Realität des Todes nicht zu sehr bedrückt, werfen wir uns in die Dramen und die Komödien des Lebens. So lange es geht. Das kann sich bis zum Zwang steigern: Noch einen Streit vom Zaume brechen, noch einen Prozess führen, noch eine aufregende Liebesgeschichte beginnen, noch eine Reise unternehmen, die uns die Begrenztheit des Lebens vergessen lässt. Manche Menschen werden auf diese Weise tatsächlich erst am Ende ihres Lebens von der Realität des Todes eingeholt. Die Gefühle, die mit dem abschließenden Umschwung in *The Sixth Sense* verbunden sind, sind eine kleine Probe auf den nicht mehr zu verleugnenden Einbruch des Todes, wenn man sich dem Austausch mit ihm über Jahrzehnte entzogen hat.

Aber *The Sixth Sense* bietet auch eine Alternative an. Auch der kleine Cole hat zunächst Angst vor den ruhelosen Toten. Er begegnet ihnen mit Flucht und Vermeidung. Als Malcolm verstanden hat, worunter der Junge leidet, rät er ihm, den Geistern nicht länger auszuweichen. Malcolm sagt, er solle auf sie zugehen und sie fragen, was sie von ihm wollen. Er soll sie zu verstehen suchen. Cole befolgt den Rat des Psychologen und überwindet auf diese Weise seine Angst. Von nun an wirkt er wie von einer schweren Last befreit. Die Geister sind nach wie vor da, aber er fühlt sich von ihnen nicht mehr bedroht. Die Toten sind zu Gefährten seines Lebens geworden. Ähnlich kann auch für uns der Tod fassbarer werden, wenn wir die alltäglichen Hinweise auf seine Realität nicht verleugnen, sondern ihnen einen Platz im Leben einräumen.

The Others (E / USA 2001)
Buch und Regie: Alejandro Amenábar

Zwei Jahre nach *The Sixth Sense* kam *The Others* in die Kinos. Auch dieser Film kalkuliert die Bereitschaft der Menschen, die Realität des Todes zu verleugnen, in seinen Rezeptionsprozess mit ein und erzeugt damit eine verblüffende Wirkung. Die Geschichte spielt auf der Kanalinsel Jersey kurz nach Ende des Zweiten Weltkrieges. Dort lebt Grace Stewart (Nicole Kidman), deren Mann Charles aus dem Krieg nicht zurückgekehrt ist, mit ihren kranken Kindern in einem großen, einsam gelegenen Haus. Anne (Alakina Mann) und Nicholas (James Bentley) leiden unter einer schweren Lichtallergie und müssen daher die Tage in abgedunkelten Räumen verbringen.

Unheimliche Atmosphäre

Die Zuschauer sind zunächst mit der düsteren Atmosphäre des Hauses beschäftigt, in dem die Türen von Grace sorgsam verschlossen werden und die Vorhänge meist zugezogen sind. Dies dient dem Schutz der Kinder, die Höllenqualen auszustehen hätten, wenn sie dem Tageslicht ausgesetzt wären. Grace ist von ihren Hausangestellten eine Woche zuvor plötzlich verlassen worden. Auch der Postbote kam seitdem nicht mehr zu ihnen. Plötzlich tauchen eine rundliche Frau, ein alter Mann und ein stummes Mädchen auf und bieten ihre Dienste an. Grace nimmt sie auf, aber an dem Ausdruck von Mrs. Bertha Mills (Fionnula Flanagan), der rundlichen Frau, kann man ablesen, dass mit diesem Haus etwas nicht stimmt. An Grace fällt auf, dass sie sich mit ungewöhnlicher Hingabe um das körperliche und seelische Wohl ihrer Kinder kümmert. Insbesondere die religiöse Erziehung der Kleinen liegt ihr am Herzen. Man kann sich nicht erklären, warum sie mit den Kindern so streng ist. Hat sie vielleicht etwas wieder gutzumachen?

Dann nehmen unerklärliche Geräusche die Aufmerksamkeit der Zuschauer gefangen. Anne scheinen sie nicht weiter zu beunruhigen, aber ihrem jüngeren Bruder Nicholas machen sie große Angst. Im ersten Stock ist ein lautes Poltern und Trampeln zu hören. Man möchte es dem ungeschickten Zimmermädchen Lydia (Elaine Cassidy) zuweisen, doch im nächsten Augenblick wird gezeigt, dass sie sich im Garten aufhält. Wer hat das Geräusch erzeugt? Es passiert etwas im Haus, aber man bekommt es nicht zu fassen.

Schließlich finden die Ereignisse eine Erklärung. Grace wird auf eine Zeichnung Annes aufmerksam, auf der drei Erwachsene und ein Kind abgebildet sind. Anne behauptet, sie habe die Menschen im Haus gesehen. Da sie die Aussagen ihrer Tochter nicht bestätigen kann, die seltsamen Geräusche aber auch nicht nachlassen, bleibt Grace nichts anderes übrig, als sie den Geistern von Toten zuzuschreiben. In dem großen alten Haus spukt es, und offensichtlich hat das sensible Mädchen die Gabe, diese Geister zu sehen. Grace bringt damit die Vermutungen der Zuschauer auf den Punkt.

Rätsel und Lösung

Die unheimlichen Erscheinungen haben damit zwar eine Erklärung gefunden, dafür aber brechen neue Rätsel auf. Die drei Bediensteten scheinen vor Grace etwas zu verbergen. Die Zuschauer beobachten, dass der alte Gärtner im Park Grabsteine mit Laub bedeckt. Man kann sich nicht erklären, was er damit beabsichtigt, nimmt aber an, dass es mit dem Spuk im Hause in Zusammenhang steht. Zugleich verdichten sich die Hinweise, dass mit Grace etwas nicht stimmt. In einer Szene glaubt sie in dem Gesicht ihrer Tochter die Züge einer alten Frau zu erkennen, gerät darüber in Panik und greift das Mädchen an. Ihr Ehemann Charles (Christopher Eccleston), der nun doch nach Hause gekommen ist, macht ihr schwere Vorwürfe, und man hat das unbestimmte Gefühl, dass diese sich nicht nur auf den jüngsten Vorfall beziehen. Was hat Grace getan? Warum erinnert Anne ihren kleinen Bruder wiederholt daran, dass die Mutter unberechenbar sei und von Zeit zu Zeit die Beherrschung verliere? Die unbeantworteten Fragen schließen die Zuschauer aus dem Ganzen der Geschichte aus und zwingen sie dazu, sich mit Vermutungen zu beschäftigen. Der Film ist ein Rätsel, das man nicht gelöst bekommt, und er versetzt die Zuschauer in eine angespannte Erwartung.

Dann kommt es zu einer Furcht erregenden Zuspitzung. Als die Kinder eines Morgens erwachen, sind alle Vorhänge im Haus abgenommen und lassen sich nicht mehr auffinden. Das Tageslicht kann den Tod der Kinder bedeuten. Sie schreien vor Angst und suchen sich im Schatten der Möbel zu schützen. Grace macht Mrs. Mills schwere Vorwürfe. Deren Bemerkung, dass die Lichtallergie der Kinder inzwischen zurückgegangen sein könnte, möchte man gerne Glauben schenken, kann sie sich aber auch nicht erklären. Wie kommt die alte Frau zu dieser Vermutung? Sie wirkt kalt und zynisch. Es verhärtet sich der Verdacht, dass die drei seltsamen und aus dem Nichts erschienenen Bediensteten die Geister sind, von denen das Haus heimgesucht wird.

Und tatsächlich gibt die nächste Wendung dieser Vermutung Recht. In einer der dichtesten und beängstigendsten Szenen des Films findet Grace im Haus ein altes Foto, das die drei Hausangestellten als Tote zeigt, und gleichzeitig entdecken die Kinder im Park Grabsteine mit ihren Namen. Jetzt ist es gewiss: Mrs. Mills und ihre Leute sind Geister. Alle Bedrohung geht nun von ihnen aus. Grace will sie von dem Grundstück vertreiben, aber sie lassen sich selbst von Gewehrschüssen nicht beeindrucken. Das Geschehen nimmt die Atmosphäre eines Horrorfilms an, wenn sich die Toten unbeirrbar auf das Haus zu bewegen, in dem sich Grace mit ihren Kindern verschanzt hat. Man hat zwar eine schlüssige Erklärung für die Fragen gefunden, fühlt sich aber von dieser Wendung stark bedrängt. Man erinnert sich an Horrorklassiker wie *Die Nacht der lebenden Toten* (USA 1968). Die Toten stehen nun bedrohlich vor der Eingangstür und wirken wie gefährliche Eindringlinge. Sie müssen »Die Anderen« sein, die der Titel des Films anspricht.

Unerwartete Drehung

Doch dann nimmt das Ganze noch einmal eine ungeahnte Wendung. Der Spuk im Haus hört nicht auf, und eine alte, blinde Frau erschreckt die Kinder zu Tode. In einem Zimmer trifft Grace auf eine Gruppe von Menschen, die an einem Tisch Platz genommen haben. Offensichtlich befinden sie sich mitten in einer Séance und können Grace nicht sehen. Die Blinde dient der Gruppe als Medium. Anne und Nicholas kommen hinzu und werden Zeugen, wie die Alte den Leuten am Tisch berichtet, sie habe Kontakt zu den Toten im Hause aufgenommen; sie seien jetzt da und sprächen zu ihr.

Die Kinder und Grace protestieren: »Wir sind nicht tot!« Doch das Medium gibt auch diese Äußerung weiter. Es steht Behauptung gegen Behauptung. Während Grace, Anne und Nicholas noch um Fassung ringen, sind die Zuschauer schon bereit, den Aussagen der alten Frau Glauben zu schenken. Denn damit rücken alle ihre Beobachtungen in einen schlüssigen Zusammenhang. Und als die Menschen am Tisch schließlich berichten, Grace habe vor einiger Zeit in einem Anfall von Wahnsinn ihre beiden Kinder erstickt und sich anschließend mit dem Gewehr selbst erschossen, bekommt die ganze Geschichte endlich einen schlüssigen Sinn. Wie am Ende von *The Sixth Sense* erscheinen den Zuschauern die Merkwürdigkeiten und Andeutungen, deren Zeuge sie waren, in einem neuen Licht. Die verschwundenen Dienstboten, der ausbleibende Postbote, Grace übertriebene Sorge für die Kinder, ihre starke Religiosität, die Bemerkungen Annes – alles findet in Grace' schwerer Schuld eine Erklärung. Die seltsamen Geräusche kamen nicht von Geistern. Es waren die neuen Besitzer des Hauses, die sie erzeugten. Die Zuschauer nahmen an, sie befänden sich mit Grace und den Kindern auf der Seite der Lebenden. Tatsächlich aber waren sie von Anfang an Opfer einer Wahnsinnstat, die sich mit ihrem Tod nicht abgefunden haben. Wie leicht sich das Publikum täuschen lässt, wenn das Kino seine Bereitschaft ausnutzt, die Realität des Todes zu verleugnen!

Der Film nimmt nach diesem Schock noch eine letzte Wendung: Grace und die Kinder fügen sich in das Unvermeidliche. Es kommt ein Hauch von Zufriedenheit, ja Gemütlichkeit auf, wenn deutlich wird, dass die neuen Besitzer das Haus verlassen werden und Mrs. Mills daraufhin vorschlägt, erst einmal eine gute Tasse Tee zu trinken. Und wenn der

Film einen Moment später die Freude der Kinder über ihre »Genesung« ins Bild rückt, denn als Tote können sie das Tageslicht ertragen, hat man das Gefühl, dass alles irgendwie »besser« geworden ist. So deutet der Film mit seinen letzten Bildern eine Perspektive an. Man kann sich mit der Unverrückbarkeit des Todes versöhnen. »Dieses Haus gehört uns«, sagen die Toten und richten sich dort auf Dauer ein. Am großen Eisentor hängt ein Schild – »For Sale«.

The Sixth Sense konnte ein ungewöhnlich großes und breites Publikum ansprechen, weil er über die Thematisierung des Unfassbaren des Todes hinaus ein allen Menschen geläufiges Tiefenthema behandelte: Annähern und Verfehlen im gegenseitigen Verstehen. Ein solch »heißes« Tiefenthema lässt sich bei *The Others* nicht beschreiben. Aber wie *The Sixth Sense* macht auch er das Bedürfnis der Menschen, die Realität des Todes zu verleugnen, zu einem wesentlichen Bestandteil seiner Wirkung. Gleichzeitig nutzt er die Genreerwartungen des Publikums aus, indem er das vertraute Muster, nach dem der Spuk immer das Werk der Toten ist, auf überraschende Weise umdreht. Denn weil die Zuschauer die unerklärlichen Phänomene im Haus gemäß der Vorgabe des Horrorgenres den Geistern zuschreiben, kann der Film sie mit der Wendung überraschen, dass »Die Anderen« die Lebenden sind, die den Toten beibringen, sich in ihr Schicksal zu fügen.

Im Bann des Unausweichlichen

*D*as *Seelische kann die ganze Welt verwandeln und bringt die wunderbarsten Werke hervor. Aber an der Realität des Todes findet es seine Grenze. Können wir uns mit dieser Unausweichlichkeit anfreunden? Welchen Platz sollen wir ihr im Leben geben? Die einen rücken das Ende in weite Ferne. Manche verleugnen, dass sie davon betroffen sind. Andere wiederum sehen den Tod als täglichen Begleiter, denn man kann seine Spuren überall erkennen. Er macht sich in der Verletzbarkeit des Körpers, den Grenzen der menschlichen Unternehmungen jeden Tag bemerkbar. Weil das Leben auf ihn zu läuft, ist der Tod in jedem Augenblick dabei. An seiner Macht scheitern alle Technologien und gegen ihn richtet die größte Intelligenz nichts aus. Der Tod ist eine unausweichliche Tatsache, aber wie können wir mit ihm leben?*

In der Grundschule wurde uns Kindern Ende der 1950er-Jahre an einem sonnigen Vormittag der Film *Die seltsame Geschichte des Brandner Kasper* (BRD 1949) mit Paul Hörbiger vorgeführt. An den düsteren Schwarz-Weiß-Bildern verfolgten wir, wie sich der Tod im Leben des Brandner Kasper ankündigt, wie sich dieser gegen ihn mit List und Tücke zur Wehr setzt, schließlich seinen Widerstand aufgibt und sich ins Unvermeidbare fügt. Das war eines meiner ersten Filmerlebnisse, das ich bis heute nicht vergessen habe. Über diesen Film bekam ich das Gefühl für eine Realität vermittelt, die in meinem Leben bis dahin keine Bedeutung gespielt hatte. Über einen Film wurde ich erstmals mit der unverrückbaren Macht des Todes konfrontiert. Im Folgenden möchte ich einige zeitgenössische Filme beschreiben, die das Sterben zum Thema haben und mit ihrer Dramaturgie den Zuschauern dabei helfen wollen, sich mit der Unausweichlichkeit des Todes anzufreunden.

Krankheiten brechen in den selbstverständlichen Fluss des Lebens ein und machen auf die Hinfälligkeit des Körpers und die Grenzen der menschlichen Möglichkeiten aufmerksam. Filme, die den Umgang mit tödlichen Krankheiten zum Thema machen, ermöglichen auf ihrer Tiefenebene häufig eine Versöhnung mit der Unverrückbarkeit des Todes.

Iris (GB / USA 2001)
Buch: Richard Eyre / Charles Wood
Regie: Richard Eyre

Die gefeierte Romanautorin und Philosophin Iris Murdoch (Judi Dench) ist seit über 40 Jahren mit dem Professor für Literatur John Bayley (Jim Broadbent) verheiratet. Besonders in den frühen Jahren ihrer Ehe mutete Iris mit ihrem unkonventionellen Liebesleben John einiges zu, und obwohl er darunter litt, nahm er es klaglos hin. Er verstand, dass seine exzentrische Frau sowohl das Gefühl der Freiheit als auch den Halt seiner Zuneigung und Verlässlichkeit brauchte. Als die Ärzte im Jahr 1997 bei Iris eine sich schnell entwickelnde Alzheimerkrankheit feststellen, gerät Johns Liebe in eine Krise. Quälende Erinnerungen an die vielen Verletzungen, die Iris ihm zufügte, steigen in ihm hoch.

Umschwung des Lebens in den Tod

Aus der Distanz betrachtet ist das Leben eine kleine, leuchtende Episode im Werden und Vergehen der Welt. Das Ende ist bereits im Anfang angelegt. Aber Entwicklungsdrang und Übermut der Jugend wissen nicht viel von der Unausweichlichkeit des Todes. Der Film *Iris* fügt in seinen eineinhalb Stunden zusammen, was gewöhnlich getrennt gehalten wird. Schon in der ersten Szene sehen wir ein junges Paar unter

Wasser schwimmen. Die Frau ist nackt und genießt das kühle Element auf ihrer Haut. Dann, fast unmerklich, verwandeln sich die beiden Menschen in ein altes Paar, eine Frau um die 70 und einen ebenso alten Mann. Mit dieser Szene nimmt der Film seinen kompletten Erlebnisraum vorweg: Jugend und Alter bilden zwei Enden eines Entwicklungsbogens. Sie sind aufeinander bezogen und gehen ineinander über. Wie auf Gemälden des Mittelalters oder der Romantik hinter dem reizenden Gesicht einer jungen Frau, dem übermütigen Ausdruck eines Mannes oft ein Totenschädel hervorlugt, macht der Film von Richard Eyre mit dieser Szene deutlich, dass wir das Ende unseres Lebens zwar verleugnen, nicht aber verhindern können.

Immer wieder gehen Szenen aus der Zeit, in der Iris und John jung waren, in Bilder von Iris Krankheit über. Die ungestüme Lebensfreude der Protagonistin (als junge Iris dargestellt von Kate Winslet) fällt auf diese Weise »kopfüber« in den körperlichen Zerfall. Mit dieser Zuspitzung lässt der Film zwei Ordnungen nahtlos ineinander greifen, die wir gewöhnlich getrennt halten. Da sich das Ineinander durch den gesamten Film hindurchzieht, bekommen die Zuschauer ein Gefühl für die Begrenztheit auch des stärksten Lebensdranges. Das ist anrührend und erhellend, aber auch bestürzend. Die meisten Zuschauer blieben nach dem Ende des Films im Kino sitzen und verließen erst nach dem kompletten Abspann schweigend den Saal.

Iris macht erfahrbar, dass mit dem Leben eine unverfügbare Drehung verbunden ist: Der Umschwung jugendlicher Selbstüberschätzung in einen kaum zu beeinflussenden, körperlichen und seelischen Zerfall. So wie die Sonne aufgeht, so geht sie auch unter. Wir können nichts gegen diese Drehung tun. Die Frage ist nur, was uns Halt geben kann, wenn wir von ihrem Schwung erfasst werden. Im Film stellt John Bayley einen solchen Haltepunkt dar. In Iris' Jugend bildet seine beharrliche Zuwendung den festen Grund, auf dem sie ihre unberechenbaren Sprünge ausführen kann. Die intelligente, junge Iris weiß, dass sie den etwas vertrottelt wirkenden und wenig attraktiven John braucht, um ihrem Narzissmus ein

Gegengewicht zu geben. Und wenn sich im Alter alle Freunde von damals aus ihrem Leben zurückgezogen haben, ist John der Einzige, der es auf sich nimmt, die zunehmend verwirrte Frau zu pflegen. In einer berührenden Szene schreit er ihr ins Gesicht, dass er sie für all die Verletzungen, die sie ihm zugefügt habe, hasse. Und selbst in dieser schweren Krise – wie in jungen Jahren auch – besänftigt Iris den Zorn ihres Mannes. Sie selbst sorgt dafür, dass sie seinen Halt nicht verliert. So ist der Film mehr als eine Geschichte über die Alzheimerkrankheit. Er erlaubt eine Erfahrung, die wir im Leben in dieser Dichte und Konzentration kaum machen können. Er staucht den Bogen des Lebens auf eineinhalb Stunden zusammen und macht eindringlich erfahrbar, in welchem Ausmaß der Tod unser ständiger Begleiter ist, aber auch, wie sehr wir des Halts anderer bedürfen, um an dieser Realität nicht zu verzweifeln.

Die Todesstrafe ist ein »heißes Eisen«, das man nicht gerne anfasst. Trotzdem wagen sich engagierte Filmemacher auch an diesen Stoff immer wieder heran. Die meisten dieser Filme beschäftigen ihre Zuschauer auf der bewussten Ebene mit einer gesellschaftspolitischen oder ethischen Diskussion. Auf der Ebene der Tiefenthemen behandeln sie die Unausweichlichkeit des Todes und gehen der Frage nach, was die Menschen ihr entgegenzusetzen haben. Allein diese zweite Ebene haben wir bei dem folgenden Beispiel im Blick.

Dead Man Walking (USA 1995)
Buch und Regie: Tim Robbins

Die an sozialen Brennpunkten arbeitende Ordensschwester Helen Prejean (Susan Sarandon) erklärt sich bereit, die spirituelle Begleitung des in der Todeszelle einsitzenden Matthew Poncelet (Sean Penn) zu übernehmen. Nicht nur die Eltern der Opfer machen Helen wegen ihres Engagements für den brutalen Mörder schwere Vorwürfe. Der junge Mann soll zusammen mit einem älteren Freund ein jugendliches Liebespaar missbraucht und getötet haben. Helen gelingt es, trotz des abstoßenden Charakters des Delinquenten und der Grausamkeit seines Verbrechens, ihre Aufgabe zu erfüllen. Wenige Stunden vor der Hinrichtung gesteht ihr Matthew, der bis dahin hartnäckig seine Täterschaft geleugnet hat, seine schwere Schuld. Helen belohnt seine Ehrlichkeit mit ihrer liebevollen Begleitung in den letzten Minuten seines Lebens.

Hässliches aushalten

Der Film von Tim Robbins macht die hässliche Konsequenz des Todes erfahrbar, wenn er sowohl die Verletzungen der Opfer des Verbrechens als auch den sukzessiven Ausfall der Organe des Täters aufgrund der Chemikalien der Todesspritze beschreibt. Hinzu kommt, dass der Film kein freundliches Bild von dem Delinquenten Poncelet zeichnet. Dieser streitet hartnäckig ab, das Verbrechen begangen zu haben, kann aber mit seinem kalten, zynischen Wesen die Zuschauer nicht von seiner Unschuld überzeugen. Einige Male verliert er sich in neofaschistischen Auftritten, die nur schwer zu ertragen sind.

Vor allem aber vermittelt *Dead Man Walking* eine intensive Erfahrung der Unverrückbarkeit des Todes, indem er den Zeitpunkt der Hinrichtung Poncelets unaufhörlich näher rücken lässt. Die Zuschauer wissen in jeder Szene, wie viele Tage noch bleiben. Schwester Helen schaltet zwar einen Anwalt ein, zunächst, um eine Begnadigung, und schließlich, um einen Aufschub der Hinrichtung zu erwirken, doch alle Gesuche werden abgelehnt. Das unerbittliche Herannahen des Endes, die abweisende Haltung der Ausschüsse und des Gouverneurs, aber auch der immer wieder harte Zugriff der Gefängniswärter lassen unmittelbar spüren, dass die Ereignisse auf eine Konsequenz zulaufen, die nicht umzukehren ist. Am letzten Tag zeigt das Ziffernblatt der Uhr die verbleibenden Stunden und Minuten an. Die Zuschauer sehen zwar der Vorbereitung einer Hinrichtung zu, sie haben aber zugleich das Gefühl, in einer Vernichtungsmaschinerie gefangen zu sein, aus der es kein Entrinnen gibt.

Das Kino kann seinem Publikum die Widerwärtigkeit des

Todes nahe bringen, wenn es ihm zugleich einen Halt anbietet. Dieser macht sich an dem Engagement Helens fest, die nicht nur alles unternimmt, um das Todesurteil in eine Begnadigung umzuwandeln, sondern sich auch darum bemüht, einen Zugang zu der Welt Poncelets zu finden. Immer wieder sucht sie das Gespräch mit ihm und lässt sich von seinen abstoßenden Ausbrüchen nicht vergraulen. Sie bleibt ihm gegenüber stets offen und aufnahmebereit. Erstaunlicherweise bringt sie diesem Mann, der sich so hartnäckig weigert, die Verantwortung für seine Taten zu übernehmen, so etwas wie »Liebe« entgegen. Diese Haltung macht es den Zuschauern schwer, sich in Gleichgültigkeit zurückzuziehen oder sich der intensiven Erfahrung durch eine abstrakte Diskussion über die Berechtigung der Todesstrafe zu entziehen. Tim Robbins' Film zwingt sie dazu, dem immer näher rückenden Tod Poncelets bis zum Ende ins Gesicht zu schauen. Er schneidet ihnen alle Fluchtwege ab.

Der Höhepunkt dieser Entwicklung findet statt, wenn der Mörder 20 Minuten vor der Hinrichtung seinen Widerstand aufgibt und sich in das Unvermeidliche fügt. Er gesteht die Mittäterschaft ein und akzeptiert die ihm auferlegte Sühne. Paradoxerweise kommt er den Zuschauern damit erstmals nahe. Sie können zwar sein Verbrechen nicht hinnehmen, aber sie haben jetzt das Gefühl, einen Menschen vor sich zu haben, der sich seiner Grenzen und seiner Widersprüche bewusst ist. Helens unerschütterliche Loyalität zu Poncelet und ihr liebender Blick, der ihn auch in seinen letzten Minuten niemals loslässt, hält das Publikum bis zum Ende in der schmerzhaften Spur.

Das Drehbuch des Lebens konfrontiert auch unseren Alltag immer wieder mit dem hässlichen Gesicht des Todes. Keiner macht uns Vorwürfe, wenn wir den Blick abwenden, uns gleichgültig machen oder uns ablenken. Das Psychische hat uns mit diesem Schutz ausgestattet. Einen Film wie *Dead Man Walking* kann man wohl nicht als »unterhaltsam« bezeichnen, aber er kann uns doch einen anderen Umgang mit den Boten des Todes nahe bringen. Er erinnert daran, dass man sich seiner Ungeheuerlichkeit aussetzen und sich darüber weiterentwickeln kann. Die Verleugnung ist auf Dauer keine Lösung. Wer wie Schwester Helen seinen Blick von der hässlichen und harten Seite des Todes nicht abwendet, dem eröffnet sich ein vollständigeres Bild des Lebens.

Die bisher besprochenen Filme erreichten kein sehr großes Publikum. *Iris* hatte 140 000 und *Dead Man Walking* 790 000 Zuschauer. Das nächste Beispiel konnte eine ähnliche Grundsituation immerhin mehr als eineinhalb Millionen Kinogängern nahe bringen. Man kann es als eine »Popcorn-Version« des Themas bezeichnen, die aber trotzdem die Unausweichlichkeit des Todes spürbar werden lässt.

Rendezvous mit Joe Black (USA 1998)
Buch: Bo Goldman / Ron Osborn / Jeff Reno / Kevin Wade
Regie: Martin Brest

Susan Parrish (Claire Forlani) lernt einen Mann (Brad Pitt) kennen, den sie auf Anhieb sympathisch findet. Sie trinken zusammen eine Tasse Kaffee und gehen hierauf in unterschiedliche Richtungen auseinander. Susan bekommt nicht mit, dass der junge Mann einen Moment später von einem Auto überfahren wird. Der Tod schlüpft in den Körper des Sterbenden und nennt sich Joe Black. Er ist gekommen, um William Parrish (Anthony Hopkins), den Vater Susans, zu sich zu holen. William will in wenigen Tagen seinen 65. Geburtstag begehen und bittet den Tod bis zu der aufwändig vorbereiteten Feier um Aufschub. Joe Black geht auf den Wunsch ein und schenkt William ein paar Tage im Austausch dafür, dass er ihm »das Leben« zeigt. So findet Susan ihre »Zufallsbekanntschaft« im Hause ihres Vaters wieder und bemerkt nicht, dass sie sich in »den Tod« verliebt. Dieser lernt zum ersten Mal die irdischen Genüsse und die Freuden der Liebe kennen, auch die sexuellen. Da ihm der Umgang mit Susan so gut gefällt, will er sie als seine Gefährtin mit in das Reich der Toten nehmen. William kommt jedoch hinter Joes Absichten und kämpft um das Leben seiner Tochter. Es gelingt ihm, den Tod zum Verzicht auf Susan zu bewegen – um des Lebens willen. Also gehen am Ende auf der beeindruckenden Geburtstagsparty Joe Black und William Parrish allein in die Dunkelheit. Der Vater ist tot und Susans Liebe scheint beendet. Überraschenderweise aber kommt der junge Mann zurück, doch nicht als Joe Black, sondern als Susans Zufallsbekanntschaft vom Anfang des Films. Der Tod hat dem jungen Mann sein Leben zurückgegeben – um der Liebe willen.

Tod als Freund des Lebens

Der emotional zerdehnte Dreistundenfilm von Martin Brest macht die unausweichliche Konsequenz des Todes auf eine »charmante« Weise erfahrbar. Der Tod ist unerbittlich und hält an seiner einmal getroffenen Entscheidung fest. Aber zugleich ist Joe Black ein junger Mann, der zum ersten Mal ins Leben findet. Er übt sich in die Sitten und Gebräuche seiner Gastgeber ein, lutscht genüsslich an einem Löffel Erdnusscreme, verliebt sich und hat zum ersten Mal Sex. Und wenn Joe seinem Gastgeber dabei hilft, dem prinzipienlosen und verräterischen Drew (Jake Weber) das Handwerk zu legen, geht der Film noch einen Schritt weiter. Auf diese Weise wird er ironischerweise zu einer Kraft, die sich für menschliche Werte einsetzt. Und ganz am Ende, wenn Joe Black zugunsten Susans Leben auf sein eigenes Vergnügen verzichtet, zeigt er eine bewundernswerte »menschliche Größe«. Mit diesen, gegen das übliche Bild vom Tod erzählten Wendungen ist ein paradoxer Wirkungsprozess verbunden, der mich ein wenig an den Vormittag in der Schule erinnert, an dem ich *Die seltsame Geschichte des Brandner Kasper* sah: In dem Maße, indem sich Joe Black dem menschlichen Leben annähert, verliert der Tod seinen Schrecken. Die Unverrückbarkeit des Todes wird im Rahmen der Filmunterhaltung fassbar.

Unterstützt wird diese eigenartige Wirkung durch einen den Film von Anfang bis Ende durchziehenden szenischen Gegenlauf: Während sich das Leben des alten Parrish dem Ende zuneigt, nehmen die Vorbereitungen seines pompösen Geburtstagsfestes Gestalt an. Im Garten des großen Anwesens entsteht eine prachtvolle Kulisse, die sich mehr und mehr mit Leben füllt. Abstieg zum Ende auf der einen und Aufstieg zum Höhepunkt der Feier auf der anderen Seite. Im Erleben der Zuschauer gestaltet sich dieser Gegenlauf zu einer Art optimistischer Resignation. Als Parrish schließlich Abschied nimmt, ist die Party in vollem Gange und das Feuerwerk beginnt. Und als wenige Augenblicke später der junge Mann vom Anfang des Films aus dem Dunkel zurückkommt und auf die ahnungslose Susan trifft, werden beide von dem knallenden und gleißenden Höhepunkt des Feuerwerks umrahmt. Der Film führt sein Publikum ins farbige Leben hinein und lässt es doch nicht zu, dass es dessen Begrenzung durch den Tod vergisst. Vielleicht ist es dieser zu Tränen rührende Gegenlauf, der dem Film die Anerkennung durch die Filmkritik versagte.

Insgesamt ist *Rendezvous mit Joe Black* ein optimistischer und Mut machender Film, obwohl er das Thema Tod und Sterben behandelt. Das zeigt wieder einmal, dass Hollywood mit seinen aufwändigsten Produktionen so etwas wie konkrete Lebenshilfe leistet. Die Zuschauer, die sich diesem Film aussetzen, haben die Chance, den Tod als eine unausweichliche Konsequenz zu erfahren, auf deren Hintergrund die Farbigkeit und die tragenden Werte des Lebens umso deutlicher hervortreten.

Das nächste Beispiel konfrontiert die Unverrückbarkeit des Todes mit einem tragikomischen Bild des menschlichen Lebens. Diese Konstruktion gewinnt dem Thema zwar eine leicht zu goutierende, aber auch befremdliche Seite ab.

Ein wahres Verbrechen (USA 1999)
Buch: Larry Gross / Paul Brickman / Stephen Schiff
Regie: Clint Eastwood

Für Frank Beachum (Isaiah Washington) in San Quentin beginnt der letzte Tag seines Lebens. Er soll um Mitternacht wegen heimtückischen Mordes an einer jungen Frau mittels Giftspritze hingerichtet werden. Peinlich genau werden sein Verhalten, seine Tagesstimmung und seine medizinischen Werte protokolliert. Für den Reporter Steve Everett (Clint

Eastwood) ist es ein Tag wie jeder andere. Er verbringt den Vormittag bei einer seiner wechselnden Geliebten, muss wieder einmal mit einem gehörnten Ehemann fertig werden und sich von seiner Frau Vorwürfe gefallen lassen. Das ist normal für Everett. Er ist Alkoholiker und schert sich nicht um Verbindlichkeiten. Aber er ist Vollblutreporter, bekannt für sein sicheres Gespür für eine gute Story. Dieser haltlose Mann muss für eine plötzlich verstorbene Kollegin einspringen. Er soll den Mörder Frank Beachum in der Todeszelle interviewen. Kaum beginnt er sich darauf vorzubereiten, sagt ihm sein Riecher, dass der Häftling unschuldig ist. Everett hat ungefähr zwölf Stunden Zeit, den wahren Täter zu ermitteln und das Hinrichtungsritual aufzuhalten.

Menschliche Komödie

Während der Delinquent sich in der Todeszelle auf sein Ende vorbereitet, machen die Wärter ihre Späße in der Hinrichtungskammer. Die Zeugen des Verbrechens, die der Wahrheitssuche hätten dienen sollen, lassen sich keine Gelegenheit entgehen, in der Öffentlichkeit mit ihrer Wichtigkeit zu prahlen. Der Gefängnisgeistliche, der Beachum zur Seite stehen soll, versucht sich als jemand zu präsentieren, der den »verstockten schwarzen Mörder« in einen »reuigen Sünder« verwandeln wird. Jeder schlägt auf seine Weise aus Beachums Schicksal Kapital oder nimmt es zum Anlass für einen Auftritt. Und Everett selbst? Da er sich mit seiner Story beeilen muss, verwandelt er den seiner Tochter lange versprochenen Zoobesuch in das Spiel »Tempo-Zoo«: Er setzt das kleine Mädchen in einen Einkaufswagen, eilt damit im Laufschritt an den Käfigen vorbei und ruft: »Rechts Elefanten! Links Vögelchen!« Seine »heiße Story« lässt es nicht zu, seinem Kind mehr Zeit zu widmen. So kommt es, dass der Einkaufswagen samt Tochter schließlich umfällt und der ohnehin gescholtene Rabenvater das Kind mit Schürfwunden bei der Mutter abgeben muss. Etwas später, als ein Gefängniswärter ihn vor der Verschlagenheit des Todeskandidaten warnen möchte, antwortet Everett: »Wir alle lügen, mein Freund! Ich bin nur hier, es niederzuschreiben.« Ein ganzer Blumenstrauß allzu menschlicher Schwächen und Obsessionen tritt in Eastwoods Film dazu an, es mit der Unverrückbarkeit des Todes aufzunehmen.

Ein wahres Verbrechen ist kein den Alltag verwandelnder Film. Er macht keine großartigen Versprechen, sondern führt hinein in das tragikomische Getriebe des Lebens. Er lässt uns für zwei Stunden an einem Betrieb teilhaben, in dem ironischerweise die Intensität der Obsession darüber entscheidet, ob ein Leben weitergeht oder nicht. Die Zuschauer geraten zwischen zwei Zwänge: zum einen den unaufhaltsamen Weg zum Tod (Hinrichtung) und zum anderen die fixen Ideen der Menschen, die dem Leben auf so seltsame Art Inhalt und Richtung geben. Gerade die kleinen und großen Obsessionen sind dazu geeignet, relativierende Zweifel und das Erfahren von Grenzen in Schach zu halten. Sie verleihen den Menschen Kraft und richten den Alltag aus. Wir machen uns in der Regel nicht deutlich, wie sehr wir uns von ihnen steuern lassen. Everett selbst sagt, das Einzige, woran er glaube, sei seine »Nase«. Und tatsächlich wird sie die Hinrichtungsmaschinerie schließlich anhalten. Das macht den psychologischen Witz des Films aus und berührt eine ›Wahrheit‹, die wir uns selten deutlich machen.

Im Finale des Films laufen die Fäden schließlich zusammen. Everetts Frau hat den haltlosen Alten vor die Tür gesetzt. »Wenn dieser Ring eine Kugel wäre, wärest du jetzt tot!«, lauten ihre unübertrefflichen Abschiedsworte. Der von ihm tatsächlich ermittelte wahre Mörder ist seit drei Jahren tot. Alles scheint verloren, denn ohne Täter lässt sich gegen den Justizirrtum nicht angehen. Im Radio wird gesagt, der Delinquent Beachum habe inzwischen gestanden und sich bei den Angehörigen des Opfers entschuldigt. Man erfährt nicht, ob diese Meldung von dem angeberischen Priester in die Welt gesetzt wurde. Everett hat an einer Bar Platz genommen und zu trinken begonnen. Er will sich voll laufen lassen und alles vergessen. Im Fernsehen wird über die Hintergründe der Hinrichtung berichtet. Es ist 23 Uhr 30. Noch eine halbe Stunde bis zur Vollstreckung. Everett verfolgt den Bericht vom Barhocker aus und wird dabei auf ein Detail aufmerksam, das er bei seinen Recherchen übersehen hat. Noch einmal erscheint der Fall in einem neuen Licht. Das könnte den Gouverneur, der allein die Hinrichtung jetzt noch unterbrechen kann, überzeugen. Everett ist schon stark angetrunken, setzt sich aber trotzdem ins Auto und fährt davon. Während der Delinquent an die Todesspritzen angeschlossen wird, schlingert er im Auto durch die Nacht. Er muss den Gouverneur umstimmen, bevor die Chemikalien Beachums Leben vernichten. Die erste Spritze hat den Häftling bereits in Schlaf versetzt. Die Injektion der zweiten – sie soll die Muskulatur lähmen – wird gerade eingeleitet, als in der Hinrichtungskammer das Telefon läutet. Beachum kann in allerletzter Sekunde dem Tod entrissen werden und Everett führt sein haltloses Leben weiter wie bisher.

Fast alle der in diesem und im vorigen Kapitel beschriebenen Filme behandeln den Tod in Geschichten, die nur wenige offensichtliche Berührungspunkte mit dem Alltag der Kinogänger haben. Und doch werden diese von ihnen stark berührt und machen eine intensive Erfahrung mit der Unfassbarkeit und der Unausweichlichkeit des Todes. Das erinnert uns daran, dass wir es beim Film nicht mit Eins-zu-eins-Wirkungen zu tun haben. Auch wenn die Geschichte ganz offensichtlich die Grenzen der Realität überschreitet, kann sie auf der Tiefenebene dennoch Grundprobleme der von allen Menschen geteilten Wirklichkeit erfahrbar machen. Es hängt von den Tiefenthemen ab, ob wir einen Film als authentisch erleben oder nicht. »Authentizität« vor allem wurde von der Kritik dem letzten Beispiel zu diesem Thema bescheinigt. Und in diesem Fall wird eine Geschichte erzählt, die sich so ähnlich tatsächlich in vielen Familien ereignen könnte.

Das Zimmer meines Sohnes (I 2001)
Buch: Linda Ferri, Nanni Moretti, Heidrun Schleef
Regie: Nanni Moretti

Der Film beginnt mit einer breit angelegten Beschreibung des Alltags einer Mittelstandsfamilie. Vater Giovanni (Nanni

Moretti), von Beruf Psychoanalytiker, hält sich mit einem Dauerlauf fit. Dabei begegnet er einer Gruppe von Menschen, die »Hare Krischna« singend durch die italienische Hafenstadt Ancona ziehen. Die Familie nimmt ihre Mahlzeiten ein, die Tochter Irene (Jasmine Trinca) geht zum Basketballtraining und der Sohn Andrea (Giuseppe Sanfelice) auf den Tennisplatz. In seiner Praxis hört Giovanni den Geschichten seiner Patienten zu, und am Abend hat er mit seiner Frau Paola (Laura Morante) Sex. Es sind keine großen Sorgen, die das Elternpaar beschäftigen: Ihr Sohn Andrea wird verdächtigt, in der Schule einen Ammonit gestohlen zu haben. Damit kann die Familie fertig werden.

Dann wird Giovanni außer der Reihe zu einem Patienten gerufen. Er muss den mit seinem Sohn gemeinsam geplanten Dauerlauf absagen, woraufhin Andrea sich dazu entschließt, mit Freunden tauchen zu gehen. Bei einem Bummel über den Flohmarkt wird die Mutter von einem Fremden angerempelt. Dies sind kleine Störungen im Tageslauf, an die sich niemand erinnern würde. Doch als kurze Zeit später die Nachricht eintrifft, Andrea sei beim Tauchen ertrunken, erscheinen sie als Vorboten des Todes. Der Film macht mit solchen Beobachtungen darauf aufmerksam, in welchem Maße der Schock darauf drängt, in den sichtbaren Dingen und Ereignissen eine Fassung zu finden. Es ist unfassbar, wenn wir einen nahen Menschen an den Tod verlieren. Daher klammern wir uns an Dinge, die dem Ganzen einen Sinn geben könnten. So bildet Giovanni die Überzeugung heraus, dass sein Sohn noch am Leben wäre, wenn er das gemeinsame Joggen nicht abgesagt hätte. Am liebsten würde er die Zeit zurückdrehen und seine Entscheidung ungeschehen machen. Der sich zu einer zwanghaften Idee auswachsende Wunsch macht das Ausmaß der Erschütterung deutlich, von der der Alltag der Familie betroffen ist. Niemand weiß einen Rat, und die sich ausbreitende Hilflosigkeit droht schließlich die Familienbande zu zerreißen.

Schließlich deutet sich, gewissermaßen aus dem Nichts, eine Perspektive an. Arianna (Sofia Vigliar), die Freundin des verstorbenen Sohnes, besucht die Familie und durchbricht das lähmende Schweigen. Sie ist in Begleitung ihres neuen

Partners und bringt damit zum Ausdruck, dass das Leben weitergeht. Auch wenn ihre Unbekümmertheit zunächst befremdlich erscheint, bietet sie damit dennoch einen Ausweg an. Der Alltag kommt wieder in Fluss. Die beiden Besucher wollen nach Frankreich, und die Familie des Verstorbenen beschließt spontan, sie im Auto an die Grenze zu fahren. Diese Fahrt durch die Nacht ist der Durchgang zu einer erneuten Umordnung. Kein groß angelegter Moment der Erkenntnis, aber doch eine Wendung, die Hoffnung aufkommen lässt. Der banale Lauf des Lebens wird wieder aufgenommen, auch wenn alles ganz anders geworden ist. Die letzten Bilder zeigen eine angeschlagen wirkende Familie, die von ihrem eigenen Lachen überrascht wird.

Die Wirkung von *Das Zimmer meines Sohnes* beruht im Wesentlichen auf einer auseinander hervorgehenden Abfolge von Wirkungsqualitäten. Zunächst vermittelt der Film ein Bild von dem selbstverständlichen Fluss des Alltags. Nicht nur der Protagonist Giovanni, sondern alle Figuren, die kleinen Straßenszenen und die Dinge formen dieses im Erleben der Zuschauer aus. Es ist der Alltag, von dem wir uns üblicherweise getragen fühlen. In einem zweiten Schritt zertrümmert der Film den Halt, den er selbst herstellte. Die tragende Ordnung löst sich auf und die Bindungen zerreißen. Mit dieser Umwertung breitet sich eine quälende Orientierungslosigkeit aus. Die selbstverständlichen Abläufe sind gestört, greifen nicht mehr ineinander, und die banalen Dinge verlieren ihren Sinn. Je mehr sich dieser zweite Teil vertieft, desto drängender bildet sich im Erleben der Zuschauer die Hoffnung heraus, dass ein neues Gleichgewicht gefunden wird. Dieser Wunsch kann sich in der gemeinsamen Reise an die französische Grenze zu einer spürbaren Rückkehr in den Fluss des Alltags ausformen. Der Film fasst mit dieser differenziert beschriebenen Abfolge einen Bewältigungsprozess zusammen, der sich im Leben manchmal über Jahre erstreckt. Er macht erfahrbar, dass die unausweichliche Konsequenz des Todes letztendlich in den Alltag integriert werden kann.

Ungefähre Lösungen

*E*s *muss doch eine perfekte Lösung für die Konflikte und Spannungen des Lebens geben! In einer Zeit, in der alles möglich
ist, darf auch die Suche nach dem Glück nicht fehlgehen. Wenn wir
jedoch beschreiben, was uns im Alltag wirklich weiterbringt, sehen
wir: Das hat mit Glück sehr wenig zu tun. Doch anstatt das zu akzeptieren, kommt uns das wirkliche Leben irgendwie falsch vor.
Viele Menschen machen sich Selbstvorwürfe, wenn sie ihre Glücks-
vorstellungen nicht einlösen. Aber das ist nicht ihr Fehler, sondern
unter den Bedingungen des Lebens realistisch. Der Volltreffer, das
große Los sind Ausnahmen. Womit wir es täglich zu tun haben,
sind ungefähre Lösungen. Sie befreien uns nicht von den Problemen
des Lebens, aber sie erlauben uns, mit ihnen ein bisschen besser
klarzukommen. Auch das kann ein gutes Gefühl geben.*

Vielleicht erscheint es unglaublich, dass gerade das Kino eine
Erfahrung von ungefähren Lösungen vermittelt. Mit ihm
verbindet man doch den schönen Schein der Illusion, das
Happy End mit Streichorchester. Doch das ist nur eine Seite.
Groß geworden ist das Kino, wie jede Kunst, mit Werken, die
das ungeheure Spannungsfeld der Wirklichkeit zuspitzen.

The Green Mile (USA 1999)
Buch und Regie: Frank Darabont

In einem Altersheim sehen sich die Bewohner den Film *Top
Hat* (USA 1935, dt. Titel: *Ich tanze mich in dein Herz hinein*) mit
Fred Astaire und Ginger Rogers an. Beim Lied »Cheek to

Cheek« kommen dem Greis Paul Edgecomb (Dabbs Greer) die Tränen. Als ihn die Mitbewohnerin Elaine Connelly (Eve Brent) darauf anspricht, erzählt er ihr eine unglaubliche Geschichte. Er leitete Anfang der 1930er-Jahre, zur Zeit der großen amerikanischen Wirtschaftsdepression, die Abteilung eines Zuchthauses, die für die Hinrichtung verurteilter Mörder auf dem elektrischen Stuhl zuständig war. Er litt unter einer schweren Harnröhrenentzündung, als ihm und seinen Kollegen ein neuer Delinquent zugeführt wurde: ein riesenhafter, geistig zurückgebliebener Schwarzer, der des Mordes an zwei kleinen Mädchen für schuldig befunden worden war. John Coffey (Michael Clarke Duncan), so hieß der Verurteilte, besaß unerklärliche, heilende Kräfte. Er befreite nicht nur Paul (Tom Hanks) von seiner Krankheit, sondern heilte auch Melinda Moorse (Patricia Clarkson), die Ehefrau des Gefängnisdirektors, die an einem ihr Wesen auf schreckliche Weise verändernden Hirntumor litt. Diese Erlebnisse mit dem bärenstarken, aber sensiblen John Coffey brachten Paul gehörig durcheinander. Und als er erfuhr, dass der schwarze Hüne unschuldig verurteilt worden war, wusste der stets korrekte Oberaufseher nicht mehr, wie er sich verhalten soll. Als er den Delinquenten selbst um Rat fragte, verlangte dieser von ihm, das Urteil dennoch zu vollstrecken. Er wäre müde und hätte keine Kraft mehr, die schrecklichen Dinge, die auf der Welt passieren, immerfort zu ertragen. Wenn Paul ihm einen letzten Gefallen erweisen wollte, könnte er ihm die Möglichkeit geben, einen Film im Kino zu sehen. So kam es, dass sich Paul Edgecomb und John Coffey zusammen den Musik- und Tanzfilm *Top Hat* ansahen. John war fasziniert, als Fred Astaire sang: »Heaven, I'm in heaven ... and my heart beats so that I can hardly speak ...«. Er glaubte, den Himmel auf der Leinwand zu sehen, und diese Vorstellung gab ihm Zuversicht im Moment seines Todes. Nachdem Elaine sich Pauls Geschichte angehört hat, fragt sie ihn nach seinem Alter. Paul ist 105 Jahre alt, aber er sieht aus, als wäre er etwas über 70.

Wunderliche Wirklichkeit

The Green Mile hinterlässt eine schwer fassbare Nachwirkung. Von der Rahmengeschichte und einigen wenigen Szenen einmal abgesehen, spielt die Geschichte ausschließlich im Block E des Cold Mountain Gefängnisses im US-Bundesstaat Louisiana. Die blassgrüne Farbe des Fußbodens, über den die zum Tode Verurteilten zum Elektrischen Stuhl geführt werden, hat dem Film seinen Namen verliehen. Es ist ein schwerer Weg, bestimmt von Angst, Schuld, Reue und Hoffnung. In diesen Momenten wird man sich der Begrenztheit des Lebens eindringlich bewusst. Dann sind da die wunderlichen Momente, in denen John Coffey den Menschen Krankheiten aus dem Körper saugt, dabei die Glühbirnen zum Zerbersten und die Wände ins Wanken bringt und anschließend unter heftigem Husten die Rückstände des Übels in Form von braunen Teilchen in die Luft bläst. Oder die Geschichte von Mr. Jingles, der kleinen dressierten Maus des Todeskandidaten Eduard Delacroix, die einen mit ihren erstaunlichen Kunststücken zu rühren verstand. Im Ganzen wirkt der über drei Stunden dauernde Film so »verrückt« und rätselhaft wie ein Märchen. Er ist – wenn man so will – ein märchenhafter Spiegel des menschlichen Lebens.

Aber es gibt noch andere Momente, die den Eindruck des Märchenhaften hinterlassen. Sie haben mit den Gegensätzen und Ergänzungsverhältnissen zu tun, die unter dem Dach des Hinrichtungstraktes zusammenfinden. Dort trifft sich das Riesenhafte in Gestalt John Coffeys mit dem Zwergenhaften der Maus Mr. Jingles. Dort wird die Unverrückbarkeit des Todes ebenso erfahren wie die unglaubliche Wendigkeit des Psychischen, die selbst ausweglosen Situationen eine Drehung verleihen kann. Dort treffen Realität und Wunder, Magie und Gesetz zusammen. Dort leben so unterschiedliche Menschen auf engem Raum wie der heimtückische William »Wild Bill« Wharton (Sam Rockwell), der verrückte Langzeithäftling Toot-Toot (Harry Dean Stanton), der mit wundersamen Kräften ausgestattete John Coffey oder der mit seiner Anständigkeit beeindruckende Oberaufseher Paul

Edgecomb. Weiterhin trägt zu der märchenhaften Wirkung von *The Green Mile* bei, dass der Film die wunderliche Fähigkeit John Coffeys nicht zu erklären versucht. Der schwarze Hüne bleibt den Zuschauern bis zum Schluss ein Rätsel. Es wird weder aufgeklärt, woher er kommt, noch wie alt er ist und auch nicht, wieso er mit den zwei misshandelten toten Mädchen im Arm aufgefunden wurde. Ebenso wenig wird erklärt, woher er seine außergewöhnlichen Fähigkeiten zur Heilung von Krankheiten bezieht. Der muskulöse Schwarze wirkt, als sei er wie ein Komet vom Himmel auf die Erde gefallen. Ein Mensch, der nicht nur Wunder vollbringt, sondern selbst eines ist. So ähnlich unfassbar und so zauberhaft wie *The Green Mile*, aber im Ganzen auch so wenig perfekt mag das Leben demjenigen vorkommen, der sich einen vorurteilsfreien Blick bewahrt hat.

Schließlich aber mutet der Film seinen Zuschauern auch sehr viel zu. Er teilt ihnen nicht mit, welcher Verbrechen die Todeskandidaten für schuldig befunden wurden oder wie es dazu kam, dass ihr Lebensweg eine solch verhängnisvolle Richtung nahm. Von Eduard Delacroix erfahren die Zuschauer nicht viel mehr, als dass der Häftling mit viel Geduld die Maus Mr. Jingles abgerichtet hat. Es ist rührend, mit welcher Zärtlichkeit er das kleine Tier behandelt und wie sehr er es bedauert, sie am Tage seiner Hinrichtung allein lassen zu müssen. Wie auch bei den anderen Delinquenten, versuchen die Aufseher, dem alten Mann den letzten Tag seines Lebens so erträglich wie möglich zu machen. Daher verspricht Paul, er werde Mr. Jingles in einer »Mäusestadt« in Florida unterbringen. Dort werde sie in einem Zirkus auftreten und die Kinder erfreuen. Die offensichtliche Lüge gibt Eduard Kraft, sich dem Unausweichlichen zu stellen, und lässt auch den Zuschauern seine letzten Minuten erträglicher erscheinen. Doch dann muss dieser Mann während seiner Hinrichtung die schrecklichsten Qualen erleiden. Denn ein sadistischer Aufseher hat aus Hass auf Delacroix die Apparaturen so manipuliert, dass er nicht durch den Stromstoß schnell getötet, sondern durch die Hitzeentwicklung langsam zu Tode gequält wird. Und als der Oberaufseher Paul die Situation durchschaut und die ersten Zeugen der Hinrichtung in Panik aus dem Saal stürzen, lässt er die fürchterliche und unwürdige Prozedur nicht etwa unterbrechen, sondern ordnet an, sie bis zum Tode Delacroix' fortzusetzen. Er sieht keinen anderen Ausweg. Eine Unterbrechung würde keine Linderung der Qualen, sondern nur deren Verlängerung bedeuten. Der Film zwingt die Zuschauer, diese schrecklichen und abstoßenden Minuten durchzustehen.

Die Todesstrafe ist für die meisten Menschen in Europa inakzeptabel. Aber den Film *The Green Mile*, der sie mit seiner wunderlichen Geschichte auf das Eindringlichste beschreibt, haben sich in Deutschland über zwei Millionen Menschen angesehen. Handelt es sich dabei um Befürworter oder um Gegner? Eine solche Frage greift zu kurz, weil sie unterstellt, die Menschen gingen wegen der offensichtlichen Themen, die die Filme behandeln, ins Kino. Die Problematisierung der Todesstrafe ist nur eine Ebene. Wie jeder wirksame Film modelliert *The Green Mile* darüber hinaus eine allgemeine Grunderfahrung, die jeden Menschen betrifft, egal ob er Befürworter oder Gegner der Todesstrafe ist. Auf dieser tieferen Ebene geht es um die Frage, wie viel an Zumutungen und Spannungen man auszuhalten imstande ist. Anders gesagt: Der Film führt sein Publikum mehrmals in extreme Konfliktlagen, erzeugt das Gefühl einer unfassbaren und in gewisser Weise auch unerträglichen Wirklichkeit, schneidet schnelle Fluchtwege ab und bietet schließlich Lösungen an, die man allenfalls als »ungefähr« bezeichnen kann. Sie befreien nicht aus den Spannungen, sondern suchen sie in einer konfliktreichen Form zu halten.

Alles andere als perfekt

Um das Publikum zu fesseln, arbeiten wirksame Filme mit Steigerungen. Szene für Szene führen sie in den Wirkungskreis ihrer Geschichte hinein und lassen im Erleben der Zuschauer einen seelischen Komplex entstehen. Ist dieser erst einmal etabliert, kommt es darauf an, ihn in weiteren Wendungen zu intensivieren und zu vertiefen. So werden in *The Green Mile* die Wunderheilungen von Mal zu Mal fantastischer, die Hinrichtungen unerträglicher, die Beziehungen zwischen den Aufsehern und Delinquenten komplexer, und schließlich läuft die Entwicklung auf eine Klimax zu, in der die ins Spiel gebrachten Wirkungsqualitäten eine ungeheure Zuspitzung erfahren. Gemeint ist die Hinrichtung John Coffeys.

Man muss sich einmal vor Augen halten, welch komplexe und spannungsvolle Konstellation sich aufgebaut hat. Die Zuschauer kennen den Ablauf der Hinrichtungen, sowohl deren Regeln als auch die unerträglichen Entgleisungen, die dabei passieren können. Sie wissen, dass die Prozedur für die Delinquenten auch dann eine Qual ist, wenn sie »ordnungsgemäß« verläuft. Der große Häftling John Coffey ist ihnen ans Herz gewachsen. Zum einen durch sein sanftes Wesen. Aber auch wegen der wunderbaren Hilfe, die er Paul bei der Überwindung seiner Krankheit und Melinda Moorse beim Sieg über den Krebs gewesen ist. Die Zuschauer wissen außerdem, dass John unschuldig ist. Der Film führt ihnen in eindringlichen Bildern vor Augen, wer die grausame Tat, für die er zur Rechenschaft gezogen werden soll, tatsächlich begangen hat. Die Exekution dieses Mannes wäre nicht nur eine menschliche Katastrophe, sondern auch ein nicht wieder gutzumachendes Unrecht. Daher drängt in den Zuschauern alles darauf, die Hinrichtungsmaschinerie aufzuhalten und John Coffey aus seiner unerträglichen Lage zu befreien.

In den meisten Filmen, die sich mit der Todesstrafe beschäftigen, werden solche Erwartungen auch erfüllt. *The Green Mile* jedoch schneidet den Zuschauern jeden Fluchtweg ab. Zwar belebt er eine Hoffnung auf die Befreiung John Coffeys, als Paul zu ihm in die Zelle geht und ihn fragt, ob er ihm zur Flucht verhelfen könne. Doch als der Schwarze dieses Angebot ablehnt und äußert, er wolle diese Welt, in der täglich nicht auszuhaltende Dinge passierten, lieber verlassen, ahnen die Zuschauer, dass sie auch diese dritte Hinrichtung werden durchstehen müssen. Die erste Exekution, bei der ein Delinquent indianischer Abstammung zwei Mal mit Starkstrom traktiert werden musste, bevor der Arzt den klinischen Tod feststellen konnte, und die langen Qualen Eduard Delacroix' lassen sie auf das Schlimmste gefasst sein. Kann dieser Koloss von einem Menschen, der durch bloße Willenskraft die Lampen im Gefängnistrakt zum Explodieren bringt, wirklich von einem elektrischen Stromstoß getötet werden? Wie lange werden seine Todesqualen dauern? Soll man etwa erneut Zeuge eines schrecklichen Leidens werden? Wie wird Paul seine Aufgabe bewältigen? Wie kann er die Hinrichtung des Mannes durchführen, von dessen Unschuld er überzeugt ist? Und wie kann er die Verantwortung für die Vernichtung eines, wie er selbst sagt, »göttlichen Wunders« übernehmen? Solche und ähnliche Fragen und Befürchtungen verdichten sich zu einer Zerreißprobe, aus der man am liebsten ausbrechen möchte. Und doch verlangt der Film von seinem Publikum, die Hinrichtung dieses Mannes durchzustehen.

Spannungen durchstehen

Als die Stunde naht, warten im Zuschauerraum der Hinrichtungsstätte die von Hass erfüllten Eltern der ermordeten Mädchen. Die Zuschauer wissen, dass sie mit ihren rüden Vorwürfen John Coffey Unrecht tun. Paul Edgecomb, der bisher die Durchführung der Hinrichtungen seinen Kollegen überlassen hatte, wird trotz seiner persönlichen Verwicklung selbst die tödlichen Befehle geben. Die Zuschauer malen sich aus, welch innerer Kampf sich in diesem Mann abspielen muss. Er will John die schwarze Kapuze aufsetzen lassen, doch der Schwarze bittet darum, ihm diesen Teil des Rituals zu ersparen. Er habe Angst im Dunkeln. Das ist ein Stich in die Herzen der Zuschauer. Sie erinnern sich daran, dass der schwarze Häftling bei seiner Überstellung in den Todestrakt eine ähnliche Äußerung gemacht hat. Weil Paul auf den Wunsch des Todeskandidaten eingeht, müssen sie den Anblick seines Gesichtes auch in dem Augenblick ertragen, in dem der elektrische Strom durch ein Gehirn geleitet wird. Wie schon bei der grauenhaften Hinrichtung von Delacroix, gibt es nun kein Zurück mehr. Auch wenn es die Zuschauer danach drängt, sich den Spannungen zu entziehen – der Film hält sie doch dabei und mutet ihnen zu, sie bis zum Ende zu ertragen. Wie der Rahmen eines Bildes den Betrachter dazu anhält, in seinem Wirkungsraum zu verweilen, wird quer zu allen Unerträglichkeiten und Fluchttendenzen an dem vorgegebenen Ablauf der Hinrichtung festgehalten. Vom Film selbst aufgebaute Hoffnungen werden zerstört. Das Gefühl für Gerechtigkeit wird enttäuscht, und die Sympathien, die sich in den eineinhalb Stunden Filmerleben herausgebildet haben, werden einer Prüfung unterzogen. Und doch ist das Durchstehen dieser Klimax nicht nur eine Zumutung, sondern wird eigenartigerweise auch als Leistung empfunden. Diese Ebene wirkt hinter der vom Film geführten Diskussion, ob die Todesstrafe eine gerechtfertigte Sanktion darstellt. Sie ist allgemeiner und hinterlässt das Gefühl, eine ungeheuerliche Erfahrung gemacht zu haben. Denn im Alltag kommt man selten dazu, eine derartige Zerreißprobe durchzustehen.

Auch wenn es von unserer durch Ästhetisierung, Leichtgängigkeit und Geschwindigkeit geprägten Alltagskultur in den Schatten gestellt wird, machen die Menschen dennoch täglich ihre Erfahrungen mit dem »unperfekten Leben«. Sie spüren, dass die meisten Problemlösungen einen Rest lassen, der sie an ihrer Richtigkeit zweifeln lässt. Sie wissen, dass es Aufwand und Opfer bedeutet, an einem Ziel, einer Entscheidung festzuhalten. Sie ahnen, dass die Kompensationen und Fluchten, die das Leben bietet, wie Konsum, Rausch, Heiterkeit und Feiern, den Alltag auf Dauer allein nicht tragen können. Viele Menschen wissen auch, dass sie die Verbindung zu ihrem Lebenspartner nur halten können, wenn sie sein Anderssein aushalten. Das private »Glück« will jeden Tag erarbeitet werden. Die Lösungen, die wir für das Spannungsfeld des Lebens finden, haben immer etwas Ungefähres; sie heben die Konflikte nicht auf, sondern geben ihnen einen neuen – bestenfalls beweglicheren – Rahmen.

Nach John Coffeys Tod greift der Film seinen Anfang wieder auf. Die Zuschauer erfahren, dass Paul von dem wunderlichen Mann zwar mit einer besonderen Lebenskraft ausgestattet wurde, die es ihm ermöglicht, sich auch mit 105 Jahren einer guten Gesundheit zu erfreuen. Doch die Kehrseite dieser Gabe spricht der alte Mann auch an. Sie besteht darin, dass er dazu verdammt ist, solange er lebt, dem Tod ins Angesicht zu schauen. Zwar wurde ihm ein übernatürlich langes Leben geschenkt, aber dieses Wunder hat ihn aus dessen Spannungsfeld nicht befreit, sondern ihn im Gegenteil tiefer hineingeführt. Paul musste inzwischen zusehen, wie seine Frau, sein Sohn, alle seine Kollegen und Freunde starben, und er wird auch an Elaines Grab stehen, der er seine Geschichte in der Rahmenhandlung erzählt: Ein Mehr an Leben bedeutet auch ein Mehr an Leiden.

The Green Mile geleitet seine Zuschauer durch eine Reihe von konfliktgeladenen Augenblicken. Er setzt seine filmischen Mittel dazu ein, um ihr Erleben über fein kalkulierte Zwischenschritte und stetige Steigerung schließlich in eine ungemein gespannte Situation hineinzuführen. In der Klimax gehen die Zuschauer ganz und gar in der vom Film vorbereiteten Zerreißprobe auf. Aber sie können dabei über die Grenzen ihrer eigenen Spannungstoleranz hinauswachsen. Das nächste Beispiel verfolgt einen anderen Weg. Der Film von Steven Soderbergh lässt über mehrere parallel laufende Storylines einen immer komplizierter und unentwirrbarer erscheinenden Wirkungszusammenhang entstehen: Drogenhandel als gesellschaftspolitisches Phänomen. Er macht deutlich, dass es für das Ganze in absehbarer Zeit keine Lösung geben kann, aber er bietet den Zuschauern einen Haltepunkt an: Die Lösung im kleinen Bereich.

Traffic – Macht des Kartells (USA/D 2000)
Buch: Stephen Gaghan
Regie: Steven Soderbergh

Als Richter Robert Wakefield (Michael Douglas) die Leitung des Nationalen Büros zur Drogenbekämpfung übernimmt, führt er ein längeres Gespräch mit seinem Vorgänger General Landry (James Brolin). Dieser bereitet ihn mit einer Anekdote über Nikita Chruschtschow auf seine schwierige Aufgabe vor. Als der Generalsekretär der KPdSU die Amtsgeschäfte an seinen Nachfolger übergab, soll er ihm zwei Briefumschläge überreicht haben. Gerate er in Schwierigkeiten, solle er den ersten Umschlag öffnen und demnach handeln. Stoße er ein weiteres Mal an eine unüberwindliche Grenze, möge er sich den zweiten Umschlag vornehmen. Nach gar nicht langer Zeit muss der Nachfolger den ersten Brief aufmachen. Dort liest er: »Schieb alles auf mich.« So macht er es auch und bleibt in Amt und Würden. Als er erneut in Not gerät, öffnet er den anderen Umschlag. Dort liest er: »Setz dich hin und schreibe zwei Briefe.« Auch wenn er es vielleicht noch nicht glauben mag, weiß Richter Robert Wakefield nun, dass auf ihn eine Aufgabe wartet, für die es keine Lösung gibt.

Unlösbares Problem

Szene für Szene enthüllt das formal ungewöhnliche Werk von Steven Soderbergh ein Gefüge, in dem Gesetz und Verbrechen, persönliches Schicksal und Politik, Rausch und Leid ineinander verschlungen sind. In den ersten Bildern erzählt der Polizist Javier (Benicio Del Toro) seinem Kollegen und Freund Manólo (Jacob Vargas) einen Traum. Jemand habe seiner Mutter eine Plastiktüte über den Kopf gestülpt, sodass sie zu ersticken drohe. Das wirkt wie eine schlimme Ahnung. Die beiden sitzen mitten in der mexikanischen Wüste in einem Auto und warten. Als sich ein Lastwagen nähert, halten sie ihn an und fordern die beiden Fahrer auf, ihnen die Ladung zu zeigen. Mehrere Zentner Kokain befinden sich in den sauber abgepackten Kartons. Ein sehr guter Fischzug für die beiden Polizisten, denen der mexikanische Staat die Möglichkeit gibt, als »Privatunternehmer« für Recht und Ordnung zu sorgen. Javier und Manólo legen den Männern Handschellen an. Doch als sie den Lastwagen in die Stadt überführen, werden sie von einer Truppe Militärs angehalten und mit Waffen bedroht. Jetzt sind sie selbst in der Klemme. Es sieht zunächst so aus, als schlage ihre letzte Stunde. Doch dann taucht eine Gestalt aus dem aufgewirbelten Staub der Straße auf und kommt auf sie zu. Es ist Drogengeneral Salazar (Tomás Milián), der den beiden Polizisten eröffnet, dass er die Fracht übernehme. Er möchte von Javier wissen, von welchem Informanten er den Hinweis zur Ergreifung der beiden Drogenhändler erhalten habe. Die Situation wirkt bedrohlich wie der Traum am Anfang. Javier verzieht keine Miene und behauptet, es sei einer von den Informanten ohne Namen gewesen. Diese Haltung scheint dem General zu imponieren. Er lässt die beiden glücklosen Polizisten laufen und macht sich mit der Riesenladung Rauschgift und den beiden Fahrern davon. Die Handschellen hat er den Polizisten nicht zurückgegeben.

Das ist nur einer der vielen Plots, die der Film in seinen fast zweieinhalb Stunden aufnimmt und zu einem komplexen Ganzen verwebt. Mit jeder Wendung wird das Bild vom Drogenhandel zwischen Mexiko und den Vereinigten Staaten kompletter. Aber es vertieft sich zugleich auch der Eindruck, dass sich die Gesellschaften der beiden Staaten im Würgegriff eines riesigen Kraken befinden. Wenn man einen seiner Arme abschneidet, wachsen zwei neue nach.

Javier, den Eindruck erhält man schon in den ersten Bildern des Films, ist ein geradliniger Mann. Er ist wohl der stärkste Hoffnungsträger in dem Netz von Gier, Macht, Korruption und Verrat. Mehrmals zeigt er, dass er sich nicht bestechen lässt. Und seinem Kollegen Manólo gegenüber verhält er sich wie ein fürsorglicher älterer Bruder. Doch im selben Zuge, in dem die Zuschauer Javiers Verlässlichkeit kennen lernen, gerät dieser unter den Einfluss General Salazars, der unter dem Deckmantel eines staatlichen Auftrages zur Bekämpfung des Drogenhandels selbst das mächtigste Kartell Mexikos aufbaut. Man muss hinnehmen, dass der geradlinige Polizist in Zusammenhängen agiert, die seine Absichten ins Gegenteil verkehren, in denen seine Anständigkeit nichts mehr zählt. Auch in Robert Wakefield lernt man zunächst einen Mann kennen, der das schwierige Problem wirkungsvoll anzugehen bereit ist. Seine aufrichtige Art, die Meinungen seiner vielen Berater ernst zu nehmen, und sein Elan, nach ungewöhnlichen Lösungen zu suchen, unterstreichen diesen Eindruck. Doch gerade als Robert im Beruf seine

Richtung findet, gerät er im Privaten in etwas hinein, was seine Macht übersteigt. Er muss feststellen, dass seine Tochter Caroline (Erika Christensen) schon seit längerer Zeit drogenabhängig ist und seine Ehe darüber zu zerbrechen droht. Je mehr man sich auf die Erzähllinien des Films einlässt, desto tiefer gerät man hinein in ein Knäuel von Wirkungen und Gegenwirkungen, das immer weniger zu entwirren ist.

Lösung im kleinen Bereich

Das erinnert an die Fabel von dem Hasen und dem Igel. Wann immer der eine sich dem Ziel nähert, ist der andere schon da und lacht ihn aus. Und doch lässt der Film sein Publikum nicht ohne das Gefühl für eine Lösung gehen. Als Javier sich von Salazar lösen möchte und sich im Gegenzug von der amerikanischen Behörde zur Drogenbekämpfung als Informant anwerben lässt, verlangt er als Entlohnung, der amerikanische Staat solle sich für den Bau einer Flutlichtanlage im Baseballstadion seiner Heimatstadt Tijuana engagieren. Er möchte den Kindern und Jugendlichen einen Ort geben, an dem sie sich auch abends aufhalten können, ohne von Drogendealern verführt zu werden. Hier wird eine Entwicklungsrichtung spürbar, die zwar das Problem im Ganzen nicht zu lösen imstande ist, die aber dem Getriebe von Gier, Macht und Vernichtung das Bild eines geschützten, hellen Raums (das beleuchtete Stadion) entgegenhält. Auch wenn sich der Krake in absehbarer Zeit nicht vernichten lässt, ist damit doch zumindest der Keim gelegt für einen Ort außerhalb seines Einflussbereiches. Auf der anderen Seite der Nationalgrenze entschließt sich Robert dazu, seinen Posten niederzulegen, um sich seiner drogenabhängigen Tochter zu widmen. Wenn es ihm gelingt, einen Menschen der Macht der Drogen zu entreißen, hat er vielleicht mehr erreicht, als wenn er sich an oberster Stelle um die Bekämpfung eines Problems bemüht, das niemals in den Griff zu bekommen ist, solange die Menschen in Drogen ein größeres Versprechen sehen als in den Orientierungen der Gesellschaft und in dem oberflächlichen Halt ihrer Eltern. In der langen, letzten Einstellung des Films spielen unter dem neu installierten Flutlicht die Kinder von Tijuana Baseball, und Javier, der sie von der Tribüne aus beobachtet, weiß, dass sie wenigstens für diese Zeit geschützt sind. Das ist zwar keine Lösung des Problems, aber doch ein Abschluss, mit dem man nach Hause gehen kann.

Die Lebenswirklichkeit ist ein Zusammenhang, den wir nicht mit einem Male in den Griff bekommen können. Viele Filme blenden diese Grunderfahrung aus und führen ihre Zuschauer auf ein Ende zu, das die aufgeworfenen Fragen beantwortet. Wenn sie ihren Alltag als schwierig und anstrengend erfahren, können sie sich mit solchen »perfekten« Lösungen ein wenig ausruhen. Filme wie *The Green Mile* oder *Traffic – Macht des Kartells* haben eine andere Wirkung. Sie machen spürbar, dass man auch im Aushalten von Spannungen und im Hinnehmen seiner eigenen begrenzten Macht eine Perspektive sehen kann. *The Green Mile* führt in sich steigernde Zerreißproben hinein und setzt auf das Aushalten der Spannungen. *Traffic – Macht des Kartells* gibt nicht vor, dass es für das Drogenproblem eine einfache Lösung gibt. Der Film macht deutlich, dass wir es auf Dauer nur dann in den Griff bekommen können, wenn jeder in seinem Bereich anfängt, dem zweifelhaften Versprechen der Drogen entgegenzutreten. Auch mit solchen Inhalten kann man das Kinopublikum stark bewegen und beeindrucken.

Ungefähre Lösungen?

Der Mensch hängt an der Vorstellung, »Herr im eigenen Haus« zu sein. Filme, die einen starken Helden in das Zentrum ihrer Geschichte stellen, kommen dieser Vorstellung entgegen. Wenn Mr. Superhero in letzter Minute die Erde vor der Katastrophe bewahrt, können alle beruhigt nach Hause gehen: Egal welche Gefahren drohen, es gibt immer einen Ausweg! Und warum soll man die runden Lösungen solcher Rettungsfantasien nicht auf das Leben übertragen?

Wenn man Filme dieser Art genauer analysiert, rückt jedoch ein anderer Zusammenhang in den Blick, nämlich dass es den Helden ohne den ganzen Betrieb der Wirklichkeit nicht gibt. Sie zeigen, dass seine Macht in den Möglichkeiten liegt, die die Welt mit ihren Gegenständen, ihren Technologien und Waffen bereitstellt. Was wäre James Bond ohne den Geheimdienst und seine ausgeklügelte Agentenausrüstung? Was wäre Spider-Man ohne den Biss der Spinne? Kein Mensch ist eine Insel, auch nicht der Held. Manchmal weihen die Filme die Zuschauer in etwas ein, wovon der Held selbst keine Ahnung hat: Er hat einen Beschützer, der ihm heimlich den Rücken stärkt, oder er ist von seiner Aufgabe in einer Art und Weise besessen, dass sie ihm übermenschliche Kräfte verleiht. Filme machen uns nicht vor, dass der Einzelne alles aus sich selbst herauszieht. Wir, die Zuschauer sind es, die vergessen, dass jeder Mensch die Welt braucht, um auch nur einen Fuß vor den anderen zu setzen. Wir machen unsere eigenen Größenvorstellungen an den Filmhelden fest.

Mit ihren kompletten Welten halten die Filme vor Augen, dass jede unserer Handlungen, ja jede Empfindung, auf einem Wirkungszusammenhang beruht, von dem wir keine bewusste Vorstellung haben. Bevor wir einen Satz sprechen oder eine Aufgabe angehen, ist ein seelisch-kultureller Gesamtbetrieb schon in Tätigkeit. Deshalb ist so viel Unruhe in unserem Leben, haben wir das Gefühl, etwas nicht richtig zu machen, oder werden wir von Schuldgefühlen gequält. Deshalb befürchten wir, dass uns das Ganze entgleitet, sich gegen uns kehrt oder uns erschöpft. Wir greifen immer nach dem Ganzen und werden doch von ihm übergriffen. Wie Charlie Chaplin in der Drehtür oder der riesigen Maschine in *Moderne Zeiten* (USA 1936). Auf der anderen Seite bedeutet dieser unbewusste Wirkungszusammenhang aber auch eine Unterstützung. Wenn wir in jedem Augenblick alles aus eigener Kraft erbringen müssten, kämen wir niemals von der Stelle. Denn der unbewusste Seelenbetrieb ist intelligent, ausdauernd und erfahren. Er kennt den Rhythmus des Lebens besser als wir.

Filme beleben diesen Wirkungszusammenhang und spitzen ihn zu. Wenn sie ihn nicht spürbar machen, haben sie keine Wirkung. Die einen suchen den Wunsch der Menschen nach einer perfekten Lösung zu erfüllen. Andere – und die waren in diesem Kapitel Thema – machen spürbar, wie wenig wir darauf setzen können, aus dem Spannungsfeld des Lebens für immer befreit zu werden. Manchmal vermitteln sie gerade damit eine »heilsame« Erfahrung. Denn es gibt nicht nur das Versprechen des großen Glücks. Es gibt auch das gute Gefühl, einem schwierigen Problem eine ungefähre Lösung abgerungen zu haben.

Leben in unserer Zeit

Unbekannter Alltag

Moderne Technik und neue Medien haben uns in unserem All-tag eine enorme Erleichterung und Zeitersparnis beschert. Sie reduzieren komplizierte Tätigkeiten auf einen Knopfdruck und verbinden uns mühelos mit jedem Ort der Erde. Aber sie haben das Leben mit einem Netz von Abstraktion und Formalisierung über-zogen, das uns von seinen Vorgängen und Aufgaben entfremdet. Ziele wie »immer schneller«, »immer größer« und »immer reicher« lenken von den Grundaufgaben des Lebens ab und lassen weite Be-reiche des Psychischen brachliegen. Viele Menschen erfahren über einen Blick auf das Ziffernblatt ihrer Uhr, die Anzahl der Nach-richten auf ihrem Handy und die Kurven der Aktienkurse, ob es eher gut oder schlecht um sie bestellt ist, und hierüber vergessen sie, wie Alltag eigentlich funktioniert.

So gut Hollywood das Geschäft mit der Illusion, dem Spek-takel und dem Jahrmarkt der Sensationen versteht, sosehr be-weisen die großen US-Studios, dass sie auch die dringend-sten Hoffnungen und Befürchtungen unserer Zeit verstehen. Blockbuster wie *Titanic* (USA 1997) oder *Forrest Gump* (USA 1994), die Millionen von Menschen mit unterschiedlichem so-zialen Hintergrund auf ein und dasselbe Erlebnis einstim-men, sind Werke, in deren Rahmen sich die Kultur selbst be-handelt. So ist es nicht erstaunlich, dass Hollywood inzwischen auch Probleme thematisiert, die aus der Automa-tisierung und Digitalisierung der Lebenswelt erwachsen. Ei-genartigerweise sind es Kinofilme, über die die Menschen in den kompletten Wirkungskreis des Alltags zurückfinden.

Im Jahr 1704 segelte der schottische Seefahrer Alexander Selkirk auf der »Cinque Ports« auf Kap Hoorn zu. Er geriet mit dem Kapitän des Schiffes in Streit und ließ sich im Zorn auf dem kleinen Archipel Juan Fernández 600 Kilometer nordwestlich von Chile aussetzen. Abgeschnitten von der Zivilisation, lebte er dort knapp fünf Jahre. Seine Rettung durch Kapitän Woodes Rogers 1709 erregte in England großes Aufsehen und hat wohl Daniel Defoe zu dem 1719 erschienenen Roman *Robinson Crusoe* inspiriert. Selkirk baute sich zwei Hütten aus Bäumen, Gras und Ziegenhäuten. Er besaß ein Beil, ein Messer, einen Kessel und ein Gewehr, aber sein letztes Schießpulver hatte er bald verschossen. Er machte Feuer, indem er zwei Hölzer aneinander rieb, und als die wenigen Kleidungsstücke, die er mitgebracht hatte, abgetragen waren, fertigte er sich eine Hose aus Ziegenfell. Als Nadel diente ihm ein rostiger Nagel. Als sein einziges Messer nicht mehr zu gebrauchen war, schliff er mit Steinen eine neue Klinge aus einem Stück Eisen, das er am Strand gefunden hatte. In der ersten Zeit wurde Selkirk von Ratten bedroht, die ihm nachts die Füße anfraßen. Um sich zu schützen, lockte er Katzen an, zähmte sie und ließ sich von ihnen »bewachen«. Selkirk hatte lange Zeit unter quälender Melancholie zu leiden. Um sich zu kurieren, vertrieb er sich die Zeit damit, seinen Namen in die Rinde der Bäume zu ritzen, und machte die Katzen zu seinen Freunden.

In dem Maße, in dem unser technisierter und von Computern gestützter Alltag selbstverständlich geworden ist, ziehen uns Beschreibungen solcher Robinsonaden an. Denn sie vermitteln eine anschauliche Vorstellung von den grundlegenden Aufgaben des Lebens, die in unseren eigenen komplizierten Tagesläufen mittlerweile fast unkenntlich geworden sind. Dieser Zusammenhang dürfte den amerikanischen Drehbuchautor William Broyles Jr. dazu inspiriert haben, ein Filmkonzept zu entwickeln, in dem einer der bekanntesten Filmstars unserer Zeit – völlig auf sich gestellt wie einst Alexander Selkirk auf einer einsamen Insel – um sein Überleben kämpft.

Verschollen (USA 2000)
Buch: William Broyles Jr.
Regie: Robert Zemeckis

Der im ersten Kapitel unter einem anderen Gesichtspunkt betrachtete Film erzählt von dem Systemingenieur Chuck Noland (Tom Hanks), den es während eines Einsatzes für das Transportunternehmen FedEx auf eine einsame Insel verschlägt. Dort muss der an den modernen Alltag gewöhnte Mann zu den einfachen Aufgaben des Lebens zurückfinden. Er lernt Feuer zu machen, sich gegen die Naturkräfte zu schützen, Nahrung zu produzieren und sich um sein Seelenheil zu kümmern. Nur die Liebe zu seiner Freundin Kelly (Helen Hunt) lässt ihn in der Einsamkeit nicht verzweifeln und hält seinen Lebenswillen aufrecht. Als vier Jahre vergangen sind, spült ihm die Flut ein halbes Toilettenhäuschen an den Strand. Chuck baut sich ein Floß, benutzt das Plastikteil als Segel und kann mit diesem Gefährt die Insel verlassen und in die Zivilisation zurückkehren. Doch bei seiner Ankunft muss er feststellen, dass er sich seinem früheren Leben entfremdet hat.

Die Entstehung des Films zeigt, dass es Robert Zemeckis um eine authentische Realisierung des Drehbuchs ging. Obwohl die Produktion damit höhere Kosten in Kauf nehmen musste, wurde der Film chronologisch in zwei Teilen gedreht. Im ersten Abschnitt hielt Zemeckis fest, wie Chuck Noland auf die Insel kommt und sich dort einrichtet. Dann ließ er ein ganzes Jahr verstreichen und drehte mit Michelle Pfeiffer und Harrison Ford den Thriller *Schatten der Wahrheit*. (s. Kapitel II 3, Im Schatten der Wahrheit). Aber Tom Hanks, der Hauptdarsteller von *Verschollen*, musste inzwischen abspecken und durfte sich ein Jahr lang weder rasieren noch die Haare schneiden. Außerdem verlangte Zemeckis, dass er sich ganz und gar auf die Rolle des einsamen Nolands einstellte. Als Tom Hanks ein Jahr später am Set erschien, war der Regisseur von seiner Vorbereitung beeindruckt. Besonders der kalte, leere Ausdruck seiner Augen zeigte an, dass es Hanks tatsächlich gelungen war, sich in die Rolle des verzweifelten Einsiedlers hineinzuversetzen.

(Computer-)Absturz

Chuck Noland ist von dem Ziel besessen, das von ihm mit begründete Transportunternehmen FedEx zu dem größten der Welt zu machen. Am Anfang des Films sehen wir ihn durch die Welt jetten. Über Computer, Pieper und Handy ist er überall mit der Zentrale der Firma in Verbindung. Er lebt nach dem Takt der Uhr und teilt sein Leben in Meilen, Minuten und Stunden ein. Effektivität ist sein höchstes Ziel. Während einer – selbstverständlich aus Gründen des Zeitdrucks – im Auto über die Bühne gebrachten Weihnachtsbescherung schenkt ihm seine Freundin Kelly die silberne Taschenuhr ihres Großvaters. Auf der Innenseite des Deckels hat sie ein Foto von sich befestigt. Chuck hat keine Zeit, sich die Uhr genauer anzusehen. Weihnachten hin oder her – er hat einen wichtigen Einsatz und muss sein Flugzeug bekommen. »Ich bin gleich wieder da!«, ruft er seiner Freundin zu und fliegt davon.

Auf dem Flug über den Pazifik vergewissert sich Chuck, dass die Uhr noch immer funktioniert. Wenige Augenblicke später ereignet sich eine Explosion. Die gesamte komplizierte Technologie des Flugzeugs bricht zusammen, und es kommt zu einem heillosen Chaos. Mit diesem Flugzeugabsturz rückt der Film ins Bild, welchen verheerenden Schlag unser durchdigitalisierter und computergesteuerter Alltag erführe, wenn die ihn steuernden zentralen Rechner und Automaten einmal ausfielen. Als Chuck auf einer kleinen Insel wieder zu sich kommt, zieht er zuerst seinen Pieper aus der Tasche. Er funktioniert nicht mehr. Dann sieht er sich die Taschenuhr an. Ihr Mechanismus ist vom Salzwasser zerstört. Mit einer Drehung der Hand rückt er Kellys Foto in den Blick. Dieses Bild von seiner Freundin wird ihn die nächsten vier Jahre nicht mehr loslassen.

In den Besprechungen wurde *Verschollen* als moderne Robinsonade bezeichnet. Das ist zutreffend, aber während Defoes *Robinson Crusoe* den im Sinne des englischen Puritanismus erzogenen Schiffbrüchigen die verlorene Welt im Kleinen schnell wieder aufbauen ließ, macht Zemeckis' Film deutlich, in welchem Maße der moderne Mensch seinen Lebensinhalt in den Technologien und Medien findet, die den Alltag für ihn gestalten. Chuck hat mit dem Absturz alles verloren, was ihm bisher Halt und Sinn gab: die Telefonverbindung zur Firma, den Computer, das Internet, die Uhrzeit, sein Auto, aber auch die vielen Automatisierungen, die den Alltag heute so effektiv und angenehm machen. Er besitzt kein Bild von einem »gottgefälligen Leben« wie Robinson Crusoe, mit dem er die Wildnis kultivieren könnte. Ohne seine Geräte und sein berufliches Netzwerk stürzt er ins Nichts. Verzweifelt und geschunden versucht er von dem Eiland zu fliehen, doch die Brecher der Brandung treiben ihn zurück. Er muss bleiben und das Leben von Grund auf neu erlernen.

Chuck kann einige Pakete, die für Empfänger auf den Philippinen bestimmt waren, aus der Brandung ziehen. Er muss sein Pflichtgefühl überwinden, um sie zu öffnen. Aber die Dinge, die er auspackt, finden auf seiner Insel eine ganz andere Verwendung. Sie stellen sich in den Dienst banaler Aufgaben des Lebens. Das Cocktailkleid, das für den Auftritt auf einer Party bestimmt war, arbeitet er zu einem Netz um, mit dem er Fische fängt: Versorgung mit Nahrung. Aus den weißen Schlittschuhen macht er eine Axt und bricht sich damit einen entzündeten Zahn aus dem Kiefer: Schutz vor Schmerz. Dem Volleyball malt er ein Gesicht auf und macht ihn zu seinem »besten Freund«: Bedürfnis nach Bindung. Über solche Umdeutungen wird unmittelbar erfahrbar, dass hinter der Schicht unseres selbstverständlich gewordenen, schillernden Wohlstands ein Betrieb wirksam ist, der, wenn er erst in Not gerät, unseren Luxusgütern eine lebenspraktische Funktion verleiht. Für die Zuschauer unmittelbar mitvollziehbar, wird eine einfache Ordnung freigelegt, die in unserem komplizierten Alltag fast unkenntlich geworden ist. Und wenn Chuck später seinen »Freund« Wilson auf dem Meer verliert, erfahren die Zuschauer seinen Trennungsschmerz nicht minder intensiv, als wenn es sich um den Verlust eines Menschen handelte. Die Sehnsucht nach Bindung ist so unzerstörbar, dass sie sich auch an einen leblosen Ball heftet, wenn sich ihr kein anderes Objekt bietet.

Wiederentdeckung des Alltags

Ist es nicht erstaunlich, dass sich dieser Film, der fast 100 Minuten lang nichts anderes zeigt als einen Mann, der in mehreren Anläufen versucht, Kokosnüsse zu öffnen, Feuer zu machen, Schutz zu suchen, sich von Schmerzen zu befreien und ein Floß zu bauen, als einer der ganz großen Kinoerfolge erwies? Fünf Millionen deutsche Zuschauer verweisen darauf, dass die Menschen – so sehr sie auch an den Annehmlichkeiten der zeitgenössischen Kultur hängen – eine starke Sehnsucht nach einem Bild haben, das ihnen sagt, wie das Leben geht. Indem der Film Tom Hanks mit seinen bloßen Händen den Alltag neu erlernen lässt, lässt er ein solches Bild entstehen. Es ist, als sei im Rahmen einer Überkultivierung das Bedürfnis entstanden, sich von der aus Automaten, Medien und Formalismen bestehenden zweiten Haut zu befreien, um das Leben mit seinen einfachen Grundproblemen neu zu entdecken.

Dass es in *Verschollen* um die Wiederentdeckung des Alltags geht, ist auch daran erkennbar, dass in dem gesamten Film – von dem eindringlich inszenierten Flugzeugabsturz einmal abgesehen – nicht eine Actionszene zu sehen ist. Anders als in den älteren Robinsonfilmen findet hier kein Kampf gegen Kannibalen statt und baut sich Chuck auch keinen Palisadenwall, auf dem er sein Leben eindrucksvoll gegen die Übermacht von Angreifern verteidigt. Genau betrachtet handelt es sich bei *Verschollen* auch nicht um einen Abenteuerfilm. Was die Zuschauer einbindet, ist der Blick auf ein Leben, das in den Materialqualitäten der Dinge, den banalen Notwendigkeiten des Lebens, seinen tiefsten Sinn findet: der Alltag in seinen einfachsten Funktionen. Der zeitgenössische Alltag klinkt sich wieder ein in den Rhythmus der Tageszeiten, die Veränderungen des Wetters und die Grundfunktionen des Leibes. Im Erleben der Zuschauer entsteht eine konkrete Zeitlichkeit, die sie in ihren durch Knopfdruck geregelten Tagesläufen verloren haben. Den banalen Betrieb des Alltags finden sie paradoxerweise im Hollywoodkino wieder.

Verschollen steigert sich zur Satire, wenn das Meer dem Gestrandeten schließlich ein marodes Toilettenhäuschen aus Plastik vor die Füße wirft. Chuck verharrt vor dem Teil ähnlich ratlos wie vor den Dingen, die er aus den Paketen holte. Wie lässt sich dieser Abfall der zivilisierten Welt in das Getriebe seines Inselalltags einpassen? Schließlich kommt ihm die zündende Idee. Er wird sich ein Floß bauen und die flexiblen Plastikwände als Segel benutzen. So ist es weder ein Flugzeug noch ein Handy und auch kein anderes technisches Wunderwerk unserer Zeit, das Chuck aus seinem unfreiwilligen Inseldasein befreit. Drastisch gesprochen ist es ein »Scheißhaus«, mit dem der moderne Robinson in die moderne Zivilisation zurückfindet. Diesen witzigen Drehpunkt kann man mit Fug und Recht als den inhaltlichen Nabel des Films bezeichnen.

Nach langen Tagen der Verzweiflung auf dem Meer wird Chuck von einem Frachter aufgenommen. Doch mit seiner Rettung ist der Film nicht zu Ende und entfaltet noch einmal das ganze Ausmaß seiner inhaltlichen Kraft. Chucks Kollegen und Freunde haben mit seiner späten Rückkehr nicht mehr gerechnet, denn sie waren der Überzeugung, dass er den Flugzeugabsturz nicht überlebt hatte. Auf der für ihn ausgerichteten Willkommensparty des Transportunternehmens fühlt sich Chuck wie ein Fremder. Seine Bewegungen sind langsam geworden und die Dinge des modernen Alltags kommen ihm eigenartig vor. Er betrachtet die einst so vertraute Welt mit verändertem Blick. Seine Freundin Kelly hatte um ihn getrauert, schließlich aber geheiratet und ein Kind bekommen. Sie würde der Begegnung mit Chuck am liebsten aus dem Weg gehen, aber er sucht sie in ihrem neuen Heim auf. Immerhin war es ihr Bild, das ihn die Jahre der Einsamkeit ertragen ließ. Für einen Moment sieht es so aus, als wollten die beiden an der Zeit vor ihrer Trennung wieder anknüpfen, doch Chuck weiß, dass sich die Veränderungen nicht rückgängig machen lassen, und rät seiner Freundin, bei ihrer Familie zu bleiben. Er hat in den Jahren auf der Insel gelernt, dass das Leben keine CD ist, auf der man zwischen den einzelnen Songs beliebig hin und her springen kann. Sein Alltag hat in einen lebendigen Rhythmus gefunden, bei dem sich eins aus dem anderen entwickelt und deshalb nichts ungeschehen gemacht werden kann. Chuck verabschiedet sich von Kelly und lässt sich staunend auf den unvorhersehbaren Fluss des Lebens ein.

Verschollen trifft auf ein Kinopublikum der Jahrtausendwende, dessen Alltag so durchtechnisiert ist, dass dessen banale Aufgaben unkenntlich geworden sind. Wir haben in vielen Bereichen verlernt, wie das Leben funktioniert. Auch deshalb machen uns Kinder hilflos und stehen wir den Alten ratlos gegenüber. Ohne Alltagsmedien, Computer, Fernsehen und Automatisierung kommen sich viele Zeitgenossen wie seelische Analphabeten vor. Der Film wirft uns mit einem Male in eine gänzlich andere Alltagsordnung. Hier geht es um den Umgang mit dem Material der Dinge, die banale Sorge um Schutz, Bindung und Sicherheit. Hier bringt sich die Zeit nicht in exakten Displays zum Ausdruck, sondern in der Veränderung des Lichts über dem Meer, dem Rhythmus der Gezeiten und Körperbedürfnisse und im Drehen des Windes. Die einhundertminütige ›Seelenmassage‹, die der Film mit dem Zuschauer veranstaltet, ist die Grundlage für einen simultan verspürten Stellenwechsel. Und wenn Tom Hanks am Ende in der weiten Ebene mitten auf einer Straßenkreuzung steht und sich sein Gesicht in der letzten Einstellung auflöst, hat man das Gefühl, zu einer anderen Ordnung gefunden zu haben. Es ist schon erstaunlich, dass die Menschen ausgerechnet im Kino den unvertraut gewordenen Alltag wieder entdecken.

Obsessionen behandeln Zwänge

Noch nie waren die Menschen in ihrer Lebensführung so frei wie heute. Mit dem Rückzug der großen Religionen und Weltanschauungen aus dem Alltag der westlichen Gesellschaften kann jeder nach seiner ganz persönlichen Fasson glücklich werden. Ein großes Spektrum an Lebensbildern und Freizeitformen steht bereit, diese Freiheit zu nutzen. Näher betrachtet lassen sich die Menschen aber nach wie vor von vorgegebenen Mustern bestimmen. Sei es, dass sie den Versprechungen von Mode und Konsum aufsitzen, sei es, dass sie ihr Leben unter das Diktat von Zwängen und Abhängigkeiten stellen. Obsessionen werden unter diesen Bedingungen nicht nur als verhängnisvoller und manchmal zerstörerischer Bann gesehen, sondern auch als eine Chance, sich aus bestehenden Zwängen zu befreien. Denn es bedarf eines packenden und alles mit sich reißenden Bildes, um das engmaschige Netz zeitgenössischer Zwänge zu durchbrechen.

Filmsatiren haben eine starke Wirkung, wenn sie der Gesellschaft einen schonungslosen Spiegel vorhalten. Mit ihren Übertreibungen heben sie Züge des Alltags heraus, die in dessen selbstverständlichem Ablauf kaum bemerkt werden können. In der Regel haben sie einen bitteren Beigeschmack und können daher kein sehr großes Publikum erreichen, doch manchmal gelingt ihnen die Balance zwischen schonungsloser Aufdeckung und guter Unterhaltung. Solche Filme finden große Beachtung und werden, wie z.B. der große Oscargewinner von 1999, mit den höchsten Auszeichnungen der Gesellschaft versehen, die sie so heftig attackieren.

American Beauty (USA 1999)
Buch: Alan Ball
Regie: Sam Mendes

Im dritten Kapitel wurde *American Beauty* unter dem Gesichtspunkt der Herstellung von Rührung analysiert. An dieser Stelle wollen wir nun die satirische Ebene des Films in den Blick nehmen. In ihm wirken viele Handlungen und Dialoge wie Klischees. Daher wurde dem Film vorgeworfen, er stelle nicht das wirkliche Leben dar. Tatsächlich geht es ihm aber gerade darum, die Schnittmuster im zeitgenössischen amerikanischen Alltag zu untersuchen und sie karikierend herauszustellen.

Kasten-Gesellschaft

Lester Burnham (Kevin Spacey) leidet unter einem Stillstand der Lebensvorgänge. Er fühlt sich ausgebrannt und als Gefangener der Entscheidungen, die er einst, in der Hoffnung auf ein glückliches Leben, getroffen hatte. Der Höhepunkt seines Tagesablaufs besteht in der morgendlichen Masturbation unter der Dusche. Seine Frau Carolyn (Annette Bening) stellt er als beherrscht von dem Bestreben vor, den Wildwuchs im Garten kurz und die Gegenstände des täglichen Gebrauchs Ton in Ton zu halten. Seine Tochter Jane (Thora Birch) steckt in ihrem Teenagerzorn fest, und es gelingt Lester schon seit Jahren nicht mehr, ein einfaches Gespräch mit ihr zu führen. Lester steht in seiner Familie an der untersten Stelle der Rangordnung, die abwertenden Blicke nicht nur seiner Frau, sondern auch seiner Tochter sprechen für sich. Jane kann es nicht ausstehen, wenn ihr Vater mehr oder weniger offensichtlich in Erregung gerät, wenn sie eine ihrer Freundinnen mit nach Hause bringt.

Lester Burnham fragt sich, was aus seinem und dem Leben seiner Familie geworden ist. Sie seien einmal glücklich gewesen. Fotos, die im Haus an der Wand hängen, scheinen es zu belegen. Doch jetzt haben die Schnittmuster des amerikanischen Mittelstands die Führung übernommen und drohen das Leben zu ersticken. Die Familie bewohnt statusgemäß ein freistehendes Haus mit Vorgarten. Damit erfüllt sie die Norm einer modernen Kastengesellschaft. Doch *American Beauty* handelt nicht nur von sozialen Zwängen, sondern auch von psychischen, denn mehr oder weniger haben sich alle Figuren in »Kästen« eingerichtet. Carolyn ist nicht nur vom Putzteufel, sondern auch von ihren Leistungsidealen besessen. Im Auto hört sie Kassetten, die ihr positives Denken und beruflichen Erfolg einhämmern. Tochter Jane legt seit Jahren ihr Taschengeld zurück, um sich eines Tages ihre ohnehin schon üppigen Brüste vergrößern zu lassen, und ihre Freundin Angela (Mena Suvari) lässt keine Gelegenheit verstreichen, um vor ihren Mitschülerinnen mit spektakulären sexuellen Abenteuern zu prahlen. Und während der Nachbarjunge Ricky (Wes Bentley) die Welt durch das Objektiv seiner Videokamera betrachtet und ein riesiges Archiv von Alltagsclips aufbaut, ist sein Vater Colonel Fitts (Chris Cooper) von der Idee eines »sauberen Amerikas« – ohne Drogen und Homosexuelle – besessen.

Formierung der Obsession

Dieses Gefüge von Zwängen und anderen Festlegungen erhält einen Anstoß zur Veränderung, als Lester während einer Sportveranstaltung seine Tochter Jane beobachtet und plötzlich darauf aufmerksam wird, dass er von deren Freundin Angela angesehen wird. Über diesen Augen-Blick kommt Bewegung in sein Leben, und ihm ist, als wache er nach einem langen Koma endlich auf. Lester erfährt im Blick der blonden Angela eine Aufwertung. Er verspürt hierüber, welch eine Begeisterung in ihm steckt, und lässt sich von seinen wahrhaft blühenden Fantasien mitreißen. Es formiert sich in ihm ein leidenschaftliches Begehren, das die Kruste der Gleichförmigkeit durchbricht und seinen Selbsthass infrage stellt. Der Film ändert in dieser Szene seinen realistischen Stil und formt sie zu einer Fantasie von Sex und roten Rosen aus. Als

Lester kurze Zeit später auf einer Party den Nachbarjungen Ricky, der dort als Aushilfskellner jobbt, kennen lernt, bekommt der erregende Keim Verstärkung. Zunächst beobachtet er an dem Jungen eine Kaltschnäuzigkeit, die ihm selbst abgeht: Als dessen Chef den Jungen zur Ordnung ruft, antwortet Ricky mit sofortiger Kündigung. Dann verkauft er Lester Marihuana und gibt ihm damit ein Mittel in die Hand, seine erwachte Sinnlichkeit zu verstärken. Eine weitere Ausformung erfährt Lesters innerer Aufruhr, als er Jane und Angela im Gespräch belauscht und hört, wie das blonde Mädchen versichert, es würde mit ihm schlafen, wenn er nur ein wenig für seinen Muskelaufbau täte. Hierauf begibt sich unser Held in die Garage, kramt ein paar alte Hanteln hervor und beginnt mit dem Training. Von nun an ist Lester besessen von einem Ziel: Er will seinen Körper stählen und darüber das Begehren des Mädchens erlangen.

Die Zuschauer beobachten diese Veränderung mit gemischten Gefühlen. Sie wissen nicht so recht, was sie von Lesters Begeisterung für die Freundin seiner Tochter halten sollen. Zum einen kommt ihnen der Held des Films ähnlich abstoßend vor, wie Jane ihn am Anfang des Films beschreibt. Zum anderen verspüren sie in seinem späten Erwachen eine Chance, den beklemmenden Stillstand seines Lebens zu durchbrechen und sich aus der Demütigung durch Ehefrau, Tochter und Chef zu befreien. Sosehr sie den Ausbruch des Mittvierzigers begrüßen, sosehr kommt ihnen seine sich zur Obsession auswachsende Leidenschaft für ein sechzehnjähriges Mädchen doch zweifelhaft vor.

Obsessionen haben zwei Seiten. Weil sie dazu tendieren, sich über Grenzen von Moral und Realität hinwegzusetzen, können sie eine zerstörerische Kraft entfalten. Auf der anderen Seite aber kann die menschliche Wirklichkeit nicht auf Obsessionen verzichten. Ohne besessene Hingabe würde in der Welt nichts Neues entstehen. Große Neuerungen und Werke der Kunst wurden von Menschen geschaffen, die über die Fähigkeit verfügten, sich von einer Sache in Besitz nehmen zu lassen und demgegenüber alles andere in den Hintergrund zu rücken. Aber auch unser Alltag will auf Obsessionen nicht verzichten. Denn in ihnen fügt sich die Lebens-wirklichkeit zu einem alles ausrichtenden, belebenden Bild. Erst als Lester anfängt, ›verrückt‹ zu werden, sich wider die allgemeine Meinung von Dingen mitreißen lässt, erst da be-ginnt sich in seinem todesähnlichen Zustand etwas zu rüh-ren, enthüllt die Wirklichkeit ihr farbiges Spektrum. Der Film bringt uns einen schwer zu akzeptierenden Aspekt des Le-bens nahe: Wir lösen uns aus Zwängen, indem wir sie mit Obsessionen sprengen.

In einer Szene, in der die Familie des Colonel Fitts starr und beziehungslos vor dem Fernseher sitzt und sich einen Film über die Rekrutenausbildung in der amerikanischen Armee ansieht, wird unmittelbar spürbar, in welchem Maße die Obsession des Vaters die Lebendigkeit seiner Frau und seines Sohnes erstickt. Vor diesem Hintergrund verstehen wir, dass sich Ricky mit seiner Videoobsession aus der Kon-trolle seines Vaters befreit. In einem seiner Clips hat er das minutenlange Spiel einer Plastiktüte im Wind festgehalten. Für ihn ist dieser Film der schönste seiner Sammlung. Und wenn Carolyn Burnham ein leidenschaftliches Verhältnis mit dem Makler Buddy Kane (Peter Gallagher) beginnt, kann man auch dies als eine Befreiung aus ihren Zwängen und dem in Agonie liegenden Eheleben verstehen. Zwänge schlie-ßen die Menschen ein und ersticken das Leben. Obsessionen geben ihnen das Gefühl für ihre Freiheit zurück. Auch in sei-nen Subplots weist der Film auf das Doppelgesicht der Ob-session hin.

Obsessive Leidenschaften sind gefährlich, das lässt der Film sein Publikum spüren. Da aber Lesters Obsession für Angela schließlich niemandem schadet, ist es bereit, sie als eine persönliche Revolte zu akzeptieren. Das Gegenbeispiel ist Colonel Fitts. Er ist dermaßen von der Idee eines sauberen Amerika besessen, dass er keine Feinheiten bemerkt. Weder bei seinem Sohn, seiner Frau noch bei seinem Nachbarn Les-ter und schon gar nicht bei sich selbst. Seine große Chance kommt, als er in einer regnerischen Nacht seine eigenen ho-mophilen Regungen entdeckt. Er ist bereit, sich davon mit-reißen zu lassen, aber täuscht sich im Objekt seines Begehrens. Lester weist ihn bestimmt, aber nicht verletzend zurück. Fitts gelingt es nicht, sein Begehren als Vehikel zu benutzen, sich aus bestehenden Zwängen und Mustern zu befreien. Er ist der wirklich große Verlierer in diesem Film.

Öffnen und schließen

Lester ist anders. Er hat sich eine gewisse Neugierde bewahrt und einen offenen Blick auf die Welt. Man hat das Gefühl, dass er sowohl in seiner Frau Carolyn als auch in seiner Tochter Jane nicht nur das faktische Verhalten, sondern auch die nicht zum Ausdruck gebrachten Möglichkeiten sehen kann. Da ist zum Beispiel die Szene des Ehepaars auf dem Sofa, als Lester die gemeinsame Jugend anspricht und nach einer Carolyn forscht, die nicht von Schnittmustern bestimmt wird. Hier entsteht ein offener Moment. Lester hat ihn hergestellt und er erkennt ihn als die Chance zum Neubeginn. Die Kontrahenten des chronischen Ehekrieges verlassen ihre eingegrabenen Stellungen und gehen aufeinander zu. Die Ehe könnte wieder in Fluss kommen. Doch Carolyn ist darauf nicht vorbereitet und ermahnt ihren Mann, auf seine Bierflasche zu achten. Das teure Sofa könnte beschmutzt werden. Damit schließt sich der »Kasten« erneut. Carolyn ist über ihre sich unwillkürlich durchsetzende Reaktion erschrocken, aber sie kann sie auch nicht mehr rückgängig machen.

Zwänge schließen die Unruhe des Alltags ein, und Obsessionen schließen sie wieder auf. Je länger die Zuschauer *American Beauty* zusehen, desto intensiver werden sie in diesen Rhythmus von Öffnen und Schließen hineingezogen. Es ist die spürbare Struktur des Films. Aber der Alltag besteht nicht nur aus Zwängen und Obsessionen. Er ist durch eine Fülle von beweglicheren Verfassungen bestimmt. Um seine Probleme zu behandeln, brauchen wir immer auch einen Rahmen, in dem wir mit seinen Entwicklungstendenzen experimentieren, sie im Status Nascendi verfolgen können. Eine große Bedeutung kommt in unserer Zeit der Ästhetisierung zu. Das ist eine Betrachtung des Lebens, in der wir uns aus seinem Drängen herauslösen und die Welt wie ein ästhetisches Phänomen, sozusagen interesselos, betrachten. Im Rahmen der zeitgenössischen Bilderflut sind besonders Jugendliche zu Meistern der Ästhetisierung geworden. Es gibt kaum eine Erscheinung des Lebens, die sie nicht ästhetisch bewerten oder mit Ironie herumdrehen. Hierfür steht Ricky, der die Welt durch das Objektiv seiner Kamera betrachtet. Ein zentraler ästhetisierender Augenblick im Film ist der minutenlange Tanz einer Plastiktüte im Wind in seiner Videosammlung.

Einen solchen offenen Augenblick erfährt Lester kurz vor dem Ende. Er ist am Ziel angelangt. Angela, das Objekt seines Begehrens, ist bereit, sich ihm hinzugeben. All das, worauf er hingearbeitet hat, liegt zum Greifen nahe. Er muss es sich nur noch nehmen. Welch ein Wunder, dass er in diesem dichten Augenblick auf die Worte Angelas hören und über sie das Bild vom jugendlichen Vamp in das Bild des erwartungsfreudigen, aber auch verängstigten, weil sexuell unerfahrenen Mädchens verwandeln kann. Auf dem Höhepunkt seiner Leidenschaft erkennt Lester in Angela die andere und lässt von ihr ab.

Dieser Umschwung ist einzigartig. Während die meisten Geschichten über Obsessionen immer tiefer in die Enge des Zwanges hineinführen, dreht *American Beauty* die Richtung um. Der alles verschlingende Strudel löst sich mit einem Male auf und legt einen veränderten Blick auf die Wirklichkeit frei. Plötzlich wirkt der jugendliche Vamp wie ein Schulmädchen und verspeist zufrieden Butterbrote in der Küche. Plötzlich erhält Lester väterliche Züge und wirkt glücklich darüber, dass er die Freundin seiner Tochter versorgen kann. Seine Welt geht in eine andere Ordnung über und hierbei enthüllt sie ihren farbigen Glanz. Lester ist glücklich.

Kurz zuvor gibt es einen Moment, in dem Jane am Fenster steht und vor Rickys Kamera ihre Bluse öffnet. Am Anfang hat sie zu erkennen gegeben, dass sie sich von der Filmobsession des Nachbarjungen belästigt fühlt, doch nun stellt sie sich ihr schutzlos zur Schau. Ricky und Jane lassen sich auf ein Experiment ein, von dem sie noch nicht wissen, wohin es sie führen wird. In diesem verwundbaren Augenblick bricht

Colonel Fitts in das Zimmer seines Sohnes ein und schlägt ihn zu Boden. Das ist der satirische Blick des Films, der uns sagt, dass solche offenen, verletzlichen Augenblicke nicht in eine eingekastelte Wirklichkeit passen. Und diese Einschätzung setzt sich nun erneut durch. An Lesters Kopf zeigt sich der Lauf einer Pistole, ein Schuss und Lester ist tot. In seinen letzten Augenblicken spricht er mit uns. Er preist die Schönheit der Welt und vermutet, wir wüssten nicht, wovon er spricht. Aber wir würden es erfahren, irgendwann – vielleicht im Augenblick unseres Todes.

American Beauty erzählt eine frische Geschichte, weil der Film das Bild von der obsessiven Leidenschaft, die nichts anderes vermag, als Leiden zu schaffen, umdreht. Er macht darauf aufmerksam, dass in unserer Gegenwartskultur die Obsessionen einen neuen Stellenwert erhalten haben. Während Wladimir Nabokov in *Lolita* das obsessive Begehren des älteren Mannes als zerstörerisch beschreibt, stellen Regisseur Sam Mendes und Autor Alan Ball es als etwas Konstruktives, Lebensbejahendes heraus. Nur im Schwung seiner verrückten Idee, die Freundin seiner Tochter zu besitzen, löst sich Lester Burnham aus den Schnittmustern seines erstickten Lebens. Nur indem Angela sich Lester zwanghaft als Vamp präsentiert, findet sie heraus, wer sie wirklich ist, lernt sie das Glück des Gesehenwerdens kennen.

Um nicht zerstörerisch zu sein, braucht die Obsession ein Medium, das sie bricht. In *American Beauty* ist es der immer wieder spürbare offene Blick auf die Welt und ihre Dinge. Lester, aber auch sein junger Freund Ricky haben sich neben ihren Zwängen diesen offenen Blick bewahrt. Er bewahrt sie davor, von ihren Leidenschaften verzehrt zu werden. Sie können sich im Dickicht der Zwänge behaupten und müssen anderen keinen Zwang antun.

American Beauty ist ein Film, der im Rahmen einer Satire ein Kernproblem unserer Alltagskultur zum Thema macht: In einer Kultur ohne lebenspraktische Weltanschauung sind die individuellen Leidenschaften die Wertungen, an denen wir den Sinn des Lebens erfahren. Daher ist für Lester am Anfang die tägliche Masturbation der Höhepunkt des Tages, sucht er den Marihuanarausch und eröffnet er sich paradoxerweise über ein obsessives Begehren einen größeren Lebenskreis. *American Beauty* bewertet nicht. Der Film betrachtet die Obsession mit ästhetisierendem Blick. Obsessionen geben Orientierung und halten das Leben in Gang. Auch wenn es verrückt sein mag, dass ein Mann wie Lester einem Schulmädchen nachsteigt, bringt diese Verrücktheit sein Leben doch auf überraschende Weise weiter.

Die Schönheit des Lebens, der zauberhafte Glanz in all seinen Erscheinungen offenbart sich dem, der dazu bereit ist, sich auf die verrückten Drehungen der Wirklichkeit einzulassen.

Konsequenz in flimmernden Zeiten

*D ie westliche Kultur hat mit ihren vielfältigen Freizeitange-
boten, ihrer schillernden Warenwelt und den Unterhaltungs-
medien ganz neue Lebensformen ermöglicht. Der Wohlstand der
Nachkriegsgeneration lässt es manchmal jahrzehntelang zu, auf
ihren reichhaltigen Angeboten zu surfen, ohne dabei auf einschnei-
dende Grenzen zu stoßen. Doch die Ereignisse am 11. September
2001 und die anhaltenden wirtschaftlichen Schwierigkeiten machen deutlich, dass sich solche Lebensformen erschöpfen können. Es
deuten sich Konsequenzen an, die wir uns heute noch gar nicht ausmalen können. In dieser Situation zeigen besonders junge Menschen ein Interesse für unverrückbare Konsequenzen und eine unbewusste Schicksalssehnsucht, die in den Unterhaltungsangeboten
des Kinos nach Ausdrucksformen suchen.*

Filme, die Erfahrungen mit Konsequenzen eröffnen, haben
heute eine oft verstörende und geradezu aufrüttelnde Wirkung. Mitte der 1990er-Jahre griffen Thriller wie *Die Üblichen
Verdächtigen* (USA 1995) oder *Sieben* (USA 1995) dieses Thema
auf. Auf den folgenden Seiten analysieren wir zunächst das
amerikanische Remake des spanischen Films von Alejandro
Amenábar *Abre los Ojos* (E/F 1997).

Vanilla Sky (USA 2001)
Buch und Regie: Cameron Crowe

Der junge, attraktive und steinreiche Geschäftsmann David
Aames (Tom Cruise) steigt, kurz nachdem er seine große

Liebe, die Tänzerin Sofia (Penélope Cruz), kennen gelernt hat, ins Auto seiner Geliebten Julie (Cameron Diaz). Die rast in einem Eifersuchtsanfall mit ihm gegen eine Mauer und stirbt dabei. Der junge Mann überlebt mit schweren Gesichtsverletzungen. Trotzdem entscheidet sich Sofia dafür, bei ihm zu bleiben, und steht mit ihm die Operationen durch, die ihm sein ansprechendes Aussehen wieder zurückgeben. Alles scheint noch einmal gut gegangen zu sein, doch da wird David von Halluzinationen heimgesucht. Er ist davon überzeugt, dass sich die verstorbene Julie als Sofia ausgibt. Im Wahnsinn tötet er die Frau, die er liebt, und wird wegen Mordes angeklagt. Kurz vor Prozessbeginn findet er heraus, dass er sich schon wenige Monate nach dem schweren Unfall von der Firma Life Extension in einen Luzidtraum hat versetzen lassen, weil er sein durch die Entstellungen eingeschränktes Leben nicht mehr ertragen konnte. Noch einmal darf er wählen zwischen Traum und Realität. David entscheidet sich für das Leben.

Kein Leben ohne Konsequenzen?

Unterstützt von den vielfältigen Versorgungs- und Unterhaltungsangeboten unserer Gesellschaft kann man über lange Zeit ein Leben führen, das scheinbar frei ist von einschneidenden Konsequenzen. Wenn das Alleinsein bedrückend wird, stellt man den Fernseher an oder sucht einen Chat im Internet auf. Wenn der eine Freizeitspaß langweilig wird, wechselt man die Szene. Wenn man bei seinem Partner an eine Grenze stößt, versucht man es mit einem anderen. Jeder würde das verstehen. Und wenn man feststellt, dass alle Möglichkeiten ausgereizt sind, steht einem noch immer die Psychotherapie offen oder es fängt einen das soziale Netz auf. Die Menschen der Jahrtausendwende reisen durch eine vielfältige Wirklichkeit, und wenn sie auf der Straße ohne Wiederkehr ankommen, drücken sie die Kupplung, schalten in einen anderen Gang und wählen einen anderen Weg.

Dass jede Handlung Folgen hat, verliert man unter diesen

Bedingungen leicht aus dem Blick. Zwar kennt jeder das Gefühl der Ausweglosigkeit, wenn er im Zimmer des Arztes auf das Ergebnis seiner Blutanalyse wartet oder wenn er in einen Verkehrsunfall verwickelt wird und sich in den Sekunden vor dem Aufprall ausmalt, welche Verletzungen er davontragen wird. Aber meistens laufen solche Momente auf das Gefühl der Erleichterung hinaus: »Es ist noch einmal gut gegangen!« Aber wissen wir denn wirklich, welche Folgen mit den scheinbar unwichtigsten unserer Entscheidungen verknüpft sind? Weiß der Jugendliche, der sich eine Zigarette anzündet, welche Auswirkungen diese Handlung einmal haben wird? Wissen wir denn – um ein überspitztes Bild der Chaostheorie aufzugreifen –, welche Reaktion der Flügelschlag eines Schmetterlings in Australien vor dem Brandenburger Tor in Berlin auslöst? Jede unserer Handlungen erwächst aus dem Ganzen unseres Lebens und wirkt daher auch auf das Ganze zurück. Nicht nur die großen Entscheidungen wie Berufs- und Partnerwahl bestimmen die Richtung, sondern auch die kleinen Dinge. Alles, was wirkt, hat Folgen. Wir haben keine Ahnung, welche Lawine wir mit einem Schritt auslösen. Und wenn wir von einer erfasst werden, können wir meistens noch nicht einmal rekonstruieren, wann alles begann. Aber auch wenn wir dazu in der Lage wären, es würde uns doch nichts nützen. Die Folgen lassen sich nicht mehr ungeschehen machen. Wer es dennoch versucht, verwickelt sich in einen Kreislauf, der ihn nur noch mehr in das Unausweichliche verstrickt. Gerne leugnen wir diesen Zusammenhang vor uns selbst und werden dabei von den unzähligen kleinen Fluchten und Kompensationsmöglichkeiten unseres modernen Alltags unterstützt.

Noch einmal davongekommen

David Aames hat von seinem Vater ein großes und mächtiges Verlagshaus in New York geerbt. Seine Aufgabe als Geschäftsmann ist ihm jedoch eher lästig. Wenn der Aufsichtsrat der Firma vormittags zusammenkommt, zieht David es vor, mit seinem Freund Brian Badminton zu spielen. Überhaupt würde David viel lieber seine Zeit auf Partys, dem Snowboard oder mit seinen wechselnden Freundinnen verbringen, als sich in endlosen Sitzungen zu langweilen und mit schwierigen Entscheidungen zu belasten. David ist einer jener gut versorgten jungen Männer, deren Leben keine Not, keine Versagung und kein wirklich schwieriges Problem kennt. Frei von drückenden Sorgen und mit dem Gefühl, dass sich mit Geld die meisten Probleme lösen lassen, fühlt er sich großartig. Er versteht es, sein charmantes Äußeres zur Beeindruckung anderer einzusetzen, und kann sich seine überaus attraktiven Freundinnen nach Belieben aussuchen.

Die Kehrseite seines Lebens lernt der Zuschauer schon ganz am Anfang des Filmes kennen, wenn David in einem Albtraum durch ein völlig menschenleeres New York fährt und aus diesem eindringlichen Bild für seine innere Leere panisch aufwacht. Er ist geschockt, quält sich aus dem Bett und geht ins Badezimmer. Vor dem Spiegel reißt er sich ein graues Haar heraus, das so gar nicht zu seinem jungenhaften Gesicht passen will. Damit hat er die bösen Geister erst einmal verscheucht. Als er kurze Zeit später – nun in der Realität – mit dem Wagen aus seiner Tiefgarage fährt, sieht er sich besorgt um. Aber auf der Straße zeigt sich der übliche morgendliche Betrieb der großen Stadt. Ein zufriedenes Lächeln huscht über sein Gesicht: Es ist alles in Ordnung. Die Leere war nur ein böser Traum.

Unterwegs steigt Davids Freund Brian (Jason Lee) zu. Sie machen ihre Witze und David übersieht dabei eine Fahrradfahrerin. Er ist zu einem riskanten Ausweichmanöver gezwungen, das den Wagen schließlich in die Fahrtrichtung eines riesigen Lastwagens versetzt. Die beiden jungen Männer sitzen im Auto fest und können nur zusehen, wie der mächtige Kühler des Transporters auf sie zu rast. Es sieht für einen Augenblick so aus, als habe ihr letztes Stündchen geschlagen. Aber fünf Zentimeter vor Davids Oldtimer kommt der Lastwagen zu stehen. David schreit auf vor Schreck. Schon der zweite Schock an diesem Morgen. Aber wieder ist nichts passiert. Wieder einmal davongekommen. David scheint einen Schutzengel zu haben. Wie lange wird das noch gut gehen?

Mit seinem Anfang wiegt *Vanilla Sky* die Zuschauer in dem trügerischen Gefühl, dass nichts wirklich Folgen hat im Leben. Der Albtraum löst sich auf, das Zeichen des Alterns wird vernichtet und die lebensgefährliche Situation geht glimpflich aus. Dieses Gefühl verstärkt sich, wenn man David nun dabei beobachtet, wie er mit dem strengen Aufsichtsrat, der 49 Prozent der Anteile seiner Firma hält, seine Späße macht und zu seinem 33. Geburtstag eine Party organisiert. Er kann es sich sogar leisten, seine augenblickliche Geliebte Julie (Cameron Diaz) nicht einzuladen, denn er weiß, sie wird es nicht wagen, ihm Vorwürfe zu machen, und wenn doch, dann stehen schon viele andere bereit, sie zu ersetzen. Zum Beispiel die junge Tänzerin Sofia (Penélope Cruz), die Freund Brian zur Feier mitbringt. Sie wirkt irgendwie anders, weniger beeindruckbar als die Frauen, die David in der Regel umschwärmen. Das Andersartige an Sofia zieht David an und verheißt ihm einen ungewohnten Thrill. Er bringt Sofia also nach Hause. Da er sich als »Verzögerungsgenießer« versteht, legt er es nicht darauf an, sie gleich ins Bett zu ziehen. Vielleicht auch deshalb, weil er auf ehrliche Weise von dieser jungen Frau fasziniert ist. Denn als er sie am Morgen verlässt, versichert er ihr, dass sie sein Leben verändert habe und er sich nun ernsthaft um die Firma kümmern und so dem gemeinsamen Leben eine solide Basis geben wolle. Die Zuschauer wissen zwar mittlerweile, dass man Davids Worten nicht trauen darf, aber so, wie die gemeinsame Nacht der beiden inszeniert wurde, teilt sich ihnen dennoch ein Gefühl echter Anziehung und respektvoller Zärtlichkeit mit. Es sieht so aus, als habe David tatsächlich jemanden gefunden, der ihn aus seinen Albträumen befreien könnte. Auch das ist eine willkommene Bestätigung dafür, dass es immer einen Ausweg gibt.

Doch dann kommt es zu einer Wendung, die Davids Welt auf den Kopf stellt. Als er am Morgen Sofia verlässt und vor deren Haus ins Auto steigen will, taucht plötzlich Julie auf. Sie spricht ihren »Hübschen«, wie sie sagt, mit einer Mischung aus Vorwurf und Flirt an und legt es darauf an, ihn zu verführen. Sie will ihn mit allen Mitteln halten. Da eine Nacht keinen Menschen wirklich verändert, hat Julie leichtes Spiel. David steigt tatsächlich zu ihr ins Auto. Vor wenigen Minuten noch hatte er das Gefühl, sein Leben habe sich von Grund auf verändert. Gegen seine bisherige Gewohnheit hatte er vor, schon am frühen Morgen ins Büro zu gehen. Doch auch jetzt wird er die Gelegenheit zu einem Sexspiel nicht auslassen. Man möchte nicht, dass David die zärtliche Gemeinsamkeit mit Sofia verrät und mit Julie wegfährt, aber man spürt auch die Anziehung, die von einer sexuellen Begegnung mit einem Partner ausgeht, den man zu verlieren droht.

Einbrechen einer Konsequenz

Und dann passiert es. In die Unterhaltung in Julies Auto mischt sich ein bitterer Ton. Die gekränkte Geliebte macht David schwere Vorwürfe, sagt, sie fühle sich von ihm missbraucht und missachtet. Sie könne es nicht hinnehmen, dass er mit ihr in der Nacht Sex hat und am nächsten Abend schon mit einer anderen Frau nach Hause geht. Immer schneller rast die Eifersüchtige durch den Vormittagsverkehr der belebten Stadt. Immer gefährlicher werden die Situationen. Den Zuschauern wird mulmig, sie ahnen, dass etwas Schreckliches auf sie zukommt, dass sie durch etwas hindurchmüssen, was sie nicht beeinflussen können. Schließlich drückt Julie das Gaspedal durch, ihr Wagen durchschlägt ein Geländer am Park und fliegt samt Insassen in hohem Bogen auf eine Mauer zu. Der Aufprall ist fürchterlich, der Moment danach endlos. Das Einzige, was man jetzt noch denken kann, ist: Das können die beiden nicht überlebt haben. So hat der Film doch noch auf eine Konsequenz zugeführt. Die Wendung ins Unverrückbare, die er am Anfang mehrmals unterbrach, zelebriert er nun mit umso größerer Wucht.

Der erste Akt von *Vanilla Sky* lässt verdichtet miterleben, was sich im Leben unter Umständen über Jahre und Jahrzehnte anbahnt. Zwar fordern wir das Schicksal immer wieder heraus, aber es ist immer noch gut gegangen. Zwar treiben wir Raubbau an unserem Körper, aber der nette Hausarzt hat es immer wieder richten können. Zwar gehen wir mit unseren Bindungen achtlos um, aber bis jetzt haben wir immer wieder jemanden gefunden, der seinen Vorgänger ersetzte. Doch irgendwann stellen wir fest, dass alles Folgen hat. Auch kleine, unauffällige Handlungen geben dem Leben Richtung. Wir können gar nicht absehen, welche Auswirkung dieser Schritt oder jene Handlung einmal haben wird. Der Moment, in dem wir dann erstmals auf das Einbrechen einer nicht mehr zu verhindernden Konsequenz aufmerksam werden, gleicht dem Augenblick im Film, in dem wir es nicht mehr verleugnen können, dass die Autofahrt auf eine unaufhaltbare Katastrophe zusteuert. Und dann ist es passiert, wie wir es auch drehen und wenden; die Folgen lassen sich nicht mehr ungeschehen machen. Die beschriebene Szene in Julies Auto und der daraus resultierende Unfall machen das Einbrechen einer harten Konsequenz eindrücklich erfahrbar.

Das im zeitgenössischen Alltag allgegenwärtige Vorbild der digitalen Datenverarbeitung legt die Auffassung nahe, dass sich das Kontinuum des Lebens ähnlich kombinieren lässt wie die Datenpakete auf einer Computerfestplatte oder die Musiktitel auf einer Compact Disc. Wir verstehen es nicht als eine kontinuierliche Entwicklung, sondern als einen Text, den wir selbst montieren. Wir sind die Konstrukteure unseres Lebens. Daher schauen wir, wenn wir in die Enge geraten, zunächst einmal nach, ob es nicht einen einfachen Ausweg gibt. Ist es möglich, wie im Computerspiel wieder neu zu beginnen? Kann man etwas kaufen, das aus der Sackgasse herausführt? In die Enge getrieben, suchen wir nach der Tastenkombination, die unseren Lebenstext neu zusammensetzt. Es fällt schwer, sich unter diesen Bedingungen mit unverrückbaren Konsequenzen abzufinden.

David sind nach dem Unfall die Folgen seiner Unbedachtheit und seines Verrats an Sofia buchstäblich ins Gesicht geschrieben. Die Entstellungen sind so stark, dass er wie ein anderer Mensch erscheint. Sein Charme ist verflogen, selbst seine Stimme kann die Menschen nicht mehr umschmeicheln. Vor dem Unfall zeigte *Vanilla Sky* seinen Helden in Gruppen und Ansammlungen stets als Zentrum der Aufmerksamkeit. Nun wird er von niemandem mehr beachtet und geht in der Masse unter. Die Choreografie seines Lebens hat sich umgekehrt. Aber David ist reich, er hat die Mittel, auch dieses schwere Schicksal zu beeinflussen. Er unterwirft sich der Kunst der Ärzte und kauft sich auf diese Weise sein früheres Gesicht zurück. Und obwohl er sie verraten hat, nimmer er Kontakt zu Sofia auf, die ihm dabei hilft, die schmerzhaften Operationen durchzustehen. Sie verschreibt sich ganz seiner Heilung, und er bringt ihr die liebevolle Dankbarkeit entgegen, die sie nach all den Ereignissen verdient. Die Ärzte vollbringen an David wahre Wunder und stellen sein Gesicht wieder her, und er gewinnt sogar seinen Charme zurück. Schon bald sieht es so aus, als könnten David und Sofia doch noch glücklich werden, als könnten sie den Albtraum abschütteln und neu beginnen. Als Zuschauer greift man diese Wendung bereitwillig auf, lässt sie einen doch erneut an die Möglichkeit glauben, dass auch die schmerzlichsten Konsequenzen zurückgedreht werden können. Aber ein immer stärker in den Vordergrund des Plots rückendes Szenarium, in dem der Psychologe Dr. McCabe (Kurt Russell) David im Gefängnis befragt, erlaubt es nicht, wirklich an ein Ungeschehenmachen der harten Konsequenzen zu glauben.

Und gerade, als man sich in sicheren Gewässern wähnt, nimmt die Geschichte wieder eine andere Wendung. In Davids Bewusstsein mischen sich Bilder von Julie. Sie lassen ihn glauben, Opfer eines Komplotts zu sein. Julie sei gar nicht tot, der Aufsichtsrat der Firma habe Sofia entführt, Julie an ihre Stelle gesetzt, um David wahnsinnig zu machen. In einem Anfall von Verwirrung und Hass bringt David Sofia um. Er ist im Glauben, Julie vor sich zu haben. So paradox entwickeln sich die psychischen Unternehmungen: Im verzweifelten Versuch, sich von den Folgen seines Leichtsinns zu befreien, verwickelt sich David in noch schwerere Konsequenzen. Er tötet die Frau, die ihm bedingungslos zur Seite gestanden hat, und zerstört damit seinen letzten Halt. Nachdem der Film den Zuschauern Hoffnung gemacht hat, aus den tragischen Verwicklungen wieder herauszukommen, führt er sie nun umso tiefer in sie hinein.

Sich der Realität stellen

»Was ist Glück für dich, David?«, fragte die eifersüchtige Julie, als sie mit dem Mann, der sie verraten hatte, durch die Stadt raste. David fand in dieser Situation keine Antwort. Er war damit beschäftigt, dem Druck der Schlinge nachzuspüren, die sich um seinen Hals zusammenzog. Im letzten Teil des Films findet er mithilfe des Psychologen McCabe heraus, dass er das wieder gefundene Glück mit Sofia und dessen grausige Verkehrung im Zustand eines künstlich hergestellten Luzidtraums erlebte. Tatsächlich hatte er die Entstellungen durch den Unfall und die daraus resultierende Einsamkeit nicht ertragen und sich in einen künstlichen Wachzustand versetzen lassen. Der Vertrag mit der Firma Life Extension, die einen solchen Dienst anbietet, hatte ihm zwar einen endlosen Traum nach seinen eigenen Wünschen versprochen, aber aufgrund eines Programmfehlers hatte sich dieser Wunschtraum in einen unkontrollierten Albtraum verkehrt. Der Fehler soll nun behoben werden. Ein Upgrade des Programms wird den Mord an Sofia aus Davids Erinnerung löschen. Die Techniker arbeiten bereits daran, und er hat die Aussicht, auch die nächsten Jahre von seinem Glück mit Sofia weiterträumen zu können.

David muss sich jetzt nur entscheiden, ob er tatsächlich im Luzidtraum verharren will oder ob er sich erneut auf das reale Leben einlassen möchte. Im Traum wird er sein schönes Gesicht behalten und kann mit Sofia oder jeder anderen Frau für immer glücklich sein. Im realen Leben wird er sich mit seinen Entstellungen arrangieren müssen und kann nicht mehr darauf hoffen, Sofia je wiederzusehen. Denn inzwischen sind viele Jahre vergangen. »Was ist Glück für sie, David?«, fragt der Techniker, der Davids Luzidtraum überwacht. Die Antwort auf diese Frage lasse eine Entscheidung zu. Die beiden stehen auf dem Dach eines Wolkenkratzers.

Unter ihnen die quirlige Stadt, über ihnen ein vanillegelber Himmel, so wie ihn David nach einem Gemälde Monets für seinen künstlichen Traum selbst ausgewählt hat. David zögert. Doch dann entscheidet er sich für das Leben. Er lässt sich von dem Gebäude fallen und wartet auf den Aufprall. Er will die Realität mit all ihren Folgen erfahren.

Vanilla Sky setzt an dem flimmernden Leben eines reichen und vom Schicksal verwöhnten jungen Mannes an und lässt in dieses eine unverrückbare Konsequenz hereinbrechen. Der Film macht erfahrbar, welch traumhafte Mittel solch einem Leben zur Verfügung stehen, um sich aus dem festen Griff dieser Konsequenz wieder zu befreien, und wie sie schließlich doch, nach allen vergeblichen Versuchen, hingenommen wird. Unser nächstes Beispiel setzt einige Stufen tiefer im sozialen Gefüge an und macht nachvollziehbar, in welchem Ausmaß sich vom zeitgenössischen Wohlstand geblendete Menschen eine Konsequenz herbeisehnen, die ihrem Leben eine Perspektive weist. Damit modelliert es eines der aufstörendsten Kinoerlebnisse der Jahrhundertwende. *Fight Club* ist einer der kompliziertesten und anspruchsvollsten Filme der vergangenen Jahre – in formaler wie in inhaltlicher Hinsicht – und macht deutlich, dass der Film ein Kulturmedium ist.

Fight Club (USA 1999)
Buch: Jim Uhls
Regie: David Fincher

Weil er nicht schlafen kann, begibt sich ein namenloser Single (Edward Norton) – der Erzähler des Films – in Selbsthilfegruppen auf die Suche nach dem Leiden. Als er lernt, aus vollem Herzen zu weinen, geht es ihm besser. Aber seine Ordnung gerät durcheinander, als er Marla Singer (Helena Bonham Carter) kennen lernt, eine Elendstouristin wie er selbst, deren direkter Erotik er sich als Mann nicht gewachsen fühlt. In seiner Not entwickelt er das psychotische Alter Ego Tyler Durden (Brad Pitt) – ein charismatischer Macho mit gestählten Muskeln – und kann sich so auf das erotische Abenteuer einlassen. Gleichzeitig gründet er eine eigene Selbsthilfegruppe, den so genannten »Fight Club«, in dem sich junge Männer auf der Suche nach ihren Gefühlen blutig schlagen. Unser Held glaubt, mit seinem Alter Ego in einem großen Haus zusammenzuleben. »Gemeinsam« bauen sie dort aus dem Fight Club eine paramilitärische Organisation auf, die es sich zum Ziel setzt, das Weltkapital in seinen Festen zu erschüttern. Erst als es die ersten Opfer zu beklagen gibt, kommt dem Erzähler die ganze Entwicklung seltsam vor. Doch als er seine Psychose endlich erkennt, ist es schon zu spät. Als Tyler Durden hat er das fatale »Unternehmen Chaos« in Gang gesetzt, das sich nun nicht mehr aufhalten lässt. Tausende junger Männer sind von seinen gesellschaftskritischen Ideen beseelt und wollen sie nicht mehr aufgeben. Nur über einen Pistolenschuss in den eigenen Kopf kann er sich schließlich von seinem psychotischen Ich befreien. Schwer verletzt, aber befreit von den Halluzinationen, will er nun die Liebe mit Marla Singer wagen.

Fight Club hinterlässt einen ungewöhnlich starken Eindruck. Aus unseren Tiefeninterviews wissen wir, dass nicht nur junge Männer, sondern auch Frauen und ältere Zuschauer die Vorstellung aufgerüttelt verließen und noch nach mehreren Wochen mit den Nachwirkungen beschäftigt waren. Jugendliche, die eine chronische, aber ungerichtete Wut in sich tragen, fühlten sich von dem Film auf eigentümliche Weise verstanden und sahen sich ihn gleich mehrmals an. Eine junge Frau begann aufgrund des Films damit, in Öl zu malen, eine Lehrerin hatte das Gefühl, einen neuen Zugang zu ihrem Beruf gefunden zu haben. Manche Zuschauer bewerteten den Film als Zeitdokument, ja als ein herausragendes Kunstwerk. Wir wollen auf den folgenden Seiten beschreiben, wie sich der Film im Erleben seiner Zuschauer umsetzt und wie sich seine Nachwirkungen verstehen lassen.

Satirisches Zustandsbild

Der Film von David Fincher gibt in seinem ersten Teil Erfahrungen, Beobachtungen und Gedanken Ausdruck, die sich in vielen Zuschauern angesichts des zeitgenössischen Alltagslebens selbst schon einmal geregt haben. Er zeigt einen namenlosen jungen Mann, der sich seine Wohnung mit dem IKEA-Katalog eingerichtet hat, brav seine Konsumrunden dreht und sorgsam darauf bedacht ist, sein fragiles Gleichgewicht nicht zu gefährden. Er ist mit allem, was die moderne Gesellschaft zurzeit bietet, versorgt und hat doch das quälende Gefühl, das Leben zu verpassen. In seinem Beruf begutachtet er durch Materialdefekte verursachte Verkehrsunfälle und rechnet aus, ob eine Rückrufaktion den Autohersteller, für den er arbeitet, billiger kommt als die Zahlung von Entschädigungsgeldern für die Unfallopfer. Die Kehrseite dieser Lebensform präsentiert sich ihm in einer chronischen Schlaflosigkeit. Wer schlafen will, muss sich dem Unbewussten überlassen können, muss darauf vertrauen, dass ihn seine Seele trägt. Doch dieses »gleiten können« ist die Schwelle, die ihm unüberwindbar erscheint. Eine beklemmende innere Leere hat von ihm Besitz ergriffen, die ihm als Schutz vor starken, nicht zu steuernden Affekten dient. Ein Arzt macht ihm den Vorschlag, sich in einer Selbsthilfegruppe für unheilbar Kranke anzusehen, wie wenig die Menschen ihr Leben kontrollieren können. Dort könne er erfahren, was Leiden wirklich bedeutet.

An dem Leben dieses jungen Mannes zeigt der Film, wie begierig sich die Menschen an wechselnden Werbestrategien orientieren und zugleich auf der Suche nach dem wahren Selbst sind. Seine Darstellung von Selbsthilfegruppen macht spürbar, in welchem Ausmaß die Suche nach Gefühlen zum Lebensinhalt geworden ist. Im Erleben der Zuschauer verdichten sich die Anfangsszenen mehr oder weniger explizit zu einem scharf gezeichneten Zustandsbild der westlichen Kultur an der Jahrtausendwende. Eine Gesellschaft in der Wertediffusion, geleitet von Abstraktionen und Obsessionen; die Menschen kreisen in Befindlichkeiten ohne Ausrichtung auf ein kollektives Ziel. Aufgeregtes Treten auf der Stelle, und der Held ist ein Rädchen in diesem Getriebe. Viele Zuschauer fühlen sich von *Fight Club* in ihren eigenen Vorbehalten verstanden.

Der zweite Abschnitt beginnt mit dem Erscheinen des Alter Egos Tyler Durden und dem Beginn der Prügeleien. Es ist, als würde das leer laufende Getriebe des Anfangs nun in einen Gang geschaltet. Die Zuschauer spüren, dass Faustschläge Wertungen bedeuten können. Mit ihnen kommt etwas in Gang, von dem man zwar nicht angeben kann, wohin es führt, aber die Veränderung ist auf dem Hintergrund der Anfangssequenzen willkommen. Auch wenn man die blutig geschlagenen Gesichter kaum ansehen mag, wirken die ersten Prügelszenen wie eine überraschende Klärung, wie der ersehnte Anstoß zu einer Entwicklung mit Folgen.

Während sich bis hierhin die jungen Männer die Schläge nur gegenseitig zufügten, richten sie diese in einer weiteren Wendung zunehmend nach außen. Zunächst noch nicht in Form von gewaltsamen Übergriffen, sondern als teils absurde, teils befreiende Aktionen gegen die Angst der Menschen vor Veränderung. Unterfüttert von Tyler Durdens gesellschaftskritischen Maximen, erleiden die heimlichen Grundfesten der zeitgenössischen Kultur empfindliche Schläge. Es wird überdeutlich, in welchem Ausmaß die Menschen von deren Zwängen paralysiert sind und wie gering die Aussichten sind, dass ihre großen Erwartungen einmal erfüllt werden. Auch wenn die schwarz gekleideten Gefolgsleute Tylers aussehen, als seien sie Mitglieder einer faschistischen Kampfgruppe, empfinden die Zuschauer deren Zusammenschluss zu einer Art Untergrundarmee trotzdem als Perspektive. Denn damit kommt eine eindeutige Richtung mit Folgen in das anfängliche Kreisen. Diese Genugtuung unter den Zuschauern zeigt, dass bei vielen jungen Leuten heute schon der Funken einer entschiedenen Tat ausreicht, um ihre Sehnsucht nach einem gemeinsamen Schicksal zu entfachen. So wenig sie daran glauben, dass Politiker oder Wirtschaftsbosse den Weg in die Zukunft sichern können, sosehr genießen sie im Kino die Möglichkeit, eine entschiedene Umwälzung mit Folgen entstehen zu sehen. *Fight Club* ist daher nicht nur eine Satire, sondern bietet auch für zwei Stunden eine Kompensation für von der Kultur nicht erfüllte Bedürfnisse der Menschen.

Die vierte Station führt das inzwischen von einer sozial-anarchistischen Revolte erfasste Erleben der Zuschauer zurück zu dem psychologisierenden Ausgangspunkt des Films. Dem Erzähler geht das »Unternehmen Chaos« zu weit und er versucht, es zu stoppen. Dabei stellt er fest, dass er es selbst als Tyler Durden in Gang gebracht hat. Es war alles ein Produkt seiner Psychose, in die er sich aus Angst vor der Frau flüchtete. Da er sich als einzelner Mann ihrer direkten sexuellen Ausstrahlung nicht gewachsen fühlte, musste er eine ganze Armee von Schlägern organisieren. Wenn man sich die bis dahin in Gang gekommene und tief in den Problemen der zeitgenössischen Kultur wurzelnde Entwicklung deutlich macht, die Genugtuung, sich über einen entschiedenen Keil aus dem durchgedrehten Kreiseln zu befreien, dann ist verständlich, dass die Rückkehr zur Psychologie des Helden diesen Schwung nicht zu fassen vermag. Der Schuss des Erzählers in den eigenen Kopf wirkt daher bei vielen wie eine Notlösung, um der angestoßenen Entwicklung doch noch ein »plausibles« Ende zu bereiten. Die oben beschriebenen Nachwirkungen, von denen wir in unseren Interviews erfuhren, zeigen jedoch, dass sie im Alltag der Zuschauer auf Weiterführung drängt. Die junge Frau, die nach dem Film begann, Ölbilder zu malen, und die Lehrerin, die in ihrer Arbeit mit Jugendlichen eine neue Perspektive entdeckte, weisen darauf hin. Die vom Film in Gang gesetzten Wirkungen erhalten in seinem »politisch-korrekten« Ende keine zufrieden stellende Fassung.

Die Beschreibung der aufeinander aufbauenden Stationen dieser Entwicklung macht verständlich, welch einen Stoß *Fight Club* der Psyche seiner zum großen Teil jungen Zuschauer versetzt. Sie leben in einer Kultur, die ihnen nicht sagt, wofür es sich lohnt zu leben und zu sterben. Wie Tyler Durden es in einer seiner Ansprachen sagt, ahnen sie, dass Konsum, Musiksender, Partys, wechselnde Moden sie auf Dauer nicht davon ablenken können, dass ihnen diese Gesellschaft keinen Weg in die Zukunft weist. Während sie dem Filmgeschehen folgen, regen sich Ahnungen und Hoffnungen, die sie auch unabhängig von Finchers Film in sich verspüren. Der Film erzeugt sie nicht, aber verleiht ihnen eine pointierte Form. Figuren, die sich entschieden durchsetzen, kommen in vielen zeitgenössischen Actionfilmen vor. Das Entscheidende bei *Fight Club* ist, dass der Film den charismatischen Tyler Durden ins Verhältnis zu einem aufgeregten, aber konsequenzenlosen Leben im Leerlauf rückt. Auf diese Weise werden die Zuschauer für die Dauer des Films über die Grenzen der Kultur, in der sie leben, hinausgeführt. Eine ähnliche Wirkung konnten wir schon bei *Die üblichen Verdächtigen* (USA 1995) beobachten.

Filminhalte kommen nicht so sehr als Informationen auf die Zuschauer zu, vielmehr liegen sie in Form von universalen Grundverhältnissen in ihnen bereit. Wirksame Filme wollen mittels ihrer Geschichte die aktuellen Hoffnungen und Befürchtungen der Menschen modellieren, sie ziehen virulente Komplexe in eine mitreißende Entwicklung. In *Fight Club* macht sich ein namenloser Protagonist auf die Reise durch seine Psychose. Ein persönlicher Konflikt zwingt ihn dazu. Aber indem sie ihm hierbei folgen, haben die Zuschauer ein Erlebnis, das kollektive Entwicklungsrichtungen der Kultur behandelt. Wenn sich schließlich der Erzähler von seiner Psychose befreit, mag es ihm Triumph und die Lösung seines Konfliktes bedeuten. Für viele Zuschauer jedoch fällt an dieser Stelle eine Formation in sich zusammen, die sie als vielversprechend erlebten. Sie haben es genossen, wenigstens auf dem sicheren Stuhl des Kinos eine Erfahrung zu machen, die ihnen die Kultur zurzeit nicht bereitstellt, und müssen nun selber sehen, wie sie die belebten Hoffnungen in ihrem mehr oder weniger flimmernden Alltag unterbringen.

Auf zum Mond?

Die Ausrichtung der westlichen Kultur auf ein »Immer höher, schneller, weiter« hat bei vielen Zeitgenossen eine aufgeregte Reise durch die vielfältigen Versprechen der Welt in Gang gesetzt. Ihre Erwartungen steigen ins Unermessliche und werden mit bitteren Enttäuschungen quittiert. Ihre abstrakten Zielsetzungen suchen sich aus dem Bedingungsgefüge des Lebens auszukuppeln und brechen schließlich in Überforderung zusammen. Das Ganze wird diffus zusammengehalten von der Fiktion eines »Raumschiffs Erde«, das in den Weiten des Weltraums dauernden Wohlstand und Weltfrieden ansteuert. Tatsächlich aber haben wir das Maß für den Umsatz unserer Träume in die banalen Tätigkeiten des Alltags aus dem Blick verloren, muten uns mehr zu, als wir verkraften können, und lassen uns auf Experimente ein, für die wir nicht ausgerüstet sind. Um dem Leben dennoch den Anschein von Kontinuität zu verleihen, bewegen wir uns zwischen Idealisierung technischer Erneuerungen einerseits und sentimentaler Besinnung auf »das Menschliche« andererseits hin und her. Auf diesem schwankenden Hintergrund ist eine Sehnsucht nach einem wirklich bergenden Lebensrahmen entstanden, der uns sagt, wofür wir leben und wofür es sich zu sterben lohnt.

In was für einer seltsamen Zeit leben wir? In den vorangegangenen Kapiteln wurden einige Filme beschrieben, die auf diese Frage eine Antwort geben. Es erscheint paradox, dass es gerade die Produzenten des »schönen Scheins« sein sollen, die den Finger in die Grundkonflikte des zeitgenössischen Alltagslebens legen. Aber die wirtschaftlichen Zwänge, denen ihre finanziell aufwändigen Produktionen unterliegen, zwingen sie dazu, den Nerv der Zeit zu treffen. Von daher führt es in die Irre, Hollywoodproduktionen als »bloße Unterhaltung« abzutun. Die Filme könnten niemals Millionen von Menschen anziehen und fesseln, wenn sie nicht auch drängenden, aus der Zeit geborenen Fragen Ausdruck gäben. Der tiefere Sinn von Filmunterhaltung besteht darin, den unbewussten Strömungen der Zeit eine bewegende Form zu geben. Das letzte Beispiel in diesem Buch ist einem dieser großen zeitgenössischen, amerikanischen Unterhaltungsfilme vorbehalten. Obwohl er eine Geschichte erzählt, die in den 1960er-Jahren spielt, bringt er dennoch lebensrelevante Verhältnisse auf den Punkt, die den Wirkungsraum, in dem wir uns heute bewegen, mit Witz und Ironie beschreiben.

Catch Me If You Can (USA 2002)
Buch: Jeff Nathanson
Regie: Steven Spielberg

Als sich Frank Abagnales Eltern scheiden lassen und der Sechzehnjährige wählen soll, bei wem er leben möchte, macht er sich auf und davon. Er verwandelt sein Dilemma in Hochstapelei. Fünf Jahre lang eilt er durch die Welt und gibt sich mal als Pan-Am-Pilot, mal als Oberarzt oder auch als Anwalt aus. Er entwickelt ausgefeilte Verfahren des Scheckbetrugs und ergaunert sich auf diese Weise über vier Millionen Dollar. FBI-Agent Carl Hanratty nimmt seine Verfolgung auf, treibt ihn mehrmals in die Enge, aber der findige Frank kann ihm immer wieder entkommen. Schließlich wird er in Südfrankreich festgenommen und in die USA überführt. Im Flugzeug erfährt er vom Tod seines Vaters, unternimmt einen letzten spektakulären Fluchtversuch und rennt zu dem Haus, in dem seine Mutter jetzt lebt. Dort muss er feststellen, dass er Jahre zu spät kommt. Sie ist wieder verheiratet und seinen Platz hat ein kleines Mädchen eingenommen. Frank gibt seine panische Flucht auf und stellt sich den Behörden. Als Spezialist für Scheckbetrug baut er sich nach Absitzen seiner Strafe ein neues Leben auf. Der FBI-Agent Hanratty wird sein Freund.

Das erste Mal bekommen die Zuschauer Frank W. Abagnale Jr. (Leonardo DiCaprio) in den bonbonfarbigen Kulissen der Fernsehshow »Sag die Wahrheit« zu sehen. Drei junge Männer in Pilotenuniform blicken ausdruckslos in die Kamera. Jeder von ihnen behauptet, der Hochstapler Abagnale zu sein. Aber mit der nächsten Szene wirft der Film alles herum. Er zeigt Carl Hanratty (Tom Hanks), der den im Gefängnis von Perpignan, Südfrankreich, einsitzenden Frank Abagnale besucht. Er ist ein Bild des Jammers: Schmutzig und in Lumpen gekleidet wird er von einem mörderischen Husten gequält. Er hüllt sich in eine Decke, kann sich aber vor dem in die Zelle eindringenden Regen kaum schützen. Diese Bilder nehmen für den Helden der Geschichte ein. Man bangt um sein Leben und hofft, dass er aus seinem Verlies befreit wird. Hanratty setzt sich gegen die französischen Beamten durch und erwirkt die Verlegung des Häftlings auf die Krankenstation. Am nächsten Tag will er ihn mit in die Vereinigten Staaten nehmen, wo er für seine Betrügereien zur Verantwortung gezogen werden soll. Frank ist für einen Moment unbeobachtet, und als sich die Beamten ihm wieder zuwenden wollen, ist er verschwunden. Er hat sich im Gefängnis auf die Flucht gemacht. Auf allen vieren kriecht er über den Korridor, während die Mithäftlinge johlen.

Mit dieser Anfangssequenz stimmt Spielberg sein Publikum auf den Wirkungsraum ein, der sie in den folgenden 140 Minuten unterhalten wird. Hier deuten sich die Auftritte und Täuschungsmanöver, das Vergnügen an dem schönen Schein ebenso an wie die Notwendigkeiten, aus denen sie sich auszukuppeln suchen, und es wird eine feste Verbundenheit zwischen dem jugendlichen Hochstapler und seinem Verfolger als Perspektive spürbar.

Karikatur eines beliebten Credos?

Auf einer Veranstaltung des Rotary-Clubs von New Rochelle bei New York sind Geschäftsleute zusammengekommen, um ein neues Mitglied aufzunehmen. Im Publikum sitzt Frank

Abagnale Jr. neben seiner französischstämmigen Mutter Paula (Nathalie Baye) und seinem Vater Frank Abagnale Sr. (Christopher Walken), dem Besitzer eines Schreibwarenladens in der Stadt. Der ältere Abagnale wird zum Rednerpult gebeten. Er beschreibt seinen Werdegang mit einer bekannten Parabel: Zwei Mäuse fallen in einen Krug mit Sahne. Die eine gibt auf und ertrinkt. Die andere strampelt so lange mit den Beinen, bis sie die Sahne in Butter verwandelt hat, und kann aus dem Krug herausspringen. Er selbst, gibt der Mann in der Pointe zu erkennen, sei die zweite Maus. Die Anwesenden erheben sich von den Plätzen und geben mit Applaus ihrer Zustimmung Ausdruck.

Spielberg inszeniert diese Szene mit einer gehörigen Portion Ironie. Die Auslobung des neuen Mitglieds durch den Klubvorsitzenden Jack Barnes (James Brolin) wirkt geheuchelt, der Applaus der anwesenden Geschäftsleute ein wenig übertrieben und die Zusammenfassung seines Werdegangs in der Parabel von den zwei Mäusen mischt den Worten von Franks Vater einen Hauch Sentimentalität bei. Man tut sich schwer damit, ihm diese Show ohne Skepsis abzunehmen, und fragt sich, was wirklich los ist mit dieser Familie. Die Bestätigung der Zweifel folgt auf dem Fuße. Der Film beschreibt eine Familie, deren Zusammenhalt auf Sand gebaut ist. Die Treue der Mutter ist abhängig von dem Kontostand des Vaters. Dieser ist wegen seines betrügerischen Umgangs mit dem Finanzamt straffällig geworden. Die ihm auferlegte Buße und die geforderten Nachzahlungen haben ihn in den finanziellen Ruin gestürzt. Um seine hoffnungslose Lage zum Besseren zu wenden, plant er einen Auftritt bei der größten Bank New Yorks. Dafür scheut er nicht davor zurück, seinen Sohn Frank in einen geliehenen Anzug zu stecken und sich von ihm als »Chauffeur« vor der Bank vorfahren zu lassen. Er will Eindruck machen, und dafür sind ihm alle Mittel recht. Das Täuschungsmanöver schlägt fehl; die Familie muss das repräsentative Haus im Vorort aufgeben und eine kleine Wohnung in der Stadt beziehen. Ein Abstieg, unter dem besonders Mutter Paula leidet. Ohne lange zu zögern, beginnt sie mit Jack Barnes, dem Vorsitzenden des

Rotary-Clubs, ein Verhältnis. Zwar bringen einen die betrügerischen Tricks des Vaters zum Schmunzeln und man kann die Verzweiflung der Mutter irgendwo nachvollziehen, aber es ist doch unverkennbar, dass der jugendliche Sohn in diesem Rahmen der Hauptleidtragende ist. Das ist keine Familie, auf die man sich als Zuschauer gerne einlässt. Man mag diese Mischung aus Aufschneiderei und Sentimentalität als »typisch amerikanisch« abtun, aber irgendwie ahnt man, dass damit ein gesellschaftlicher Zustand beschrieben wird, den wir alle mehr oder weniger kennen. Die Leidtragenden der Aktienkrise in den vergangenen Jahren können ein Lied davon singen.

Zu seinem 16. Geburtstag bekommt Frank von seinem Vater ein Girokonto mit 25 Dollar geschenkt. Als sie gemeinsam das Scheckbuch durchblättern, schärft der Vater seinem Sohn ein, dass er von nun an sein Geschick selbst bestimmen könne. In diesem Zusammenhang benutzt er eine Phrase, die eine viel versprechende Entwicklungsrichtung unserer Zeit auf den Punkt bringt: »Auf zum Mond!« Dieses Credo ungebremster Möglichkeiten, in dem sich die Sehnsucht nach dem abstrakten »Höher, schneller, weiter« der zweiten Jahrhunderthälfte zum Ausdruck bringt, wird Frank von nun an leiten. Von heute aus gesehen, nach dem Zusammenbruch der Aktienmärkte, der Dämpfung der Computer- und Interneteuphorie und der Zeit der Firmenzusammenbrüche, kann man dieses Motto zwar nur mit Vorbehalt annehmen, aber so ganz möchte man sich seinen Versprechungen nicht entziehen. Wäre es nicht schön, wenn sie sich doch noch einlösen ließen? Zwischen Faszination und Skepsis lässt man sich auf die Serie der nun beginnenden Hochstapeleien des Jungen ein.

Frank muss die vornehme Privatschule verlassen und seine Ausbildung in einer öffentlichen Schule in der Stadt fortsetzen. Er wendet sein Leiden in eine Flucht nach vorne, indem er sich die Täuschungsmanöver seines Vaters zu Eigen macht. Kurz vor Beginn des ersten Unterrichtstages wird er von Mitschülern angerempelt. Hierauf versucht er das Unmögliche und hat wider alle Erwartungen Erfolg. Er betritt seine Klasse und stellt fest, dass die Jungs, die ihn kränkten, unter den Mitschülern sind. Er besinnt sich kurz und, anstatt sich an einen der Tische zu setzen, nimmt er ein Stück Kreide in die Hand und schreibt mit gewichtiger Geste seinen Namen an die Tafel. Mit ernstem Ausdruck wendet er sich daraufhin den Schülern zu und stellt sich als Aushilfslehrer für Französisch vor. Die Jugendlichen sehen ihn erstaunt an, doch als sie merken, dass er in seiner Pose verharrt, nehmen sie ihn beim Wort und lassen sich von ihm unterrichten. Indem er die Zeichen der Beeindruckung beherrscht und gekonnt umsetzt, wechselt Frank innerhalb von Minuten die Fronten. Gerade war er noch ein gehänselter Schüler und jetzt ist er ein Lehrer, der seinen Peinigern mit »pädagogischen« Mitteln Druck macht. Man weiß nicht so recht, wie man sich zu der Dreistigkeit stellen soll, mit der sich Frank die Beeindruckbarkeit seiner Mitschüler zunutze macht. Eine Woche lang führt er den Unterricht durch, gibt Hausaufgaben auf und verteilt Noten. Erst als er mit den Schülern eine Exkursion in eine Croissant-Bäckerei plant, wird die Schulverwaltung auf sein Spiel aufmerksam und bestellt die Eltern ein. Die Mutter zeigt ihrem Sohn die kalte Schulter, aber sein Vater amüsiert sich während der Besprechung mit dem Direktor köstlich.

Als sich die Eltern scheiden lassen, gerät Frank in ein Dilemma. Er selbst soll entscheiden, bei wem er fortan leben möchte. Da ihm weder die untreue Mutter noch der betrügerische Vater eine Perspektive weisen können, macht er sich auf und davon. Atemlos rennt er durch die große Stadt und wird die nächsten Jahre nicht mehr zur Ruhe kommen. Er wird die Täuschungen seines Vaters weiterführen und ihm darin haushoch überlegen sein. In Franks ungewöhnlicher Wendigkeit findet das Filmerleben eine lustvolle Spur. Es macht Spaß mitzuvollziehen, wie er sich in die angesehenen Berufsbilder unserer Zeit mühelos einkuppelt und sich dabei die Gutgläubigkeit der Menschen zunutze macht. Aber die Bodenlosigkeit seines Handelns machen einem die ungeteilte Zustimmung nicht leicht. Unter der Hand wird der Film zur Karikatur einer Lebensform, die ihren Lebensinhalt in einem »Alles ist möglich« zu finden glaubt.

Ausgekuppelte Reise

Bei seinen zunächst noch unbeholfenen Versuchen, nicht gedeckte Bankschecks einzulösen, wird Frank darauf aufmerksam, welch einen großen Eindruck Piloten der zivilen Fluggesellschaften auf die Menschen machen. Kinder verbinden mit ihnen einen Traumberuf, und manche Frauen scheinen der Eleganz der dunkelblauen Uniformen mit den goldenen Verzierungen widerstandslos zu erliegen. Über einen Anruf bekommt Frank heraus, wo er sich eine solche Uniform besorgen kann, gibt sich mit einem erschwindelten Dienstausweis als Mitarbeiter der Pan American Airlines aus und öffnet sich damit den Zugang zu den Cockpits der Düsenjets der amerikanischen Fluggesellschaften. Er kann kostenlos durch das Land reisen, denn zwischen den Gesellschaften besteht ein Abkommen, das die unentgeltliche Mitnahme des Flugpersonals regelt.

In einem Krankenhaus beobachtet Frank, wie die Schwesternschülerin Brenda Strong (Amy Adams) von einem Vorgesetzten gerügt wird. Mit seinem Charme richtet er das verletzte Selbstbewusstsein des Mädchens wieder auf. So erfährt er von der vakanten Stelle eines Arztes. Frank fälscht ein Examenszeugnis, schaut sich eine Arztserie im Fernsehen an, prägt sich die dort verwendeten Redewendungen und Fachausdrücke ein, bewirbt sich erfolgreich und tritt die Stelle an. Er verliebt sich in Brenda; sie wird seine Freundin und führt ihn in das Haus ihrer Eltern in New Orleans ein. Der Vater, Roger Strong (Martin Sheen), ein einflussreicher Anwalt, wird misstrauisch, als Frank ihn überraschend nach einer Stelle in seiner Kanzlei fragt. Er behauptet, er habe vor seinem Medizinstudium Jura studiert und wolle in seinen ersten Beruf zurückkehren. Strong zieht sich mit Frank in sein Arbeitszimmer zurück, um ihm auf den Zahn zu fühlen. Alles sieht so aus, als wäre der nun am Ende seiner Reise angelangt, denn an dem kritischen Blick Strongs wird er nicht vorbeikommen. In seiner Bedrängnis entschließt sich Frank, die Segel zu streichen und ein Geständnis abzulegen. Er sei weder Pilot noch Arzt und Jura habe er auch nicht studiert, gibt er kleinmütig zu. Er sei nur hier, um Brenda zu heiraten. Die Zuschauer sind darauf eingestellt, dass der Hausherr den geständigen Hochstapler augenblicklich auf die Straße setzt. Doch Strong gibt in eben diesem Moment seinen Widerstand auf und schiebt alle Zweifel beiseite. »Du bist ein Romantiker – genau wie ich!«, platzt es aus ihm heraus. Er habe genauso gefühlt, als er seine Frau kennen lernte. Frank sei genau der richtige Mann für Brenda. Frank hatte sich mit der Realität schon fast abgefunden, da gibt ihm die allzu menschliche Sehnsucht, sich in der Illusion mit anderen gleich zu wähnen, eine erneute Chance. Er bezieht ein Büro in der Kanzlei seines zukünftigen Schwiegervaters und bereitet sich auf eine pompöse Verlobungsfeier vor.

Lange kann Frank im Hause der Strongs allerdings nicht verweilen. Schon bald ist Hanratty ihm auf der Spur, und er muss sehen, dass er das Land so schnell wie möglich verlässt. Gerne würde er Brenda mitnehmen, aber die junge Frau erweist sich als zu schwach und verrät den Plan ihres Verlobten. Frank möchte von Miami aus nach Europa fliegen, doch nun wird der internationale Flughafen von 100 Ordnungskräften observiert, und es erweist sich als unmöglich, diese Belagerung unbemerkt zu durchbrechen. Frank kommt auf die Idee, in einem nahe gelegenen College unter den Studentinnen einen Wettbewerb zu veranstalten, der den »Gewinnerinnen« eine Europatour als Flugbegleiterinnen verspricht. Die von ihm ausgewählten jungen Frauen sind begeistert, zu den Siegerinnen zu gehören. Sie kreischen vor Freude und reißen sich um die hellblauen Uniformen. Frank macht sich in ihrer Mitte auf den Weg zum Flughafen. Die Beamten, die ihn festsetzen sollen, lassen sich von dem reizenden Bild der Frauen blenden und übersehen, dass sich der Gesuchte in ihrer Mitte befindet. Ehe sie das vielleicht raffinierteste seiner Täuschungsmanöver durchschauen, sitzt Frank in einer Maschine und lässt den belagerten Flughafen Richtung Europa hinter sich. Zwei Jahre lang führt er seine Betrügereien in aller Welt fort, bevor er 1967 schließlich in Südfrankreich festgenommen wird.

Als Frank im Gewahrsam des FBI in einer Linienmaschine

zurück in die Vereinigten Staaten gebracht wird, informiert Hanratty ihn über den einige Zeit zurückliegenden Unfalltod seines Vaters. Verletzt und verzweifelt zieht sich der junge Mann kurz vor der Ankunft in New York auf die Bordtoilette zurück. Die Beamten werden unruhig, weil er mit seiner Rückkehr zum Sitzplatz so lange auf sich warten lässt. Schließlich ist keine Zeit mehr zu verlieren, denn die Landung steht unmittelbar bevor. Das Flugpersonal verlangt, dass die Passagiere ihre Plätze einnehmen. Die Toilettentür wird aufgebrochen. Es steht für jeden außer Frage, dass man aus einem Flugzeug unmöglich entkommen kann. Aber die Beamten finden eine leere Kabine vor. Frank hat die Verkleidung des Waschbeckens abgeschraubt und sich irgendwo in den Tiefen des Jets versteckt. Kaum kommt das Flugzeug auf dem Rollfeld zu stehen, kriecht er aus dem Gestänge des Fahrwerks hervor und macht sich noch einmal auf und davon.

Franks Hochstapelei, seine unverschämten Täuschungen, kann man wohl nur deshalb genießen, weil der Film dem Handeln seines Helden eine tiefere Motivation unterlegt. Er macht spürbar, dass Frank den ganzen Aufwand betreibt, weil er unbewusst glaubt, mit dem ergaunerten Geld dem Vater helfen und die anspruchsvolle Mutter zufrieden stellen zu können. Letztlich will er sich damit die Voraussetzungen für eine Rückkehr in den Schoß der Familie schaffen. Das Drehbuch führt dieses tiefere Motiv für die Hochstapeleien seines Protagonisten auf eine Klimax zu, wenn es Frank nach seiner Flucht aus der Toilette des Flugzeuges zu dem Haus rennen lässt, in dem seine Mutter ein neues, wohlsituiertes Heim gefunden hat. Der Vater ist tot, jetzt hat er nur noch die Mutter. Da steht das bergende Heim, das Frank fünf Jahre zuvor verloren hat. Er blickt durch ein Fenster und kann die Mutter in einem Sessel erkennen. In der Absicht, an die Scheibe zu klopfen, entdeckt er ein kleines Mädchen. Es kommt auf ihn zu und schaut ihn mit seinen großen Augen an. In dieser unerwarteten Begegnung wird Frank mit einem Mal deutlich, dass sein Platz bereits besetzt und dass er während seiner langen Reise erwachsen geworden ist. Das Mädchen ist die Tochter seiner Mutter und damit seine Halb-schwester. Frank wendet sich ab und stellt sich Hanratty und den Polizisten, die ihn inzwischen eingeholt haben.

Einkuppeln in den Fluss des Lebens

Bisher wurde mit der ausgekuppelten Reise nur eine Sinn-richtung des Films beschrieben. Aber *Catch Me If You Can* könnte seine Zuschauer nicht fesseln, wenn er nicht auch einen Gegenlauf anböte. Je länger die Zuschauer Franks Abenteuer verfolgen und je spürbarer sie das Gefühl der Bo-denlosigkeit beschleicht, desto mehr erfahren sie in der sich entwickelnden Beziehung zwischen Frank und seinem Ver-folger Hanratty eine Perspektive, die ihr Erleben zu tragen versteht. Das liegt vor allem daran, dass mit der Einkreisung des Hochstaplers durch die Aktivitäten des Verfolgers auf die Dauer nicht zu verleugnende Begrenzungen ins Spiel kom-men. Die Beliebigkeit, mit der sich Frank über alles hinweg-setzt, wird mit dem mühseligen Aufbau einer tragfähigen Be-ziehung konfrontiert. Auf diese Weise entsteht ein Rhythmus von Weiterkommen und Steckenbleiben, der auch den Not-wendigkeiten des Lebens Ausdruck verleiht. Aus dem Fang-spiel wird unter der Hand ein Dialog zwischen grenzenloser Ausbreitung und einer Sehnsucht nach Bergung. Wenn ein Film seine Story mit solchen lebensbedeutsamen Verhält-nissen durchformt, haben die Zuschauer das Gefühl, eine authentische und bedeutsame Erfahrung zu machen.

Allmählich hebt sich aus den Begegnungen zwischen Frank und Hanratty ein Austausch heraus, der zunehmend an Bedeutung gewinnt. Wenn sie regelmäßig am Weihnachts-abend miteinander telefonieren, wird die Einsamkeit der bei-den Männer spürbar und ihre Sehnsucht, diese im Rahmen einer Freundschaft zu durchbrechen. Der Polizist ist der ein-zige Mensch, mit dem sich Frank in dieser durch Familien-feiern bestimmten Zeit unterhalten kann, und für den in Scheidung lebenden Hanratty ist Frank der Einzige, von dem er am Weihnachtstag einen Anruf erwarten darf. Beide Männer wissen um ihre Isolation, und jeder genießt es, im Gespräch mit dem anderen die Einsamkeit zu vertreiben. Man spürt bei diesen Telefonaten, dass Frank eigentlich den Wunsch hat, seine rastlose Reise endlich zu beenden. Einmal teilt er Carl sogar seinen Aufenthaltsort mit, doch der hält das nur für eine Täuschung und lacht den Jungen aus. Er ist noch nicht so weit, dessen tiefere Motive zu verstehen.

Bei dem letzten Treffen zwischen Vater und Sohn wird deutlich, dass sich die Verbindung zwischen ihnen überholt hat. Frank weiß, dass er sich mit seinen ungezügelten Höhenflügen in eine Sackgasse manövriert hat, und hofft, dass der Vater ihm einen Weg zur Rückkehr in die Realität weisen wird. Doch der hat sich in einen Kleinkrieg mit dem Finanzamt verbissen, übersieht das Bedürfnis seines Sohnes nach Orientierung und ermuntert ihn noch einmal, seine Reise fortzusetzen. »Auf zum Mond!«, ruft er Frank hinterher, als sich dieser enttäuscht abwendet. Demgegenüber spürt man, dass sich zwischen dem Jungen und Hanratty etwas herausbildet, das es mit dem Versprechen des »Alles ist möglich« aufnehmen kann. Aus dem panischen Auskuppeln erwächst allmählich eine Bindung, die nun auch den Zuschauern eine tragende Alternative anbietet.

Um Frank wirklich zum Aufgeben zu bewegen, muss der wahrheitsliebende und fantasielose Hanratty allerdings über seinen eigenen Schatten springen. Mit seiner direkten und ehrlichen Art ist es ihm nicht möglich, den windigen Betrüger zu stellen. Als er Frank am Heiligen Abend 1967 schließlich in der kleinen Heimatstadt seiner Mutter in Frankreich ausfindig macht, ringt er sich dazu durch, den Jungen zu belügen. Er erzählt ihm, er könne ihn nur dann vor dem gewalttätigen Zugriff der französischen Gendarmerie schützen, wenn er sich von ihm freiwillig fesseln lässt. Erstmals im Film lässt sich Frank von einem anderen täuschen und legt sich selbst die Handschellen an.

In einer Art Epilog erzählt der Film, wie sich Frank Abagnale im Leben neu einrichtet. Der Staat möchte auf seine ungewöhnlichen Fähigkeiten nicht verzichten und bindet ihn mehr und mehr in die Verfolgung und Entlarvung anderer

Betrüger ein. Schließlich wird er aus der Einzelhaft entlassen und soll den Schaden, den er anrichtete, im Dienst für das FBI wieder gutmachen. Hanratty wird sein Vorgesetzter und väterlicher Freund. Um Frank endgültig ins bedingte Leben zurückzuholen, muss er ihn noch einmal auf die Probe stellen, denn den jungen Mann drängt es noch immer dazu, seine betrügerische Reise fortzusetzen. Als wieder einmal das Wochenende naht, sucht Frank Hanrattys Nähe. Er möchte sich an ihn binden, um in der Anlehnung der Verführung zur Flucht zu widerstehen. Hanratty hat auf diesen Moment gewartet. Jetzt versteht er seinen Schützling. Er weiß, dass er ihn nur mit einer weiteren Täuschung wird halten können. Obwohl er schon seit Jahren keinen Kontakt zu seiner eigenen Tochter unterhält, behauptet er, keine Zeit für Frank zu haben. Er habe vor, seine Tochter in Chicago zu besuchen. Frank empfindet dies als Zurücksetzung und sieht sich der Aufgabe ausgesetzt, seinen Ausbreitungsdrang allein zu beherrschen. Er kauft sich eine Pilotenuniform und macht sich auf den Weg zum Flughafen. Es sieht so aus, als falle er in sein altes Muster zurück und als werde damit alles wieder auf Anfang geschaltet. Im Kreis seiner Kollegen wartet Hanratty am Montagmorgen auf die Rückkehr seines Schützlings. Er ist das Risiko seiner Flucht eingegangen, weil er weiß, dass sich Frank nur über eine bewusste Entscheidung aus den Zwängen seiner Hochstapelei zu befreien vermag. Der Vormittag nimmt seinen Lauf, und es sieht so aus, als sei Frank tatsächlich auf und davon. Doch plötzlich steht er neben Hanratty und geht ihm bei der Lösung eines fachlichen Problems zur Hand. Er wird seine Schuld abtragen und sich den unverrückbaren Notwendigkeiten des Lebens aussetzen. Im Nachspann erfahren die Zuschauer, dass er eine Familie gründet, Kinder aufzieht und – mit Hanratty als bestem Freund an der Seite – ein Leben führt, das sich seiner Grenzen bewusst ist.

Wie manchmal das Leben auch, überrascht uns Spielbergs Film mit einem kleinen Wunder. Aus der Begegnung zwischen einem haltlosen Verbrecher und einem ordnungsliebenden Beamten kommt etwas heraus, was unseren Hoffnungen Nahrung zu geben imstande ist. Die Freundschaft zwischen Frank und Carl war nicht abzusehen, aber sie erweist sich den halbherzigen Kumpaneien und hohlen Versprechungen des Vaters als überlegen.

In dem Grimm'schen Märchen *Das Wasser des Lebens* ziehen nacheinander drei Brüder in die Welt, um ein heilendes Wasser für ihren todkranken Vater zu finden. Die Älteren setzen sich über die Ratschläge eines Zwerges am Wegesrand hinweg und bezahlen ihren Hochmut damit, dass sie in einer engen Schlucht stecken bleiben. Als schließlich der Jüngste loszieht, lässt er sich auf die seltsam anmutenden Bedingungen des Ratgebers ein. Aber er verliert das vom Zwerg gesetzte Bedingungsgefüge von »Liebe, Brot und Schwert« aus den Augen, gerät deshalb in Gefahr und braucht sehr viel Glück, um sich aus ihr zu befreien. Schließlich findet er das Wasser des Lebens, die Liebe einer Frau, und befreit seine Brüder aus ihrer misslichen Lage. Doch die verraten ihn und trachten ihm nach dem Leben. Aber während seine Brüder dem Versprechen schnellen Erfolgs und glänzenden Goldes erliegen, folgt er nur seiner Liebe und findet auf diese Weise den bergenden Rahmen, der seinem Leben Sinn verleiht.

Die Erlebensentwicklung von *Catch Me If You Can* strukturiert sich in den Verhältnissen dieses Märchens. Die Zuschauer genießen das Überschreiten von Bedingungen und finden sich wiederholt in der Enge von Zwängen wieder. Aber sie verspüren auch die Sehnsucht nach einem bergenden Bild, in dem die haltlosen Überdrehungen eine Fassung erhalten. Und sie nehmen es schließlich hin, dass der ungestüme Ausbreitungsdrang des Helden eine neue Lebensperspektive in eben dem Rahmen findet, dem er über Jahre zu entkommen suchte. So bezieht sich das »Fang mich, wenn du kannst« nicht nur auf den Verfolger Hanratty, sondern auch auf das komplette Bedingungsgefüge des Lebens, aus dem wir uns nur mit einem hohen Preis befreien können. Mag auch die Kultur uns bisweilen vorgaukeln, dass alles möglich sei, wir müssen doch eine Lebensform finden, in denen »Liebe, Brot und Schwert« einen praktikablen Umsatz erfahren. Der Psychologe Wilhelm Salber hat darauf hingewiesen, dass *Das Wasser des Lebens* die Entwicklungsprobleme der zeitgenössischen Kultur veranschaulicht. Wenn Spielbergs Film dessen Wirkungsraum – zumindest in seinen wesentlichen Zügen – erfahrbar werden lässt, beschenkt er sein Publikum mit einem Erlebnis, das nicht nur Spaß macht, sondern zugleich einen Nerv der Zeit berührt. Wir kommen in dieser Wirklichkeit nur voran, wenn es uns gelingt, die ungeheuren Möglichkeiten, die uns von der Kultur bereitgestellt werden, in Lebensbilder umzusetzen, die die Notwendigkeiten des banalen Alltags nicht ausblenden.

Der Flug zu Mond und Mars, die Eroberung des Weltalls, die Vernetzung der Welt über Internet und Telefon – all diese abstrakten Versprechungen unserer Zeit sind nicht dazu in der Lage, eine tragende Grundlage des Lebens zu schaffen. In ihnen findet es keine Sinn gebende Ausrichtung. *Catch Me If You Can* setzt an den großen Versprechungen unserer Zeit an, unterhält die Zuschauer mit ihrem faszinierenden Reiz und macht darüber hinaus spürbar, worauf es im Leben letztlich ankommt: auf einen Austausch mit Folgen, auf Verbindlichkeit zwischen den Menschen, auf Ehrlichkeit, auf ein lebendiges Aushandeln von Gegensätzen und vor allem auf die Bereitschaft, durch alle Versprechungen und Rückschläge hindurch bei einer Sache zu bleiben. Nur in einem entschiedenen Bild, das die Möglichkeiten der Kultur und die Notwendigkeiten des Alltags zu umfassen imstande ist, werden die Menschen des 21. Jahrhunderts eine bergende Ausrichtung für ihr Leben finden.

Anhang

Schlusswort

Das Kino ist eine eigene Kunstgattung. Es findet seine Berechtigung in der Zuspitzung der geheimnisvollen Konstruktion, die unser aller Leben bestimmt. Von den anschaulichen Slapsticks Charlie Chaplins bis zu den märchenhaften Wirkungsräumen Steven Spielbergs vermittelt das Kino Einblicke in das unbewusste Drehbuch des Lebens. Die große Stärke der zeitgenössischen Filme liegt darin, dass sie Grundsituationen des Alltags und Grundkonflikte der Kultur in ihren Stundenwelten zu einem herausgehobenen Ereignis werden lassen.

Und doch gibt das Kino seine Einblicke in die Zusammenhänge des Lebens nicht unmittelbar preis. Da es dazu tendiert, ein Doppelleben von anschaulicher Bilderfolge einerseits und fesselnden Wirkungsqualitäten andererseits zu entfalten, bedarf es methodischer Zwischenschritte, um in den Genuss seiner ganzen Weisheit zu gelangen. Nacherzählungen des sichtbaren Films, vorschnelle Interpretationen seiner Geschichte und formale Analysen sitzen seiner Oberfläche auf und verstellen den Weg zu seinem unbewusst wirksamen Inhalt. Um Kinofilme für das Leben zu nutzen, bedarf es sowohl einer Bereitschaft zum Staunen und zur Hingabe, als auch eines scharfen analytischen Blicks. Nur wenn wir uns mit dem Fluss der Bilder mitbewegen, uns von ihm packen lassen und zugleich beschreiben, welche Wirkungsfolgen er im Erleben modelliert und welche Grundkonstellationen er jeweils umsetzt, kann er als Königsweg zum menschlichen Seelenleben genutzt werden.

Mit dieser Methode können wir die märchenhaften Fiktionen des Films als Spiegel der menschlichen Seele nutzen. Die Zeichen der Zeit kommen uns dabei entgegen. Denn unsere durch Medien geprägte Kultur, aber auch ihre jüngsten, unglaublichen Veränderungen erinnern uns daran, dass wir tatsächlich in einer märchenhaften Wirkungswelt leben, die all unsere Unternehmungen übergreift. Diese Wirkungswelt ist der Rahmen für die Krise der westlichen Kultur ebenso wie unserer Versuche, unserem Alltag Sinn und Richtung zu geben. Sie macht die Kriege, die unseren für selbstverständlich erachteten Frieden erschüttern, und sie stellt unsere Zeit vor Aufgaben, deren Lösungen unser Schicksal bestimmen werden. Nicht zuletzt in den wirksamsten Kinofilmen unserer Zeit sucht die Kultur nach Fassungen für das Leben, die wir uns mit kühlem Verstand nicht vorstellen können.

Filmregister

Literatur zum Thema

Ahren, Yizhak, *Warum sehen wir Filme? Materialien zur Filmpsychologie*, Aachen 1998.

Ang, Ien, *Living Room Wars. Rethinking Media Audiences for a Postmodern World*, New York 1996.

Beck, Ulrich, *Was ist Globalisierung? Irrtümer des Globalismus – Antworten auf Globalisierung*, Frankfurt/Main 1997.

Bergmann, Martin S., *Eine Geschichte der Liebe. Vom Umgang des Menschen mit einem rätselhaften Gefühl*, Frankfurt/Main 1994 (1987).

Blothner, Dirk, *Erlebniswelt Kino – Über die unbewusste Wirkung des Films*, Bergisch Gladbach 1999.

Blothner, Dirk / Grünewald, Stephan (Hg), *Kultur-Schicksale – Millennium. Kulturpsychologische Analysen zur Jahrtausendwende*, Bonn 1999.

Bordwell, David, *Narration in the Fiction Film*, Madison 1985.

Eisenstein, Sergej, *Das dynamische Quadrat. Schriften zum Film*, Köln 1988.

Flusser, Vilém, *Nachgeschichte. Eine korrigierte Geschichtsschreibung*, Frankfurt/Main 1997.

Förster, Heinz v. / Pörksen, Bernhard, *Wahrheit ist die Erfindung eines Lügners*, Heidelberg 1998.

Freud, Sigmund (1930), *Das Unbehagen in der Kultur*, in: Ges. Werke XIV, S. 419-506.

Freud, Sigmund, *Bildende Kunst und Literatur*, in: Studienausgabe Bd. 10, Frankfurt/Main 1969.

Gabler, Neal, *Das Leben ein Film. Die Eroberung der Wirklichkeit durch das Entertainment*, Berlin 1999 (1998)

Glaser, Hermann, *Industriekultur und Alltagsleben. Vom Biedermeier zur Postmoderne*, Frankfurt/Main 1994 (1981).

Huntington, Samuel P., *Kampf der Kulturen. Die Neugestaltung der Weltpolitik im 21. Jahrhundert*, München, Wien 1998 (1996).

Kris, Ernst, *Die ästhetische Illusion. Phänomene der Kunst in der Sicht der Psychoanalyse*, Frankfurt/Main 1952.

Kuhn, Thomas S., *Die Struktur wissenschaftlicher Revolutionen*, Frankfurt/Main 1962.

Mayne, Judith, *Cinema and Spectatorship*, London, New York 1993.

McKee, Robert, *Story. Substance, Structure, Style, and the Principles of Screenwriting*, New York 1997.

McLuhan, Marshall, *Die magischen Kanäle. Understanding Media*, Dresden 1994 (1964).

McLuhan, Marshall / Powers, Bruce R., *The Global Village. Der Weg der Mediengesellschaft in das 21. Jahrhundert*, Paderborn 1995 (1989).

Meyrowitz, Joshua, *Wie Medien unsere Welt verändern*, Weinheim, Basel 1990 (1985).

Nietzsche, Friedrich, *Umwertung aller Werte*, München 1969.

Salber, Wilhelm, *Wirkungsanalyse des Films*, Köln 1977.

Salber, Wilhelm, *Psychologie in Bildern*, Bonn 1983.

Salber, Wilhelm, *Seelenrevolution*, Bonn 1993.

Salber, Wilhelm, *Traum und Tag*, Bonn 1997.

Salber, Wilhelm, *Märchenanalyse*, 2. erw. Aufl., Bonn 1999.

Sloterdijk, Peter, *Sphären. Makrosphärologie. Band II. Globen*, Frankfurt/Main 1999.

SPoKK (Hg), *Kursbuch Jugendkultur. Stile, Szenen und Identitäten vor der Jahrtausendwende*, Mannheim 1997.

Winnicott, Donald W., *Vom Spiel zur Kreativität*, Stuttgart 1979 (1971).

BUCH & MEDIEN

Dirk Blothner

Erlebniswelt Kino

Über die unbewußte
Wirkung des Films

Warum gehen Menschen ins Kino? Weil sie – von ihrem sicheren Sessel aus – die Gefahren, Leidenschaften, Ausschreitungen, Heldentaten, nach denen sie sich sehnen, scheinbar hautnah miterleben können. »Nirgendwo sonst entfaltet die Wirklichkeit einen solchen Glanz«, sagt Dr. Dirk Blothner, Psychoanalytiker, Drehbuchberater und Professor für Filmpsychologie an der Universität Köln. In »Erlebniswelt Kino« analysiert er anhand zahlreicher Filmbeispiele, was sich zwischen Mensch und Leinwand abspielt. Für ihn steht fest: »Filmemachen ist praktisch Seelenkunde.«

Doch wie können Drehbuchautoren Erwartungen beim Zuschauer auslösen, seine Aufmerksamkeit gewinnen und gar seine Einbildungskraft vorhersehen? Wie erkennt man, ob das Thema einer Geschichte für den Zuschauer von Bedeutung ist?

Am Beispiel der drei »Titanic«-Verfilmungen (1943, 1952 und 1998) befasst sich Dirk Blothner mit der zeitspezifischen Umsetzung großer Themen. Schließlich gibt er einen Ausblick auf das Kino der Zukunft.

ISBN 3-404-94005-9

BASTEI
LÜBBE